HOLANDÊS
VOCABULÁRIO

PORTUGUÊS BRASILEIRO

PORTUGUÊS HOLANDÊS

Para alargar o seu léxico e apurar as suas competências linguísticas

9000 palavras

Vocabulário Português Brasileiro-Holandês - 9000 palavras
Por Andrey Taranov

Os vocabulários da T&P Books destinam-se a ajudar a aprender, a memorizar, e a rever palavras estrangeiras. O dicionário é dividido em temas, cobrindo todas as principais esferas de atividades quotidianas, negócios, ciência, cultura, etc.

O processo de aprendizagem, utilizando os dicionários baseados em temáticas da T&P Books dá-lhe as seguintes vantagens:

- Informação de origem corretamente agrupada predetermina o sucesso em fases subsequentes da memorização de palavras
- Disponibilização de palavras derivadas da mesma raiz, o que permite a memorização de unidades de texto (em vez de palavras separadas)
- Pequenas unidades de palavras facilitam o processo de estabelecimento de vínculos associativos necessários para a consolidação do vocabulário
- O nível de conhecimento da língua pode ser estimado pelo número de palavras aprendidas

Copyright © 2019 T&P Books Publishing

Todos os direitos reservados. Nenhuma parte desta publicação pode ser reproduzida, total ou parcialmente, por quaisquer métodos ou processos, sejam eles eletrônicos, mecânicos, de fotocópia ou outros, sem a autorização escrita do editor. Esta publicação não pode ser divulgada, copiada ou distribuída em nenhum formato.

T&P Books Publishing
www.tpbooks.com

ISBN: 978-1-78767-275-8

Este livro também está disponível em formato E-book.
Por favor visite www.tpbooks.com ou as principais livrarias on-line.

VOCABULÁRIO HOLANDÊS
palavras mais úteis

Os vocabulários da T&P Books destinam-se a ajudar a aprender, a memorizar, e a rever palavras estrangeiras. O vocabulário contém mais de 9000 palavras de uso comum organizadas tematicamente.

O vocabulário contém as palavras mais comummente usadas
Recomendado como adicional para qualquer curso de línguas
Satisfaz as necessidades dos iniciados e dos alunos avançados de línguas estrangeiras
Conveniente para o uso diário, sessões de revisão e atividades de auto-teste
Permite avaliar o seu vocabulário

Características especias do vocabulário

- As palavras estão organizadas de acordo com o seu significado, e não por ordem alfabética
- As palavras são apresentadas em três colunas para facilitar os processos de revisão e auto-teste
- As palavras compostas são divididas em pequenos blocos para facilitar o processo de aprendizagem
- O vocabulário oferece uma transcrição simples e adequada de cada palavra estrangeira

O vocabulário contém 256 tópicos incluindo:

Conceitos básicos, Números, Cores, Meses, Estações do ano, Unidades de medida, Roupas & Acessórios, Alimentos & Nutrição, Restaurante, Membros da Família, Parentes, Caráter, Sentimentos, Emoções, Doenças, Cidade, Passeios, Compras, Dinheiro, Casa, Lar, Escritório, Trabalho no Escritório, Importação & Exportação, Marketing, Pesquisa de Emprego, Esportes, Educação, Computador, Internet, Ferramentas, Natureza, Países, Nacionalidades e muito mais ...

TABELA DE CONTEÚDOS

Guia de pronunciação	11
Abreviaturas	13

CONCEITOS BÁSICOS — 15
Conceitos básicos. Parte 1 — 15

1. Pronomes — 15
2. Cumprimentos. Saudações. Despedidas — 15
3. Como se dirigir a alguém — 16
4. Números cardinais. Parte 1 — 16
5. Números cardinais. Parte 2 — 17
6. Números ordinais — 18
7. Números. Frações — 18
8. Números. Operações básicas — 18
9. Números. Diversos — 18
10. Os verbos mais importantes. Parte 1 — 19
11. Os verbos mais importantes. Parte 2 — 20
12. Os verbos mais importantes. Parte 3 — 21
13. Os verbos mais importantes. Parte 4 — 22
14. Cores — 23
15. Questões — 23
16. Preposições — 24
17. Palavras funcionais. Advérbios. Parte 1 — 24
18. Palavras funcionais. Advérbios. Parte 2 — 26

Conceitos básicos. Parte 2 — 28

19. Opostos — 28
20. Dias da semana — 30
21. Horas. Dia e noite — 30
22. Meses. Estações — 31
23. Tempo. Diversos — 32
24. Linhas e formas — 33
25. Unidades de medida — 34
26. Recipientes — 35
27. Materiais — 36
28. Metais — 37

O SER HUMANO — 38
O ser humano. O corpo — 38

29. Humanos. Conceitos básicos — 38
30. Anatomia humana — 38

31. Cabeça	39
32. Corpo humano	40

Vestuário & Acessórios 41

33. Roupa exterior. Casacos	41
34. Vestuário de homem & mulher	41
35. Vestuário. Roupa interior	42
36. Adereços de cabeça	42
37. Calçado	42
38. Têxtil. Tecidos	43
39. Acessórios pessoais	43
40. Vestuário. Diversos	44
41. Cuidados pessoais. Cosméticos	44
42. Joalheria	45
43. Relógios de pulso. Relógios	46

Alimentação. Nutrição 47

44. Comida	47
45. Bebidas	48
46. Vegetais	49
47. Frutos. Nozes	50
48. Pão. Bolaria	51
49. Pratos cozinhados	51
50. Especiarias	52
51. Refeições	53
52. Por a mesa	54
53. Restaurante	54

Família, parentes e amigos 55

54. Informação pessoal. Formulários	55
55. Membros da família. Parentes	55
56. Amigos. Colegas de trabalho	56
57. Homem. Mulher	57
58. Idade	57
59. Crianças	58
60. Casais. Vida de família	59

Caráter. Sentimentos. Emoções 60

61. Sentimentos. Emoções	60
62. Caráter. Personalidade	61
63. O sono. Sonhos	62
64. Humor. Riso. Alegria	63
65. Discussão, conversação. Parte 1	63
66. Discussão, conversação. Parte 2	64
67. Discussão, conversação. Parte 3	66
68. Acordo. Recusa	66
69. Sucesso. Boa sorte. Insucesso	67
70. Conflitos. Emoções negativas	68

Medicina 70

71. Doenças 70
72. Sintomas. Tratamentos. Parte 1 71
73. Sintomas. Tratamentos. Parte 2 72
74. Sintomas. Tratamentos. Parte 3 73
75. Médicos 74
76. Medicina. Drogas. Acessórios 74
77. Fumar. Produtos tabágicos 75

HABITAT HUMANO 76
Cidade 76

78. Cidade. Vida na cidade 76
79. Instituições urbanas 77
80. Sinais 78
81. Transportes urbanos 79
82. Turismo 80
83. Compras 81
84. Dinheiro 82
85. Correios. Serviço postal 83

Moradia. Casa. Lar 84

86. Casa. Habitação 84
87. Casa. Entrada. Elevador 85
88. Casa. Eletricidade 85
89. Casa. Portas. Fechaduras 85
90. Casa de campo 86
91. Moradia. Mansão 86
92. Castelo. Palácio 87
93. Apartamento 87
94. Apartamento. Limpeza 88
95. Mobiliário. Interior 88
96. Quarto de dormir 89
97. Cozinha 89
98. Casa de banho 90
99. Eletrodomésticos 91
100. Reparações. Renovação 91
101. Canalizações 92
102. Fogo. Deflagração 92

ATIVIDADES HUMANAS 94
Emprego. Negócios. Parte 1 94

103. Escritório. O trabalho no escritório 94
104. Processos negociais. Parte 1 95
105. Processos negociais. Parte 2 96
106. Produção. Trabalhos 97
107. Contrato. Acordo 98
108. Importação & Exportação 99

109.	Finanças	99
110.	Marketing	100
111.	Publicidade	101
112.	Banca	101
113.	Telefone. Conversação telefônica	102
114.	Telefone móvel	103
115.	Estacionário	103
116.	Vários tipos de documentos	104
117.	Tipos de negócios	105

Emprego. Negócios. Parte 2 107

118.	Espetáculo. Feira	107
119.	Media	108
120.	Agricultura	109
121.	Construção. Processo de construção	110
122.	Ciência. Investigação. Cientistas	111

Profissões e ocupações 112

123.	Procura de emprego. Demissão	112
124.	Gente de negócios	112
125.	Profissões de serviços	113
126.	Profissões militares e postos	114
127.	Oficiais. Padres	115
128.	Profissões agrícolas	115
129.	Profissões artísticas	116
130.	Várias profissões	116
131.	Ocupações. Estatuto social	118

Desportos 119

132.	Tipos de desportos. Desportistas	119
133.	Tipos de desportos. Diversos	120
134.	Ginásio	120
135.	Hóquei	121
136.	Futebol	121
137.	Esqui alpino	123
138.	Tênis. Golfe	123
139.	Xadrez	124
140.	Boxe	124
141.	Desportos. Diversos	125

Educação 127

142.	Escola	127
143.	Colégio. Universidade	128
144.	Ciências. Disciplinas	129
145.	Sistema de escrita. Ortografia	129
146.	Línguas estrangeiras	130

147.	Personagens de contos de fadas	131
148.	Signos do Zodíaco	132

Artes 133

149.	Teatro	133
150.	Cinema	134
151.	Pintura	135
152.	Literatura & Poesia	136
153.	Circo	136
154.	Música. Música popular	137

Descanso. Entretenimento. Viagens 139

155.	Viagens	139
156.	Hotel	139
157.	Livros. Leitura	140
158.	Caça. Pesca	142
159.	Jogos. Bilhar	143
160.	Jogos. Jogar cartas	143
161.	Casino. Roleta	143
162.	Descanso. Jogos. Diversos	144
163.	Fotografia	144
164.	Praia. Natação	145

EQUIPAMENTO TÉCNICO. TRANSPORTES 147
Equipamento técnico. Transportes 147

165.	Computador	147
166.	Internet. E-mail	148
167.	Eletricidade	149
168.	Ferramentas	149

Transportes 152

169.	Avião	152
170.	Comboio	153
171.	Barco	154
172.	Aeroporto	155
173.	Bicicleta. Motocicleta	156

Carros 157

174.	Tipos de carros	157
175.	Carros. Carroçaria	157
176.	Carros. Habitáculo	158
177.	Carros. Motor	159
178.	Carros. Batidas. Reparação	160
179.	Carros. Estrada	161
180.	Sinais de trânsito	162

PESSOAS. EVENTOS 163
Eventos 163

181. Férias. Evento 163
182. Funerais. Enterro 164
183. Guerra. Soldados 164
184. Guerra. Ações militares. Parte 1 166
185. Guerra. Ações militares. Parte 2 167
186. Armas 168
187. Povos da antiguidade 170
188. Idade média 171
189. Líder. Chefe. Autoridades 172
190. Estrada. Caminho. Direções 173
191. Violação da lei. Criminosos. Parte 1 174
192. Violação da lei. Criminosos. Parte 2 175
193. Polícia. Lei. Parte 1 176
194. Polícia. Lei. Parte 2 177

NATUREZA 179
A Terra. Parte 1 179

195. Espaço sideral 179
196. A Terra 180
197. Pontos cardeais 181
198. Mar. Oceano 181
199. Nomes de Mares e Oceanos 182
200. Montanhas 183
201. Nomes de montanhas 184
202. Rios 184
203. Nomes de rios 185
204. Floresta 185
205. Recursos naturais 186

A Terra. Parte 2 188

206. Tempo 188
207. Tempo extremo. Catástrofes naturais 189
208. Ruídos. Sons 189
209. Inverno 190

Fauna 192

210. Mamíferos. Predadores 192
211. Animais selvagens 192
212. Animais domésticos 193
213. Cães. Raças de cães 194
214. Sons produzidos pelos animais 195
215. Animais jovens 195
216. Pássaros 196
217. Pássaros. Canto e sons 197
218. Peixes. Animais marinhos 197
219. Anfíbios. Répteis 198

220. Insetos	199
221. Animais. Partes do corpo	199
222. Ações dos animais	200
223. Animais. Habitats	201
224. Cuidados com os animais	201
225. Animais. Diversos	202
226. Cavalos	202

Flora 204

227. Árvores	204
228. Arbustos	204
229. Cogumelos	205
230. Frutos. Bagas	205
231. Flores. Plantas	206
232. Cereais, grãos	207
233. Vegetais. Verduras	208

GEOGRAFIA REGIONAL 209
Países. Nacionalidades 209

234. Europa Ocidental	209
235. Europa Central e de Leste	211
236. Países da ex-URSS	212
237. Asia	213
238. América do Norte	215
239. América Central do Sul	215
240. Africa	216
241. Austrália. Oceania	217
242. Cidades	217
243. Política. Governo. Parte 1	219
244. Política. Governo. Parte 2	220
245. Países. Diversos	221
246. Grupos religiosos mais importantes. Confissões	222
247. Religiões. Padres	223
248. Fé. Cristianismo. Islão	223

TEMAS DIVERSOS 226

249. Várias palavras úteis	226
250. Modificadores. Adjetivos. Parte 1	227
251. Modificadores. Adjetivos. Parte 2	229

500 VERBOS PRINCIPAIS 232

252. Verbos A-B	232
253. Verbos C-D	233
254. Verbos E-J	236
255. Verbos L-P	238
256. Verbos Q-Z	240

GUIA DE PRONUNCIAÇÃO

Alfabeto fonético T&P	Exemplo Holandês	Exemplo Português
[a]	plasje	chamar
[ã]	kraag	rapaz
[o], [ɔ]	zondag	noite
[o]	geografie	lobo
[ō]	oorlog	albatroz
[e]	nemen	metal
[ē]	wreed	plateia
[ɛ]	ketterij	mesquita
[ɛ:]	crème	plateia
[ə]	tachtig	milagre
[i]	alpinist	sinônimo
[ĩ]	referee	cair
[Y]	stadhuis	questionar
[œ]	druif	orgulhoso
[ø]	treurig	orgulhoso
[u]	schroef	bonita
[ʉ]	zuchten	nacional
[ū]	minuut	trabalho
[b]	oktober	barril
[d]	diepte	dentista
[f]	fierheid	safári
[g]	golfclub	gosto
[h]	horizon	[h] aspirada
[j]	jaar	Vietnã
[k]	klooster	aquilo
[l]	politiek	libra
[m]	melodie	magnólia
[n]	netwerk	natureza
[p]	peper	presente
[r]	rechter	riscar
[s]	smaak	sanita
[t]	telefoon	tulipa
[v]	vijftien	fava
[w]	waaier	página web
[z]	zacht	sésamo
[dʒ]	manager	adjetivo
[ʃ]	architect	mês

Alfabeto fonético T&P **Exemplo Holandês** **Exemplo Português**

[ŋ]	behang	alcançar
[tʃ]	beertje	Tchau!
[ʒ]	bougie	talvez
[x]	acht, gaan	arte

ABREVIATURAS
usadas no vocabulário

Abreviaturas do Português

adj	-	adjetivo
adv	-	advérbio
anim.	-	animado
conj.	-	conjunção
desp.	-	esporte
etc.	-	Etcetera
ex.	-	por exemplo
f	-	nome feminino
f pl	-	feminino plural
fem.	-	feminino
inanim.	-	inanimado
m	-	nome masculino
m pl	-	masculino plural
m, f	-	masculino, feminino
masc.	-	masculino
mat.	-	matemática
mil.	-	militar
pl	-	plural
prep.	-	preposição
pron.	-	pronome
sb.	-	sobre
sing.	-	singular
v aux	-	verbo auxiliar
vi	-	verbo intransitivo
vi, vt	-	verbo intransitivo, transitivo
vr	-	verbo reflexivo
vt	-	verbo transitivo

Abreviaturas do Holandês

mv.	-	plural

Artigos do Holandês

de - gênero comum
de/het - neutro, gênero comum
het - neutro

CONCEITOS BÁSICOS

Conceitos básicos. Parte 1

1. Pronomes

eu	ik	[ik]
você	jij, je	[jɛj], [jə]
ele	hij	[hɛj]
ela	zij, ze	[zɛj], [zə]
ele, ela (neutro)	het	[ət]
nós	wij, we	[wɛj], [wə]
vocês	jullie	['juli]
eles, elas	zij, ze	[zɛj], [zə]

2. Cumprimentos. Saudações. Despedidas

Oi!	Hallo! Dag!	[ha'lɔ dax]
Olá!	Hallo!	[ha'lɔ]
Bom dia!	Goedemorgen!	['xudə·'mɔrxən]
Boa tarde!	Goedemiddag!	['xudə·'midax]
Boa noite!	Goedenavond!	['xudən·'avɔnt]
cumprimentar (vt)	gedag zeggen	[xe'dax 'zexən]
Oi!	Hoi!	[hɔj]
saudação (f)	groeten (het)	['xrutən]
saudar (vt)	verwelkomen	[vər'wɛlkɔmən]
Tudo bem?	Hoe gaat het?	[hu xãt ət]
E aí, novidades?	Is er nog nieuws?	[is ɛr nɔx 'nius]
Tchau!	Tot ziens!	[tɔt 'tsins]
Até logo!	Doei!	['dui]
Até breve!	Tot snel!	[tɔt snɛl]
Adeus!	Vaarwel!	[vãr'wɛl]
despedir-se (dizer adeus)	afscheid nemen	['afsxɛjt 'nemən]
Até mais!	Tot kijk!	[tɔt kɛjk]
Obrigado! -a!	Dank u!	[dank ju]
Muito obrigado! -a!	Dank u wel!	[dank ju wɛl]
De nada	Graag gedaan	[xrãx xə'dãn]
Não tem de quê	Geen dank!	[xẽn dank]
Não foi nada!	Geen moeite.	[xẽn 'mujtə]
Desculpa! -pe!	Excuseer me, ...	[ɛkskʉ'zẽr mə]
desculpar (vt)	excuseren	[ɛkskʉ'zerən]

desculpar-se (vr)	zich verontschuldigen	[zih vərɔnt'sxʉldəxən]
Me desculpe	Mijn excuses	[mɛjn ɛks'kʉzəs]
Desculpe!	Het spijt me!	[ət spɛjt mə]
perdoar (vt)	vergeven	[vər'xevən]
Não faz mal	Maakt niet uit!	[māk nit œyt]
por favor	alsjeblieft	[alstʉ'blift]

Não se esqueça!	Vergeet het niet!	[vər'xēt ət nit]
Com certeza!	Natuurlijk!	[na'tūrlək]
Claro que não!	Natuurlijk niet!	[na'tūrlək nit]
Está bem! De acordo!	Akkoord!	[a'kōrt]
Chega!	Zo is het genoeg!	[zɔ is ət xə'nux]

3. Como se dirigir a alguém

Desculpe ...	Excuseer me, ...	[ɛkskʉ'zēr mə]
senhor	meneer	[mə'nēr]
senhora	mevrouw	[məv'rau]
senhorita	juffrouw	[ju'frau]
jovem	jongeman	[joŋə'man]
menino	jongen	['joŋən]
menina	meisje	['mɛjɕə]

4. Números cardinais. Parte 1

zero	nul	[nʉl]
um	een	[en]
dois	twee	[twē]
três	drie	[dri]
quatro	vier	[vir]

cinco	vijf	[vɛjf]
seis	zes	[zɛs]
sete	zeven	['zevən]
oito	acht	[axt]
nove	negen	['nexən]

dez	tien	[tin]
onze	elf	[ɛlf]
doze	twaalf	[twālf]
treze	dertien	['dɛrtin]
catorze	veertien	['vērtin]

quinze	vijftien	['vɛjftin]
dezesseis	zestien	['zɛstin]
dezessete	zeventien	['zevəntin]
dezoito	achttien	['axtin]
dezenove	negentien	['nexəntin]

vinte	twintig	['twintəx]
vinte e um	eenentwintig	['ēnən·'twintəx]
vinte e dois	tweeëntwintig	['twēɛn·'twintəx]

vinte e três	drieëntwintig	['driɛn·'twintəx]
trinta	dertig	['dɛrtəx]
trinta e um	eenendertig	['ēnən·'dɛrtəx]
trinta e dois	tweeëndertig	['twēɛn·'dɛrtəx]
trinta e três	drieëndertig	['driɛn·'dɛrtəx]
quarenta	veertig	['vērtəx]
quarenta e um	eenenveertig	['ēnən·'vertəx]
quarenta e dois	tweeënveertig	['twēɛn·'vertəx]
quarenta e três	drieënveertig	['driɛn·'vērtəx]
cinquenta	vijftig	['vɛjftəx]
cinquenta e um	eenenvijftig	['ēnən·'vɛjftəx]
cinquenta e dois	tweeënvijftig	['twēɛn·'vɛjftəx]
cinquenta e três	drieënvijftig	['driɛn·'vɛjftəx]
sessenta	zestig	['zɛstəx]
sessenta e um	eenenzestig	['ēnən·'zɛstəx]
sessenta e dois	tweeënzestig	['twēɛn·'zɛstəx]
sessenta e três	drieënzestig	['driɛn·'zɛstəx]
setenta	zeventig	['zevəntəx]
setenta e um	eenenzeventig	['ēnən·'zevəntəx]
setenta e dois	tweeënzeventig	['twēɛn·'zevəntəx]
setenta e três	drieënzeventig	['driɛn·'zevəntəx]
oitenta	tachtig	['tahtəx]
oitenta e um	eenentachtig	['ēnən·'tahtəx]
oitenta e dois	tweeëntachtig	['twēɛn·'tahtəx]
oitenta e três	drieëntachtig	['driɛn·'taxtəx]
noventa	negentig	['nexəntəx]
noventa e um	eenennegentig	['ēnən·'nexəntəx]
noventa e dois	tweeënnegentig	['twēɛn·'nexəntəx]
noventa e três	drieënnegentig	['driɛn·'nexəntəx]

5. Números cardinais. Parte 2

cem	honderd	['hɔndərt]
duzentos	tweehonderd	[twē·'hɔndərt]
trezentos	driehonderd	[dri·'hɔndərt]
quatrocentos	vierhonderd	[vir·'hɔndərt]
quinhentos	vijfhonderd	[vɛjf·'hɔndərt]
seiscentos	zeshonderd	[zɛs·'hɔndərt]
setecentos	zevenhonderd	['zevən·'hɔndərt]
oitocentos	achthonderd	[axt·'hɔndərt]
novecentos	negenhonderd	['nexən·'hɔndərt]
mil	duizend	['dœyzənt]
dois mil	tweeduizend	[twē·'dœyzənt]
três mil	drieduizend	[dri·'dœyzənt]
dez mil	tienduizend	[tin·'dœyzənt]
cem mil	honderdduizend	['hɔndərt·'dœyzənt]

um milhão	**miljoen (het)**	[mi'ljun]
um bilhão	**miljard (het)**	[mi'ljart]

6. Números ordinais

primeiro (adj)	**eerste**	['ērstə]
segundo (adj)	**tweede**	['twēdə]
terceiro (adj)	**derde**	['dɛrdə]
quarto (adj)	**vierde**	['virdə]
quinto (adj)	**vijfde**	['vɛjfdə]
sexto (adj)	**zesde**	['zɛsdə]
sétimo (adj)	**zevende**	['zevəndə]
oitavo (adj)	**achtste**	['axtstə]
nono (adj)	**negende**	['nexəndə]
décimo (adj)	**tiende**	['tində]

7. Números. Frações

fração (f)	**breukgetal (het)**	['brøkxə'tal]
um meio	**half**	[half]
um terço	**een derde**	[ən 'dɛrdə]
um quarto	**kwart**	['kwart]
um oitavo	**een achtste**	[ən 'axtstə]
um décimo	**een tiende**	[ən 'tində]
dois terços	**twee derde**	[twē 'dɛrdə]
três quartos	**driekwart**	['drikwart]

8. Números. Operações básicas

subtração (f)	**aftrekking (de)**	['aftrɛkiŋ]
subtrair (vi, vt)	**aftrekken**	['aftrɛkən]
divisão (f)	**deling (de)**	['deliŋ]
dividir (vt)	**delen**	['delən]
adição (f)	**optelling (de)**	['ɔptɛliŋ]
somar (vt)	**erbij optellen**	[ɛr'bɛj 'ɔptɛlən]
adicionar (vt)	**optellen**	['ɔptɛlən]
multiplicação (f)	**vermenigvuldiging (de)**	[vər'menix·'vʉldixiŋ]
multiplicar (vt)	**vermenigvuldigen**	[vər'menix·'vʉldixən]

9. Números. Diversos

algarismo, dígito (m)	**cijfer (het)**	['sɛjfər]
número (m)	**nummer (het)**	['nʉmər]
numeral (m)	**telwoord (het)**	[tɛl'wõrt]
menos (m)	**minteken (het)**	['min·tekən]

mais (m)	plusteken (het)	['plʉs·tekən]
fórmula (f)	formule (de)	[fɔr'mʉlə]

cálculo (m)	berekening (de)	[bə'rekəniŋ]
contar (vt)	tellen	['tɛlən]
calcular (vt)	bijrekenen	[bɛj'rekənən]
comparar (vt)	vergelijken	[vɛrxə'lɛjkən]

Quanto, -os, -as?	Hoeveel?	[hu'vēl]
soma (f)	som (de), totaal (het)	[sɔm], [tɔ'tāl]
resultado (m)	uitkomst (de)	['œʏtkɔmst]
resto (m)	rest (de)	[rɛst]

alguns, algumas ...	enkele	['ɛnkələ]
pouco (~ tempo)	weinig	['wɛjnəx]
um pouco de ...	een beetje	[en 'bētʃə]
resto (m)	restant (het)	[rɛs'tant]
um e meio	anderhalf	[andər'half]
dúzia (f)	dozijn (het)	[dɔ'zɛjn]

ao meio	middendoor	[midən'dōr]
em partes iguais	even	['ɛvən]
metade (f)	helft (de)	[hɛlft]
vez (f)	keer (de)	[kēr]

10. Os verbos mais importantes. Parte 1

abrir (vt)	openen	['ɔpənən]
acabar, terminar (vt)	beëindigen	[bə'ɛjndəxən]
aconselhar (vt)	adviseren	[atvi'zirən]
adivinhar (vt)	goed raden	[xut 'radən]
advertir (vt)	waarschuwen	['wārsxjuvən]

ajudar (vt)	helpen	['hɛlpən]
almoçar (vi)	lunchen	['lʉnʃən]
alugar (~ um apartamento)	huren	['hʉrən]
amar (pessoa)	liefhebben	['lifhɛbən]
ameaçar (vt)	bedreigen	[bə'drɛjxən]

anotar (escrever)	opschrijven	['ɔpsxrɛjvən]
apressar-se (vr)	zich haasten	[zix 'hāstən]
arrepender-se (vr)	betreuren	[bə'trørən]
assinar (vt)	ondertekenen	['ɔndər'tekənən]
brincar (vi)	grappen maken	['xrapən 'makən]

brincar, jogar (vi, vt)	spelen	['spelən]
buscar (vt)	zoeken	['zukən]
caçar (vi)	jagen	['jaxən]
cair (vi)	vallen	['valən]
cavar (vt)	graven	['xravən]
chamar (~ por socorro)	roepen	['rupən]

chegar (vi)	aankomen	['ānkɔmən]
chorar (vi)	huilen	['hœʏlən]

começar (vt)	beginnen	[bə'xinən]
comparar (vt)	vergelijken	[vɛrxə'lɛjkən]
concordar (dizer "sim")	instemmen	['instɛmən]

confiar (vt)	vertrouwen	[vər'trauwən]
confundir (equivocar-se)	verwarren	[vər'warən]
conhecer (vt)	kennen	['kɛnən]
contar (fazer contas)	tellen	['tɛlən]
contar com ...	rekenen op ...	['rekənən ɔp]
continuar (vt)	vervolgen	[vər'vɔlxən]

controlar (vt)	controleren	[kɔntrɔ'lerən]
convidar (vt)	uitnodigen	['œytnɔdixən]
correr (vi)	rennen	['renən]
criar (vt)	creëren	[kre'jerən]
custar (vt)	kosten	['kɔstən]

11. Os verbos mais importantes. Parte 2

dar (vt)	geven	['xevən]
dar uma dica	een hint geven	[en hint 'xevən]
decorar (enfeitar)	versieren	[vər'sirən]
defender (vt)	verdedigen	[vər'dedixən]
deixar cair (vt)	laten vallen	['latən 'valən]

descer (para baixo)	afdalen	['afdalən]
desculpar (vt)	excuseren	[ɛksku'zerən]
desculpar-se (vr)	zich verontschuldigen	[zih vərɔnt'sxʉldəxən]
dirigir (~ uma empresa)	beheren	[bə'herən]
discutir (notícias, etc.)	bespreken	[bə'sprekən]

disparar, atirar (vi)	schieten	['sxitən]
dizer (vt)	zeggen	['zexən]
duvidar (vt)	twijfelen	['twɛjfelən]
encontrar (achar)	vinden	['vindən]
enganar (vt)	bedriegen	[bə'drixən]

entender (vt)	begrijpen	[bə'xrɛjpən]
entrar (na sala, etc.)	binnengaan	['binənxān]
enviar (uma carta)	sturen	['stʉrən]
errar (enganar-se)	zich vergissen	[zih vər'xisən]
escolher (vt)	kiezen	['kizən]

esconder (vt)	verbergen	[vər'bɛrxən]
escrever (vt)	schrijven	['sxrɛjvən]
esperar (aguardar)	wachten	['waxtən]
esperar (ter esperança)	hopen	['hɔpən]
esquecer (vt)	vergeten	[vər'xetən]

estudar (vt)	studeren	[stʉ'derən]
exigir (vt)	eisen	['ɛjsən]
existir (vi)	existeren	[ɛksis'tɛrən]
explicar (vt)	verklaren	[vər'klarən]
falar (vi)	spreken	['sprekən]

faltar (a la escuela, etc.)	verzuimen	[vər'zœymən]
fazer (vt)	doen	[dun]
ficar em silêncio	zwijgen	['zwɛjxən]
gabar-se (vr)	opscheppen	['ɔpsxepən]
gostar (apreciar)	bevallen	[bə'valən]
gritar (vi)	schreeuwen	['sxrẽwən]
guardar (fotos, etc.)	bewaren	[bə'warən]
informar (vt)	informeren	[infɔr'merən]
insistir (vi)	aandringen	['āndriŋən]
insultar (vt)	beledigen	[bə'ledəxən]
interessar-se (vr)	zich interesseren voor ...	[zix interə'serən võr]
ir (a pé)	gaan	[xān]
ir nadar	gaan zwemmen	[xān 'zwɛmən]
jantar (vi)	souperen	[su'perən]

12. Os verbos mais importantes. Parte 3

ler (vt)	lezen	['lezən]
libertar, liberar (vt)	bevrijden	[bə'vrɛjdən]
matar (vt)	doden	['dɔdən]
mencionar (vt)	vermelden	[vər'mɛldən]
mostrar (vt)	tonen	['tɔnən]
mudar (modificar)	veranderen	[və'randərən]
nadar (vi)	zwemmen	['zwɛmən]
negar-se a ... (vr)	weigeren	['wɛjxərən]
objetar (vt)	weerspreken	[wẽr'sprekən]
observar (vt)	waarnemen	['wārnemən]
ordenar (mil.)	bevelen	[bə'velən]
ouvir (vt)	horen	['hɔrən]
pagar (vt)	betalen	[bə'talən]
parar (vi)	stoppen	['stɔpən]
parar, cessar (vt)	ophouden	['ɔphaudən]
participar (vi)	deelnemen	['dēlnemən]
pedir (comida, etc.)	bestellen	[bə'stɛlən]
pedir (um favor, etc.)	verzoeken	[vər'zukən]
pegar (tomar)	nemen	['nemən]
pegar (uma bola)	vangen	['vaŋən]
pensar (vi, vt)	denken	['dɛnkən]
perceber (ver)	opmerken	['ɔpmɛrkən]
perdoar (vt)	vergeven	[vər'xevən]
perguntar (vt)	vragen	['vraxən]
permitir (vt)	toestaan	['tustān]
pertencer a ... (vi)	toebehoren aan ...	['tubəhɔrən ān]
planejar (vt)	plannen	['planən]
poder (~ fazer algo)	kunnen	['kʉnən]
possuir (uma casa, etc.)	bezitten	[bə'zitən]
preferir (vt)	prefereren	[prəfe'rerən]

preparar (vt)	bereiden	[bə'rɛjdən]
prever (vt)	voorzien	[vōr'zin]
prometer (vt)	beloven	[bə'lɔvən]
pronunciar (vt)	uitspreken	['œytsprekən]
propor (vt)	voorstellen	['vōrstɛlən]
punir (castigar)	bestraffen	[bə'strafən]
quebrar (vt)	breken	['brekən]
queixar-se de ...	klagen	['klaxən]
querer (desejar)	willen	['wilən]

13. Os verbos mais importantes. Parte 4

ralhar, repreender (vt)	uitvaren tegen	['œytvarən 'texən]
recomendar (vt)	aanbevelen	['āmbəvelən]
repetir (dizer outra vez)	herhalen	[hɛr'halən]
reservar (~ um quarto)	reserveren	[rezɛr'verən]
responder (vt)	antwoorden	['antwōrdən]
rezar, orar (vi)	bidden	['bidən]
rir (vi)	lachen	['laxən]
roubar (vt)	stelen	['stelən]
saber (vt)	weten	['wetən]
sair (~ de casa)	uitgaan	['œytxān]
salvar (resgatar)	redden	['rɛdən]
seguir (~ alguém)	volgen	['vɔlxən]
sentar-se (vr)	gaan zitten	[xān 'zitən]
ser necessário	nodig zijn	['nɔdəx zɛjn]
ser, estar	zijn	[zɛjn]
significar (vt)	betekenen	[bə'tekənən]
sorrir (vi)	glimlachen	['xlimlahən]
subestimar (vt)	onderschatten	['ɔndər'sxatən]
surpreender-se (vr)	verbaasd zijn	[vər'bāst zɛjn]
tentar (~ fazer)	proberen	[prɔ'berən]
ter (vt)	hebben	['hɛbən]
ter fome	honger hebben	['hɔŋər 'hɛbən]
ter medo	bang zijn	['baŋ zɛjn]
ter sede	dorst hebben	[dɔrst 'hɛbən]
tocar (com as mãos)	aanraken	['ānrakən]
tomar café da manhã	ontbijten	[ɔn'bɛjtən]
trabalhar (vi)	werken	['wɛrkən]
traduzir (vt)	vertalen	[vər'talən]
unir (vt)	verenigen	[və'rɛnixən]
vender (vt)	verkopen	[vɛr'kɔpən]
ver (vt)	zien	[zin]
virar (~ para a direita)	afslaan	['afslān]
voar (vi)	vliegen	['vlixən]

14. Cores

cor (f)	kleur (de)	['klør]
tom (m)	tint (de)	[tint]
tonalidade (m)	kleurnuance (de)	['klør·nʉ'waŋsə]
arco-íris (m)	regenboog (de)	['rexən·bōx]
branco (adj)	wit	[wit]
preto (adj)	zwart	[zwart]
cinza (adj)	grijs	[xrɛjs]
verde (adj)	groen	[xrun]
amarelo (adj)	geel	[xēl]
vermelho (adj)	rood	[rōt]
azul (adj)	blauw	['blau]
azul claro (adj)	lichtblauw	['lixt·blau]
rosa (adj)	roze	['rɔzə]
laranja (adj)	oranje	[ɔ'ranjə]
violeta (adj)	violet	[viɔ'lɛt]
marrom (adj)	bruin	['brœyn]
dourado (adj)	goud	['xaut]
prateado (adj)	zilverkleurig	['zilvər·'klørəx]
bege (adj)	beige	['bɛ:ʒ]
creme (adj)	roomkleurig	['rōm·'klørix]
turquesa (adj)	turkoois	[tʉrk'was]
vermelho cereja (adj)	kersrood	['kɛrs·rōt]
lilás (adj)	lila	['lila]
carmim (adj)	karmijnrood	['karmɛjn·'rōt]
claro (adj)	licht	[lixt]
escuro (adj)	donker	['dɔnkər]
vivo (adj)	fel	[fel]
de cor	kleur-, kleurig	['klør], ['klørəx]
a cores	kleuren-	['klørən]
preto e branco (adj)	zwart-wit	[zwart-wit]
unicolor (de uma só cor)	eenkleurig	[ēn'klørəx]
multicolor (adj)	veelkleurig	[vēl'klørəx]

15. Questões

Quem?	Wie?	[wi]
O que?	Wat?	[wat]
Onde?	Waar?	[wār]
Para onde?	Waarheen?	[wār'hēn]
De onde?	Waarvandaan?	[ʋār·van'dān]
Quando?	Wanneer?	[wa'nēr]
Para quê?	Waarom?	[wār'ɔm]
Por quê?	Waarom?	[wār'ɔm]
Para quê?	Waarvoor dan ook?	[wār'vōr dan 'ōk]

Como?	Hoe?	[hu]
Qual (~ é o problema?)	Wat voor ...?	[wat vɔr]
Qual (~ deles?)	Welk?	[wɛlk]
A quem?	Aan wie?	[ãn wi]
De quem?	Over wie?	['ɔvər wi]
Do quê?	Waarover?	[wãr'ɔvər]
Com quem?	Met wie?	[mɛt 'wi]
Quanto, -os, -as?	Hoeveel?	[hu'vẽl]
De quem? (masc.)	Van wie?	[van 'wi]

16. Preposições

com (prep.)	met	[mɛt]
sem (prep.)	zonder	['zɔndər]
a, para (exprime lugar)	naar	[nãr]
sobre (ex. falar ~)	over	['ɔvər]
antes de ...	voor	[võr]
em frente de ...	voor	[võr]
debaixo de ...	onder	['ɔndər]
sobre (em cima de)	boven	['bovən]
em ..., sobre ...	op	[ɔp]
de, do (sou ~ Rio de Janeiro)	van	[van]
de (feito ~ pedra)	van	[van]
em (~ 3 dias)	over	['ɔvər]
por cima de ...	over	['ɔvər]

17. Palavras funcionais. Advérbios. Parte 1

Onde?	Waar?	[wãr]
aqui	hier	[hir]
lá, ali	daar	[dãr]
em algum lugar	ergens	['ɛrxəns]
em lugar nenhum	nergens	['nɛrxəns]
perto de ...	bij ...	[bɛj]
perto da janela	bij het raam	[bɛj het 'rãm]
Para onde?	Waarheen?	[wãr'hẽn]
aqui	hierheen	[hir'hẽn]
para lá	daarheen	[dãr'hẽn]
daqui	hiervandaan	[hirvan'dãn]
de lá, dali	daarvandaan	[darvan'dãn]
perto	dichtbij	[dix'bɛj]
longe	ver	[vɛr]
perto de ...	in de buurt	[in də bũrt]
à mão, perto	dichtbij	[dix'bɛj]

não fica longe	niet ver	[nit vɛr]
esquerdo (adj)	linker	['lɪnkər]
à esquerda	links	[lɪnks]
para a esquerda	linksaf, naar links	['lɪnksaf], [nãr 'lɪnks]
direito (adj)	rechter	['rɛxtər]
à direita	rechts	[rɛxts]
para a direita	rechtsaf, naar rechts	['rɛxtsaf], [nãr 'rɛxts]
em frente	vooraan	[võ'rãn]
da frente	voorste	['võrstə]
adiante (para a frente)	vooruit	[võr'œʏt]
atrás de ...	achter	['axtər]
de trás	van achteren	[van 'axtərən]
para trás	achteruit	['axtərœʏt]
meio (m), metade (f)	midden (het)	['mɪdən]
no meio	in het midden	[in ət 'mɪdən]
do lado	opzij	[ɔp'sɛj]
em todo lugar	overal	[ɔvə'ral]
por todos os lados	omheen	[ɔm'hẽn]
de dentro	binnenuit	['bɪnənœʏt]
para algum lugar	naar ergens	[nãr 'ɛrxəns]
diretamente	rechtdoor	[rɛx'dõr]
de volta	terug	[te'rʉx]
de algum lugar	ergens vandaan	['ɛrxəns van'dãn]
de algum lugar	ergens vandaan	['ɛrxəns van'dãn]
em primeiro lugar	ten eerste	[tən 'ẽrstə]
em segundo lugar	ten tweede	[tən 'twẽdə]
em terceiro lugar	ten derde	[tən 'dɛrdə]
de repente	plotseling	['plɔtselɪŋ]
no início	in het begin	[in ət bə'xin]
pela primeira vez	voor de eerste keer	[võr də 'ẽrstə kẽr]
muito antes de ...	lang voor ...	[laŋ võr]
de novo	opnieuw	[ɔp'niu]
para sempre	voor eeuwig	[võr 'ẽwəx]
nunca	nooit	[nõjt]
de novo	weer	[wẽr]
agora	nu	[nʉ]
frequentemente	vaak	[vãk]
então	toen	[tun]
urgentemente	urgent	[jurxənt]
normalmente	meestal	['mẽstal]
a propósito, ...	trouwens, ...	['trauwəns]
é possível	mogelijk	['mɔxələk]
provavelmente	waarschijnlijk	[wãr'sxɛjnlək]
talvez	misschien	[mɪs'xin]
além disso, ...	trouwens	['trauwəns]

por isso ...	daarom ...	[dā'rɔm]
apesar de ...	in weerwil van ...	[in 'wērwil van]
graças a ...	dankzij ...	[dank'zɛj]

que (pron.)	wat	[wat]
que (conj.)	dat	[dat]
algo	iets	[its]
alguma coisa	iets	[its]
nada	niets	[nits]

quem	wie	[wi]
alguém (~ que ...)	iemand	['imant]
alguém (com ~)	iemand	['imant]

ninguém	niemand	['nimant]
para lugar nenhum	nergens	['nɛrxəns]
de ninguém	niemands	['nimants]
de alguém	iemands	['imants]

tão	zo	[zɔ]
também (gostaria ~ de ...)	ook	[ōk]
também (~ eu)	alsook	[al'sōk]

18. Palavras funcionais. Advérbios. Parte 2

Por quê?	Waarom?	[wār'ɔm]
por alguma razão	om een bepaalde reden	[ɔm en be'pālde 'redən]
porque ...	omdat ...	[ɔm'dat]
por qualquer razão	voor een bepaald doel	[vōr en be'pālt dul]

e (tu ~ eu)	en	[en]
ou (ser ~ não ser)	of	[ɔf]
mas (porém)	maar	[mār]
para (~ a minha mãe)	voor	[vōr]

muito, demais	te	[te]
só, somente	alleen	[a'lēn]
exatamente	precies	[prə'sis]
cerca de (~ 10 kg)	ongeveer	[ɔnxə'vēr]

aproximadamente	ongeveer	[ɔnxə'vēr]
aproximado (adj)	bij benadering	[bɛj bə'nadəriŋ]
quase	bijna	['bɛjna]
resto (m)	rest (de)	[rɛst]

o outro (segundo)	de andere	[də 'andərə]
outro (adj)	ander	['andər]
cada (adj)	elk	[ɛlk]
qualquer (adj)	om het even welk	[ɔm ət ɛvən wɛlk]
muito, muitos, muitas	veel	[vēl]
muitas pessoas	veel mensen	[vēl 'mɛnsən]
todos	iedereen	[idə'rēn]
em troca de ...	in ruil voor ...	[in 'rœyl vōr]
em troca	in ruil	[in 'rœyl]

| à mão | met de hand | [mɛt də 'hant] |
| pouco provável | onwaarschijnlijk | [ɔnwār'sxɛjnlək] |

provavelmente	waarschijnlijk	[wār'sxɛjnlək]
de propósito	met opzet	[mɛt 'ɔpzət]
por acidente	toevallig	[tu'valəx]

muito	zeer	[zēr]
por exemplo	bijvoorbeeld	[bɛj'vōrbēlt]
entre	tussen	['tʉsən]
entre (no meio de)	tussen	['tʉsən]
tanto	zoveel	[zɔ'vēl]
especialmente	vooral	[vō'ral]

Conceitos básicos. Parte 2

19. Opostos

rico (adj)	rijk	[rɛjk]
pobre (adj)	arm	[arm]
doente (adj)	ziek	[zik]
bem (adj)	gezond	[xə'zɔnt]
grande (adj)	groot	[xrõt]
pequeno (adj)	klein	[klɛjn]
rapidamente	snel	[snɛl]
lentamente	langzaam	['laŋzām]
rápido (adj)	snel	[snɛl]
lento (adj)	langzaam	['laŋzām]
alegre (adj)	vrolijk	['vrɔlək]
triste (adj)	treurig	['trørəx]
juntos (ir ~)	samen	['samən]
separadamente	apart	[a'part]
em voz alta (ler ~)	hardop	['hartɔp]
para si (em silêncio)	stil	[stil]
alto (adj)	hoog	[hõx]
baixo (adj)	laag	[lãx]
profundo (adj)	diep	[dip]
raso (adj)	ondiep	[ɔn'dip]
sim	ja	[ja]
não	nee	[nẽ]
distante (adj)	ver	[vɛr]
próximo (adj)	dicht	[dixt]
longe	ver	[vɛr]
à mão, perto	dichtbij	[dix'bɛj]
longo (adj)	lang	[laŋ]
curto (adj)	kort	[kɔrt]
bom (bondoso)	vriendelijk	['vrindələk]
mal (adj)	kwaad	['kwãt]
casado (adj)	gehuwd	[xə'hʉwt]

solteiro (adj)	ongehuwd	[ɔnhə'hʉwt]
proibir (vt)	verbieden	[vər'bidən]
permitir (vt)	toestaan	['tustān]
fim (m)	einde (het)	['ɛjndə]
início (m)	begin (het)	[bə'xin]
esquerdo (adj)	linker	['linkər]
direito (adj)	rechter	['rɛxtər]
primeiro (adj)	eerste	['ērstə]
último (adj)	laatste	['lātstə]
crime (m)	misdaad (de)	['misdāt]
castigo (m)	bestraffing (de)	[bə'strafiŋ]
ordenar (vt)	bevelen	[bə'velən]
obedecer (vt)	gehoorzamen	[xə'hōrzamən]
reto (adj)	recht	[rɛxt]
curvo (adj)	krom	[krɔm]
paraíso (m)	paradijs (het)	[para'dajs]
inferno (m)	hel (de)	[hɛl]
nascer (vi)	geboren worden	[xə'bɔrən 'wɔrdən]
morrer (vi)	sterven	['stɛrvən]
forte (adj)	sterk	[stɛrk]
fraco, débil (adj)	zwak	[zwak]
velho, idoso (adj)	oud	['aut]
jovem (adj)	jong	[jɔŋ]
velho (adj)	oud	['aut]
novo (adj)	nieuw	[niu]
duro (adj)	hard	[hart]
macio (adj)	zacht	[zaxt]
quente (adj)	warm	[warm]
frio (adj)	koud	['kaut]
gordo (adj)	dik	[dik]
magro (adj)	dun	[dʉn]
estreito (adj)	smal	[smal]
largo (adj)	breed	[brēt]
bom (adj)	goed	[xut]
mau (adj)	slecht	[slɛxt]
valente, corajoso (adj)	moedig	['mudəx]
covarde (adj)	laf	[laf]

20. Dias da semana

segunda-feira (f)	maandag (de)	['māndax]
terça-feira (f)	dinsdag (de)	['dinsdax]
quarta-feira (f)	woensdag (de)	['wunsdax]
quinta-feira (f)	donderdag (de)	['dɔndərdax]
sexta-feira (f)	vrijdag (de)	['vrɛjdax]
sábado (m)	zaterdag (de)	['zatərdax]
domingo (m)	zondag (de)	['zɔndax]
hoje	vandaag	[van'dāx]
amanhã	morgen	['mɔrxən]
depois de amanhã	overmorgen	[ɔvər'mɔrxən]
ontem	gisteren	['xistərən]
anteontem	eergisteren	[ēr'xistərən]
dia (m)	dag (de)	[dax]
dia (m) de trabalho	werkdag (de)	['wɛrk·dax]
feriado (m)	feestdag (de)	['fēst·dax]
dia (m) de folga	verlofdag (de)	[vər'lɔfdax]
fim (m) de semana	weekend (het)	['wikənt]
o dia todo	de hele dag	[də 'helə dah]
no dia seguinte	de volgende dag	[də 'vɔlxəndə dax]
há dois dias	twee dagen geleden	[twē 'daxən xə'ledən]
na véspera	aan de vooravond	[ān də vō'ravɔnt]
diário (adj)	dag-, dagelijks	[dax], ['daxələks]
todos os dias	elke dag	['ɛlkə dax]
semana (f)	week (de)	[wēk]
na semana passada	vorige week	['vɔrixə wēk]
semana que vem	volgende week	['vɔlxəndə wēk]
semanal (adj)	wekelijks	['wekələks]
toda semana	elke week	['ɛlkə wēk]
duas vezes por semana	twee keer per week	[twē ker pər vēk]
toda terça-feira	elke dinsdag	['ɛlkə 'dinsdax]

21. Horas. Dia e noite

manhã (f)	morgen (de)	['mɔrxən]
de manhã	's morgens	[s 'mɔrxəns]
meio-dia (m)	middag (de)	['midax]
à tarde	's middags	[s 'midax]
tardinha (f)	avond (de)	['avɔnt]
à tardinha	's avonds	[s 'avɔnts]
noite (f)	nacht (de)	[naxt]
à noite	's nachts	[s naxts]
meia-noite (f)	middernacht (de)	['midər·naxt]
segundo (m)	seconde (de)	[se'kɔndə]
minuto (m)	minuut (de)	[mi'nūt]
hora (f)	uur (het)	[ūr]

meia hora (f)	halfuur (het)	[half 'ūr]
quarto (m) de hora	kwartier (het)	['kwar'tir]
quinze minutos	vijftien minuten	['vɛjftin mi'nʉtən]
vinte e quatro horas	etmaal (het)	['ɛtmāl]
nascer (m) do sol	zonsopgang (de)	[zɔns'ɔpxaŋ]
amanhecer (m)	dageraad (de)	['daxərāt]
madrugada (f)	vroege morgen (de)	['vruxə 'mɔrxən]
pôr-do-sol (m)	zonsondergang (de)	[zɔns'ɔndərxaŋ]
de madrugada	's morgens vroeg	[s 'mɔrxəns vrux]
esta manhã	vanmorgen	[van'mɔrxən]
amanhã de manhã	morgenochtend	['mɔrxən·'ɔhtənt]
esta tarde	vanmiddag	[van'midax]
à tarde	's middags	[s 'midax]
amanhã à tarde	morgenmiddag	['mɔrxən·'midax]
esta noite, hoje à noite	vanavond	[va'navɔnt]
amanhã à noite	morgenavond	['mɔrxən·'avɔnt]
às três horas em ponto	klokslag drie uur	['klɔkslax dri ūr]
por volta das quatro	ongeveer vier uur	[ɔnxə'vēr vir ūr]
às doze	tegen twaalf uur	['texən twālf ūr]
em vinte minutos	over twintig minuten	['ɔvər 'twintix mi'nʉtən]
em uma hora	over een uur	['ɔvər en ūr]
a tempo	op tijd	[ɔp tɛjt]
... um quarto para	kwart voor ...	['kwart vōr]
dentro de uma hora	binnen een uur	['binən en ūr]
a cada quinze minutos	elk kwartier	['ɛlk kwar'tir]
as vinte e quatro horas	de klok rond	[də klɔk rɔnt]

22. Meses. Estações

janeiro (m)	januari (de)	[janʉ'ari]
fevereiro (m)	februari (de)	[febrʉ'ari]
março (m)	maart (de)	[mārt]
abril (m)	april (de)	[ap'ril]
maio (m)	mei (de)	[mɛj]
junho (m)	juni (de)	['juni]
julho (m)	juli (de)	['juli]
agosto (m)	augustus (de)	[au'xʉstʉs]
setembro (m)	september (de)	[sɛp'tɛmbər]
outubro (m)	oktober (de)	[ɔk'tɔbər]
novembro (m)	november (de)	[nɔ'vɛmbər]
dezembro (m)	december (de)	[de'sɛmbər]
primavera (f)	lente (de)	['lɛntə]
na primavera	in de lente	[in də 'lɛntə]
primaveril (adj)	lente-	['lɛntə]
verão (m)	zomer (de)	['zɔmər]

no verão	in de zomer	[in də 'zɔmər]
de verão	zomer-, zomers	['zɔmər], ['zɔmərs]
outono (m)	herfst (de)	[hɛrfst]
no outono	in de herfst	[in də hɛrfst]
outonal (adj)	herfst-	[hɛrfst]
inverno (m)	winter (de)	['wintər]
no inverno	in de winter	[in də 'wintər]
de inverno	winter-	['wintər]
mês (m)	maand (de)	[mānt]
este mês	deze maand	['dezə mānt]
mês que vem	volgende maand	['vɔlxəndə mānt]
no mês passado	vorige maand	['vɔrixə mānt]
um mês atrás	een maand geleden	[en mānt xə'ledən]
em um mês	over een maand	['ɔvər en mānt]
em dois meses	over twee maanden	['ɔvər twē 'māndən]
todo o mês	de hele maand	[də 'helə mānt]
um mês inteiro	een volle maand	[en 'vɔlə mānt]
mensal (adj)	maand-, maandelijks	[mānt], ['māndələks]
mensalmente	maandelijks	['māndələks]
todo mês	elke maand	['ɛlkə mānt]
duas vezes por mês	twee keer per maand	[twē ker per mānt]
ano (m)	jaar (het)	[jār]
este ano	dit jaar	[dit jār]
ano que vem	volgend jaar	['vɔlxənt jār]
no ano passado	vorig jaar	['vɔrəx jār]
há um ano	een jaar geleden	[en jār xə'ledən]
em um ano	over een jaar	['ɔvər en jār]
dentro de dois anos	over twee jaar	['ɔvər twē jār]
todo o ano	het hele jaar	[ət 'helə jār]
um ano inteiro	een vol jaar	[en vɔl jār]
cada ano	elk jaar	[ɛlk jār]
anual (adj)	jaar-, jaarlijks	[jār], ['jārləks]
anualmente	jaarlijks	['jārləks]
quatro vezes por ano	4 keer per jaar	[vir kēr per 'jār]
data (~ de hoje)	datum (de)	['datʉm]
data (ex. ~ de nascimento)	datum (de)	['datʉm]
calendário (m)	kalender (de)	[ka'lɛndər]
meio ano	een half jaar	[en half jār]
seis meses	zes maanden	[zɛs 'māndən]
estação (f)	seizoen (het)	[sɛj'zun]
século (m)	eeuw (de)	[ēw]

23. Tempo. Diversos

tempo (m)	tijd (de)	[tɛjt]
momento (m)	ogenblik (het)	['ɔxənblik]

Português	Holandês	Pronúncia
instante (m)	moment (het)	[mɔ'mɛnt]
instantâneo (adj)	ogenblikkelijk	['ɔxən'blikələk]
lapso (m) de tempo	tijdsbestek (het)	['tɛjts·bɛstək]
vida (f)	leven (het)	['levən]
eternidade (f)	eeuwigheid (de)	['ēwəxhɛjt]
época (f)	epoche (de), tijdperk (het)	[ɛ'pɔxə], ['tɛjtpɛrk]
era (f)	era (de), tijdperk (het)	['ɛra], ['tɛjtpɛrk]
ciclo (m)	cyclus (de)	['siklʉs]
período (m)	periode (de)	[peri'ɔdə]
prazo (m)	termijn (de)	[tɛr'mɛjn]
futuro (m)	toekomst (de)	['tukɔmst]
futuro (adj)	toekomstig	[tu'kɔmstəx]
da próxima vez	de volgende keer	[də 'vɔlxəndə kēr]
passado (m)	verleden (het)	[vər'ledən]
passado (adj)	vorig	['vɔrəx]
na última vez	de vorige keer	[də 'vɔrixə kēr]
mais tarde	later	['latər]
depois de ...	na	[na]
atualmente	tegenwoordig	['texən·'wōrdəx]
agora	nu	[nʉ]
imediatamente	onmiddellijk	[ɔn'midələk]
em breve	snel	[snɛl]
de antemão	bij voorbaat	[bɛj vōr'bãt]
há muito tempo	lang geleden	[laŋ xə'ledən]
recentemente	kort geleden	[kɔrt xə'ledən]
destino (m)	noodlot (het)	['nōtlɔt]
recordações (f pl)	herinneringen	[hɛ'rinəriŋ]
arquivo (m)	archief (het)	[ar'xif]
durante ...	tijdens ...	['tɛjdəns]
durante muito tempo	lang	[laŋ]
pouco tempo	niet lang	[nit laŋ]
cedo (levantar-se ~)	vroeg	[vrux]
tarde (deitar-se ~)	laat	[lãt]
para sempre	voor altijd	[vōr al'tɛjt]
começar (vt)	beginnen	[bə'xinən]
adiar (vt)	uitstellen	['œytstɛlən]
ao mesmo tempo	tegelijkertijd	[təxəlɛjkər'tɛjt]
permanentemente	voortdurend	[vōr'dʉrənt]
constante (~ ruído, etc.)	voortdurend	[vōr'dʉrənt]
temporário (adj)	tijdelijk	['tɛjdələk]
às vezes	soms	[sɔms]
raras vezes, raramente	zelden	['zɛldən]
frequentemente	vaak	[vãk]

24. Linhas e formas

quadrado (m)	vierkant (het)	['virkant]
quadrado (adj)	vierkant	['virkant]

círculo (m)	cirkel (de)	['sirkəl]
redondo (adj)	rond	[rɔnt]
triângulo (m)	driehoek (de)	['drihuk]
triangular (adj)	driehoekig	[dri'hukəx]

oval (f)	ovaal (het)	[ɔ'vāl]
oval (adj)	ovaal	[ɔ'vāl]
retângulo (m)	rechthoek (de)	['rɛxthuk]
retangular (adj)	rechthoekig	[rɛht'hukəx]

pirâmide (f)	piramide (de)	[pira'midə]
losango (m)	ruit (de)	['rœyt]
trapézio (m)	trapezium (het)	[tra'pezijum]
cubo (m)	kubus (de)	['kʉbʉs]
prisma (m)	prisma (het)	['prizma]

circunferência (f)	omtrek (de)	['ɔmtrɛk]
esfera (f)	bol, sfeer (de)	[bɔl], [sfēr]
globo (m)	bal (de)	[bal]
diâmetro (m)	diameter (de)	['diametər]
raio (m)	straal (de)	[strāl]
perímetro (m)	omtrek (de)	['ɔmtrɛk]
centro (m)	middelpunt (het)	['midəl·pʉnt]

horizontal (adj)	horizontaal	[hɔrizɔn'tāl]
vertical (adj)	verticaal	[vərti'kāl]
paralela (f)	parallel (de)	[para'lɛl]
paralelo (adj)	parallel	[para'lɛl]

linha (f)	lijn (de)	[lɛjn]
traço (m)	streep (de)	[strēp]
reta (f)	rechte lijn (de)	['rɛxtə lɛjn]
curva (f)	kromme (de)	['krɔmə]
fino (linha ~a)	dun	[dʉn]
contorno (m)	omlijning (de)	[ɔm'lɛjniŋ]

interseção (f)	snijpunt (het)	['snɛj·punt]
ângulo (m) reto	rechte hoek (de)	['rɛxtə huk]
segmento (m)	segment (het)	[sɛx'mɛnt]
setor (m)	sector (de)	['sɛktɔr]
lado (de um triângulo, etc.)	zijde (de)	['zɛjdə]
ângulo (m)	hoek (de)	[huk]

25. Unidades de medida

peso (m)	gewicht (het)	[xə'wixt]
comprimento (m)	lengte (de)	['lɛŋtə]
largura (f)	breedte (de)	['brētə]
altura (f)	hoogte (de)	['hōxtə]
profundidade (f)	diepte (de)	['diptə]
volume (m)	volume (het)	[vɔ'lʉmə]
área (f)	oppervlakte (de)	['ɔpərvlaktə]
grama (m)	gram (het)	[xram]
miligrama (m)	milligram (het)	['milixram]

quilograma (m)	kilogram (het)	[kilɔxram]
tonelada (f)	ton (de)	[tɔn]
libra (453,6 gramas)	pond (het)	[pɔnt]
onça (f)	ons (het)	[ɔns]
metro (m)	meter (de)	['metər]
milímetro (m)	millimeter (de)	['milimetər]
centímetro (m)	centimeter (de)	['sɛnti'metər]
quilômetro (m)	kilometer (de)	[kilometər]
milha (f)	mijl (de)	[mɛjl]
polegada (f)	duim (de)	['dœʏm]
pé (304,74 mm)	voet (de)	[vut]
jarda (914,383 mm)	yard (de)	[jart]
metro (m) quadrado	vierkante meter (de)	['virkantə 'metər]
hectare (m)	hectare (de)	[hɛk'tarə]
litro (m)	liter (de)	['litər]
grau (m)	graad (de)	[xrãt]
volt (m)	volt (de)	[vɔlt]
ampère (m)	ampère (de)	[am'pɛrə]
cavalo (m) de potência	paardenkracht (de)	['pãrdən·kraxt]
quantidade (f)	hoeveelheid (de)	[hu'vēlhɛjt]
um pouco de ...	een beetje ...	[ən 'bētʃə]
metade (f)	helft (de)	[hɛlft]
dúzia (f)	dozijn (het)	[dɔ'zɛjn]
peça (f)	stuk (het)	[stʉk]
tamanho (m), dimensão (f)	afmeting (de)	['afmetiŋ]
escala (f)	schaal (de)	[sxãl]
mínimo (adj)	minimaal	[mini'mãl]
menor, mais pequeno	minste	['minstə]
médio (adj)	medium	['medijum]
máximo (adj)	maximaal	[maksi'mãl]
maior, mais grande	grootste	['xrōtstə]

26. Recipientes

pote (m) de vidro	glazen pot (de)	['xlazən pɔt]
lata (~ de cerveja)	blik (het)	[blik]
balde (m)	emmer (de)	['ɛmər]
barril (m)	ton (de)	[tɔn]
bacia (~ de plástico)	ronde waterbak (de)	['watər·bak]
tanque (m)	tank (de)	[tank]
cantil (m) de bolso	heupfles (de)	['høp·flɛs]
galão (m) de gasolina	jerrycan (de)	['dʒɛrikən]
cisterna (f)	tank (de)	[tank]
caneca (f)	beker (de)	['bekər]
xícara (f)	kopje (het)	['kɔpjə]

pires (m)	**schoteltje (het)**	['sxɔteltʃə]
copo (m)	**glas (het)**	[xlas]
taça (f) de vinho	**wijnglas (het)**	['wɛjn·xlas]
panela (f)	**pan (de)**	[pan]
garrafa (f)	**fles (de)**	[fles]
gargalo (m)	**flessenhals (de)**	['flesən·hals]
jarra (f)	**karaf (de)**	[ka'raf]
jarro (m)	**kruik (de)**	['krœʏk]
recipiente (m)	**vat (het)**	[vat]
pote (m)	**pot (de)**	[pɔt]
vaso (m)	**vaas (de)**	[vãs]
frasco (~ de perfume)	**flacon (de)**	[fla'kɔn]
frasquinho (m)	**flesje (het)**	['fleçə]
tubo (m)	**tube (de)**	['tʉbə]
saco (ex. ~ de açúcar)	**zak (de)**	[zak]
sacola (~ plastica)	**tasje (het)**	['taçə]
maço (de cigarros, etc.)	**pakje (het)**	['pakjə]
caixa (~ de sapatos, etc.)	**doos (de)**	[dõs]
caixote (~ de madeira)	**kist (de)**	[kist]
cesto (m)	**mand (de)**	[mant]

27. Materiais

material (m)	**materiaal (het)**	[materi'ãl]
madeira (f)	**hout (het)**	['haut]
de madeira	**houten**	['hautən]
vidro (m)	**glas (het)**	[xlas]
de vidro	**glazen**	['xlazən]
pedra (f)	**steen (de)**	[stẽn]
de pedra	**stenen**	['stenən]
plástico (m)	**plastic (het)**	['plastik]
plástico (adj)	**plastic**	['plastik]
borracha (f)	**rubber (het)**	['rʉbər]
de borracha	**rubber-, rubberen**	['rʉbər], ['rʉbərən]
tecido, pano (m)	**stof (de)**	[stɔf]
de tecido	**van stof**	[van 'stɔf]
papel (m)	**papier (het)**	[pa'pir]
de papel	**papieren**	[pa'pirən]
papelão (m)	**karton (het)**	[kar'tɔn]
de papelão	**kartonnen**	[kar'tɔnən]
polietileno (m)	**polyethyleen (het)**	[polieti'lẽn]
celofane (m)	**cellofaan (het)**	[sɛlo'fãn]

madeira (f) compensada	multiplex (het)	['mʉltiplɛks]
porcelana (f)	porselein (het)	[pɔrsə'lɛjn]
de porcelana	porseleinen	[pɔrsə'lɛjnən]
argila (f), barro (m)	klei (de)	[klɛj]
de barro	klei-, van klei	[klɛj], [van klɛj]
cerâmica (f)	keramiek (de)	[kera'mik]
de cerâmica	keramieken	[ke'ramikən]

28. Metais

metal (m)	metaal (het)	[me'tāl]
metálico (adj)	metalen	[me'talən]
liga (f)	legering (de)	[le'xɛriŋ]
ouro (m)	goud (het)	['xaut]
de ouro	gouden	['xaudən]
prata (f)	zilver (het)	['zilvər]
de prata	zilveren	['zilvərən]
ferro (m)	ijzer (het)	['ɛjzər]
de ferro	ijzeren	['ɛjzərən]
aço (m)	staal (het)	[stāl]
de aço (adj)	stalen	['stalən]
cobre (m)	koper (het)	['kɔpər]
de cobre	koperen	['kɔpərən]
alumínio (m)	aluminium (het)	[alʉ'minijum]
de alumínio	aluminium	[alʉ'minijum]
bronze (m)	brons (het)	[brɔns]
de bronze	bronzen	['brɔnzən], [van brɔns]
latão (m)	messing (het)	['mesiŋ]
níquel (m)	nikkel (het)	['nikəl]
platina (f)	platina (het)	['platina]
mercúrio (m)	kwik (het)	['kwik]
estanho (m)	tin (het)	[tin]
chumbo (m)	lood (het)	[lōt]
zinco (m)	zink (het)	[zink]

O SER HUMANO

O ser humano. O corpo

29. Humanos. Conceitos básicos

ser (m) humano	mens (de)	[mɛns]
homem (m)	man (de)	[man]
mulher (f)	vrouw (de)	['vrau]
criança (f)	kind (het)	[kint]
menina (f)	meisje (het)	['mɛjɕə]
menino (m)	jongen (de)	['jɔŋən]
adolescente (m)	tiener, adolescent (de)	['tinər], [adɔlɛ'sɛnt]
velho (m)	oude man (de)	['audə man]
velha (f)	oude vrouw (de)	['audə 'vrau]

30. Anatomia humana

organismo (m)	organisme (het)	[ɔrxa'nismə]
coração (m)	hart (het)	[hart]
sangue (m)	bloed (het)	[blut]
artéria (f)	slagader (de)	['slaxadər]
veia (f)	ader (de)	['adər]
cérebro (m)	hersenen	['hɛrsənən]
nervo (m)	zenuw (de)	['zenʉw]
nervos (m pl)	zenuwen	['zenʉwən]
vértebra (f)	wervel (de)	['wɛrvəl]
coluna (f) vertebral	ruggengraat (de)	['rʉxə·xrāt]
estômago (m)	maag (de)	[māx]
intestinos (m pl)	darmen	['darmən]
intestino (m)	darm (de)	[darm]
fígado (m)	lever (de)	['levər]
rim (m)	nier (de)	[nir]
osso (m)	been (het)	[bēn]
esqueleto (m)	skelet (het)	[ske'lɛt]
costela (f)	rib (de)	[rib]
crânio (m)	schedel (de)	['sxedəl]
músculo (m)	spier (de)	[spir]
bíceps (m)	biceps (de)	['bisɛps]
tríceps (m)	triceps (de)	['trisɛps]
tendão (m)	pees (de)	[pēs]
articulação (f)	gewricht (het)	[xə'wriht]

pulmões (m pl)	longen	['lɔŋən]
órgãos (m pl) genitais	geslachtsorganen	[xə'slahts·ɔr'xanən]
pele (f)	huid (de)	['hœyt]

31. Cabeça

cabeça (f)	hoofd (het)	[hōft]
rosto, cara (f)	gezicht (het)	[xə'ziht]
nariz (m)	neus (de)	['nøs]
boca (f)	mond (de)	[mɔnt]

olho (m)	oog (het)	[ōx]
olhos (m pl)	ogen	['ɔxən]
pupila (f)	pupil (de)	[pʉ'pil]
sobrancelha (f)	wenkbrauw (de)	['wɛnk·brau]
cílio (f)	wimper (de)	['wimpər]
pálpebra (f)	ooglid (het)	['ōx·lit]

língua (f)	tong (de)	[tɔŋ]
dente (m)	tand (de)	[tant]
lábios (m pl)	lippen	['lipən]
maçãs (f pl) do rosto	jukbeenderen	[juk'·bēndərən]
gengiva (f)	tandvlees (het)	['tand·vlēs]
palato (m)	gehemelte (het)	[xə'hemɛltə]

narinas (f pl)	neusgaten	['nøsxatən]
queixo (m)	kin (de)	[kin]
mandíbula (f)	kaak (de)	[kāk]
bochecha (f)	wang (de)	[waŋ]

testa (f)	voorhoofd (het)	['vōrhōft]
têmpora (f)	slaap (de)	[slāp]
orelha (f)	oor (het)	[ōr]
costas (f pl) da cabeça	achterhoofd (het)	['axtər·hōft]
pescoço (m)	hals (de)	[hals]
garganta (f)	keel (de)	[kēl]

cabelo (m)	haren	['harən]
penteado (m)	kapsel (het)	['kapsəl]
corte (m) de cabelo	haarsnit (de)	['hārsnit]
peruca (f)	pruik (de)	['prœyk]

bigode (m)	snor (de)	[snɔr]
barba (f)	baard (de)	[bārt]
ter (~ barba, etc.)	dragen	['draxən]
trança (f)	vlecht (de)	[vlɛxt]
suíças (f pl)	bakkebaarden	[bakə'bārtən]

ruivo (adj)	ros	[rɔs]
grisalho (adj)	grijs	[xrɛjs]
careca (adj)	kaal	[kāl]
calva (f)	kale plek (de)	['kalə plɛk]
rabo-de-cavalo (m)	paardenstaart (de)	['pārdən·stārt]
franja (f)	pony (de)	['pɔni]

32. Corpo humano

mão (f)	hand (de)	[hant]
braço (m)	arm (de)	[arm]
dedo (m)	vinger (de)	['viŋər]
dedo (m) do pé	teen (de)	[tēn]
polegar (m)	duim (de)	['dœʏm]
dedo (m) mindinho	pink (de)	[pink]
unha (f)	nagel (de)	['naxəl]
punho (m)	vuist (de)	['vœʏst]
palma (f)	handpalm (de)	['hantpalm]
pulso (m)	pols (de)	[pɔls]
antebraço (m)	voorarm (de)	['vōrarm]
cotovelo (m)	elleboog (de)	['ɛləbōx]
ombro (m)	schouder (de)	['sxaudər]
perna (f)	been (het)	[bēn]
pé (m)	voet (de)	[vut]
joelho (m)	knie (de)	[kni]
panturrilha (f)	kuit (de)	['kœʏt]
quadril (m)	heup (de)	['həp]
calcanhar (m)	hiel (de)	[hil]
corpo (m)	lichaam (het)	['lixām]
barriga (f), ventre (m)	buik (de)	['bœʏk]
peito (m)	borst (de)	[bɔrst]
seio (m)	borst (de)	[bɔrst]
lado (m)	zijde (de)	['zɛjdə]
costas (dorso)	rug (de)	[rʉx]
região (f) lombar	lage rug (de)	[laxə rʉx]
cintura (f)	taille (de)	['tajə]
umbigo (m)	navel (de)	['navəl]
nádegas (f pl)	billen	['bilən]
traseiro (m)	achterwerk (het)	['axtərwɛrk]
sinal (m), pinta (f)	huidvlek (de)	['hœʏt·vlɛk]
sinal (m) de nascença	moedervlek (de)	['mudər·vlɛk]
tatuagem (f)	tatoeage (de)	[tatu'aʒə]
cicatriz (f)	litteken (het)	['litekən]

Vestuário & Acessórios

33. Roupa exterior. Casacos

roupa (f)	kleren (mv.)	['klerən]
roupa (f) exterior	bovenkleding (de)	['bɔvən·'kledɪŋ]
roupa (f) de inverno	winterkleding (de)	['wɪntər·'kledɪŋ]
sobretudo (m)	jas (de)	[jas]
casaco (m) de pele	bontjas (de)	[bɔnt jas]
jaqueta (f) de pele	bontjasje (het)	[bɔnt 'jaɕə]
casaco (m) acolchoado	donzen jas (de)	['dɔnzən jas]
casaco (m), jaqueta (f)	jasje (het)	['jaɕə]
impermeável (m)	regenjas (de)	['rɛxən jas]
a prova d'água	waterdicht	['watərdɪxt]

34. Vestuário de homem & mulher

camisa (f)	overhemd (het)	['ɔvərhɛmt]
calça (f)	broek (de)	[bruk]
jeans (m)	jeans (de)	[dʒins]
paletó, terno (m)	colbert (de)	['kɔlbər]
terno (m)	kostuum (het)	[kɔs'tüm]
vestido (ex. ~ de noiva)	jurk (de)	[jurk]
saia (f)	rok (de)	[rɔk]
blusa (f)	blouse (de)	['blus]
casaco (m) de malha	wollen vest (de)	['wɔlən vɛst]
casaco, blazer (m)	blazer (de)	['blezər]
camiseta (f)	T-shirt (het)	['tiʃøt]
short (m)	shorts	[ʃɔrts]
training (m)	trainingspak (het)	['trɛjnɪŋs·pak]
roupão (m) de banho	badjas (de)	['batjas]
pijama (m)	pyjama (de)	[pi'jama]
suéter (m)	sweater (de)	['swetər]
pulôver (m)	pullover (de)	[pʉ'lovər]
colete (m)	gilet (het)	[ʒi'lɛt]
fraque (m)	rokkostuum (het)	[rɔk·kɔs'tüm]
smoking (m)	smoking (de)	['smɔkɪŋ]
uniforme (m)	uniform (het)	['junifɔrm]
roupa (f) de trabalho	werkkleding (de)	['wɛrk·'kledɪŋ]
macacão (m)	overall (de)	[ɔvə'ral]
jaleco (m), bata (f)	doktersjas (de)	['dɔktərs jas]

35. Vestuário. Roupa interior

roupa (f) íntima	ondergoed (het)	['ɔndərxut]
cueca boxer (f)	herenslip (de)	['herən·slip]
calcinha (f)	slipjes	['slipjes]
camiseta (f)	onderhemd (het)	['ɔndərhɛmt]
meias (f pl)	sokken	['sɔkən]
camisola (f)	nachthemd (het)	['naxthɛmt]
sutiã (m)	beha (de)	[be'ha]
meias longas (f pl)	kniekousen	[kni·'kausən]
meias-calças (f pl)	panty (de)	['pɛnti]
meias (~ de nylon)	nylonkousen	['nɛjlon·'kausən]
maiô (m)	badpak (het)	['bad·pak]

36. Adereços de cabeça

chapéu (m), touca (f)	hoed (de)	[hut]
chapéu (m) de feltro	deukhoed (de)	['døkhut]
boné (m) de beisebol	honkbalpet (de)	['hɔnkbal·'pɛt]
boina (~ italiana)	kleppet (de)	['klɛpɛt]
boina (ex. ~ basca)	baret (de)	[ba'rɛt]
capuz (m)	kap (de)	[kap]
chapéu panamá (m)	panamahoed (de)	[pa'nama·hut]
touca (f)	gebreide muts (de)	[xəb'rɛjdə mʉts]
lenço (m)	hoofddoek (de)	['hōftduk]
chapéu (m) feminino	dameshoed (de)	['daməs·hut]
capacete (m) de proteção	veiligheidshelm (de)	['vɛjləxhɛjts·hɛlm]
bibico (m)	veldmuts (de)	['vɛlt·mʉts]
capacete (m)	helm, valhelm (de)	[hɛlm], ['valhɛlm]
chapéu-coco (m)	bolhoed (de)	['bɔlhut]
cartola (f)	hoge hoed (de)	['hɔxə hut]

37. Calçado

calçado (m)	schoeisel (het)	['sxuisəl]
botinas (f pl), sapatos (m pl)	schoenen	['sxunən]
sapatos (de salto alto, etc.)	vrouwenschoenen	['vrauwən·'sxunən]
botas (f pl)	laarzen	['lārzən]
pantufas (f pl)	pantoffels	[pan'tɔfəls]
tênis (~ Nike, etc.)	sportschoenen	['spɔrt·'sxunən]
tênis (~ Converse)	sneakers	['snikərs]
sandálias (f pl)	sandalen	[san'dalən]
sapateiro (m)	schoenlapper (de)	['sxun·'lapər]
salto (m)	hiel (de)	[hil]

par (m)	paar (het)	[pãr]
cadarço (m)	veter (de)	['vetər]
amarrar os cadarços	rijgen	['rɛjxən]
calçadeira (f)	schoenlepel (de)	['sxun·'lepəl]
graxa (f) para calçado	schoensmeer (de/het)	['sxun·smēr]

38. Têxtil. Tecidos

algodão (m)	katoen (de/het)	[ka'tun]
de algodão	katoenen	[ka'tunən]
linho (m)	vlas (het)	[vlas]
de linho	vlas-, van vlas	[vlas], [van vlas]
seda (f)	zijde (de)	['zɛjdə]
de seda	zijden	['zɛjdən]
lã (f)	wol (de)	[wɔl]
de lã	wollen	['wɔlən]
veludo (m)	fluweel (het)	[flʉ'wēl]
camurça (f)	suède (de)	['svɛdə]
veludo (m) cotelê	ribfluweel (het)	['rib·flʉ'wēl]
nylon (m)	nylon (de/het)	['nɛjlɔn]
de nylon	nylon-, van nylon	['nɛjlɔn], [van 'nɛjlɔn]
poliéster (m)	polyester (het)	[poli'ɛstər]
de poliéster	polyester-	[poli'ɛstər]
couro (m)	leer (het)	[lēr]
de couro	leren	['lerən]
pele (f)	bont (het)	[bɔnt]
de pele	bont-	[bɔnt]

39. Acessórios pessoais

luva (f)	handschoenen	['xand 'sxunən]
mitenes (f pl)	wanten	['wantən]
cachecol (m)	sjaal (de)	[ɕãl]
óculos (m pl)	bril (de)	[bril]
armação (f)	brilmontuur (het)	[bril·mɔn'tūr]
guarda-chuva (m)	paraplu (de)	[parap'lʉ]
bengala (f)	wandelstok (de)	['wandel·stɔk]
escova (f) para o cabelo	haarborstel (de)	[hār·'bɔrstəl]
leque (m)	waaier (de)	['wājər]
gravata (f)	das (de)	[das]
gravata-borboleta (f)	strikje (het)	['strikjə]
suspensórios (m pl)	bretels	[brə'tɛls]
lenço (m)	zakdoek (de)	['zagduk]
pente (m)	kam (de)	[kam]
fivela (f) para cabelo	haarspeldje (het)	[hār·'spɛldjə]

grampo (m)	schuifspeldje (het)	['sxœyf·'spɛldjə]
fivela (f)	gesp (de)	[xɛsp]
cinto (m)	broekriem (de)	['bruk·rim]
alça (f) de ombro	draagriem (de)	['drāx·rim]
bolsa (f)	handtas (de)	['hand·tas]
bolsa (feminina)	damestas (de)	['daməs·tas]
mochila (f)	rugzak (de)	['rʉxzak]

40. Vestuário. Diversos

moda (f)	mode (de)	['mɔdə]
na moda (adj)	de mode	[də 'mɔdə]
estilista (m)	kledingstilist (de)	['kledɪŋ·sti'list]
colarinho (m)	kraag (de)	[krãx]
bolso (m)	zak (de)	[zak]
de bolso	zak-	[zak]
manga (f)	mouw (de)	['mau]
ganchinho (m)	lusje (het)	['lʉɕə]
bragueta (f)	gulp (de)	[xjulp]
zíper (m)	rits (de)	[rits]
colchete (m)	sluiting (de)	['slœytiŋ]
botão (m)	knoop (de)	[knõp]
botoeira (casa de botão)	knoopsgat (het)	['knõps·xat]
soltar-se (vr)	losraken	[lɔs'rakən]
costurar (vi)	naaien	['nājən]
bordar (vt)	borduren	[bɔr'dʉrən]
bordado (m)	borduursel (het)	[bɔr'dūrsəl]
agulha (f)	naald (de)	[nãlt]
fio, linha (f)	draad (de)	[drãt]
costura (f)	naad (de)	[nãt]
sujar-se (vr)	vies worden	[vis 'wɔrdən]
mancha (f)	vlek (de)	[vlɛk]
amarrotar-se (vr)	gekreukt raken	[xə'krøkt 'rakən]
rasgar (vt)	scheuren	['sxørən]
traça (f)	mot (de)	[mɔt]

41. Cuidados pessoais. Cosméticos

pasta (f) de dente	tandpasta (de)	['tand·pasta]
escova (f) de dente	tandenborstel (de)	['tandən·'bɔrstəl]
escovar os dentes	tanden poetsen	['tandən 'putsən]
gilete (f)	scheermes (het)	['sxēr·mɛs]
creme (m) de barbear	scheerschuim (het)	[sxēr·sxœym]
barbear-se (vr)	zich scheren	[zix 'sxerən]
sabonete (m)	zeep (de)	[zēp]

xampu (m)	shampoo (de)	[ˈʃʌmpõ]
tesoura (f)	schaar (de)	[sxār]
lixa (f) de unhas	nagelvijl (de)	[ˈnaxəl·vɛjl]
corta-unhas (m)	nagelknipper (de)	[ˈnaxəl·ˈknipər]
pinça (f)	pincet (het)	[pinˈsɛt]
cosméticos (m pl)	cosmetica (mv.)	[kɔsˈmetika]
máscara (f)	masker (het)	[ˈmaskər]
manicure (f)	manicure (de)	[maniˈkʉrə]
fazer as unhas	manicure doen	[maniˈkʉrə dun]
pedicure (f)	pedicure (de)	[pediˈkʉrə]
bolsa (f) de maquiagem	cosmetica tasje (het)	[kɔsˈmetika ˈtaçə]
pó (de arroz)	poeder (de/het)	[ˈpudər]
pó (m) compacto	poederdoos (de)	[ˈpudər·dōs]
blush (m)	rouge (de)	[ˈruʒə]
perfume (m)	parfum (de/het)	[parˈfʉm]
água-de-colônia (f)	eau de toilet (de)	[ɔ də tuaˈlɛt]
loção (f)	lotion (de)	[lotˈʃon]
colônia (f)	eau de cologne (de)	[ɔ də kɔˈlɔnjə]
sombra (f) de olhos	oogschaduw (de)	[ˈōx·sxadʉw]
delineador (m)	oogpotlood (het)	[ˈōx·ˈpɔtlot]
máscara (f), rímel (m)	mascara (de)	[masˈkara]
batom (m)	lippenstift (de)	[ˈlipən·stift]
esmalte (m)	nagellak (de)	[ˈnaxəl·lak]
laquê (m), spray fixador (m)	haarlak (de)	[ˈhār·lak]
desodorante (m)	deodorant (de)	[deɔdɔˈrant]
creme (m)	crème (de)	[krɛːm]
creme (m) de rosto	gezichtscrème (de)	[xəˈzihts·krɛːm]
creme (m) de mãos	handcrème (de)	[hant·krɛːm]
creme (m) antirrugas	antirimpelcrème (de)	[antiˈrimpəl·krɛːm]
creme (m) de dia	dagcrème (de)	[ˈdax·krɛːm]
creme (m) de noite	nachtcrème (de)	[ˈnaxt·krɛːm]
de dia	dag-	[dax]
da noite	nacht-	[naxt]
absorvente (m) interno	tampon (de)	[tamˈpɔn]
papel (m) higiênico	toiletpapier (het)	[tuaˈlɛt·paˈpir]
secador (m) de cabelo	föhn (de)	[ˈføn]

42. Joalheria

joias (f pl)	sieraden	[ˈsiradən]
precioso (adj)	edel	[ˈedɛl]
marca (f) de contraste	keurmerk (het)	[ˈkørmɛrk]
anel (m)	ring (de)	[riŋ]
aliança (f)	trouwring (de)	[ˈtrauwriŋ]
pulseira (f)	armband (de)	[ˈarmbant]
brincos (m pl)	oorringen	[ˈōr·riŋən]

colar (m)	halssnoer (het)	['hals·snur]
coroa (f)	kroon (de)	[krōn]
colar (m) de contas	kralen snoer (het)	['kralən 'snur]
diamante (m)	diamant (de)	[dia'mant]
esmeralda (f)	smaragd (de)	[sma'raxt]
rubi (m)	robijn (de)	[rɔ'bɛjn]
safira (f)	saffier (de)	[sa'fir]
pérola (f)	parel (de)	['parəl]
âmbar (m)	barnsteen (de)	['barn·stēn]

43. Relógios de pulso. Relógios

relógio (m) de pulso	polshorloge (het)	['pɔls·hɔr'lɔʒə]
mostrador (m)	wijzerplaat (de)	['wɛjzər·plāt]
ponteiro (m)	wijzer (de)	['wɛjzər]
bracelete (em aço)	metalen horlogeband (de)	[me'talən hɔr'lɔʒə·bant]
bracelete (em couro)	horlogebandje (het)	[hɔr'lɔʒə·'bandjə]
pilha (f)	batterij (de)	[batə'rɛj]
acabar (vi)	leeg zijn	[lēx zɛjn]
trocar a pilha	batterij vervangen	[batə'rɛj vər'vaŋən]
estar adiantado	voorlopen	['vōrlɔpən]
estar atrasado	achterlopen	['axtərlɔpən]
relógio (m) de parede	wandklok (de)	['want·klɔk]
ampulheta (f)	zandloper (de)	['zant·lopər]
relógio (m) de sol	zonnewijzer (de)	['zɔnə·wɛjzər]
despertador (m)	wekker (de)	['wɛkər]
relojoeiro (m)	horlogemaker (de)	[hɔr'lɔʒə·'makər]
reparar (vt)	repareren	[repa'rerən]

Alimentação. Nutrição

44. Comida

carne (f)	vlees (het)	[vlēs]
galinha (f)	kip (de)	[kip]
frango (m)	kuiken (het)	['kœʏkən]
pato (m)	eend (de)	[ēnt]
ganso (m)	gans (de)	[xans]
caça (f)	wild (het)	[wilt]
peru (m)	kalkoen (de)	[kal'kun]
carne (f) de porco	varkensvlees (het)	['varkəns·vlēs]
carne (f) de vitela	kalfsvlees (het)	['kalfs·vlēs]
carne (f) de carneiro	schapenvlees (het)	['sxapən·vlēs]
carne (f) de vaca	rundvlees (het)	['rʉnt·vlēs]
carne (f) de coelho	konijnenvlees (het)	[kɔ'nɛjnən·vlēs]
linguiça (f), salsichão (m)	worst (de)	[wɔrst]
salsicha (f)	saucijs (de)	['sɔsɛjs]
bacon (m)	spek (het)	[spɛk]
presunto (m)	ham (de)	[ham]
pernil (m) de porco	gerookte achterham (de)	[xə'rōktə 'ahtərham]
patê (m)	paté (de)	[pa'tɛ]
fígado (m)	lever (de)	['levər]
guisado (m)	gehakt (het)	[xə'hakt]
língua (f)	tong (de)	[tɔŋ]
ovo (m)	ei (het)	[ɛj]
ovos (m pl)	eieren	['ɛjerən]
clara (f) de ovo	eiwit (het)	['ɛjwit]
gema (f) de ovo	eigeel (het)	['ɛjxēl]
peixe (m)	vis (de)	[vis]
mariscos (m pl)	zeevruchten	[zē·'vrʉxtən]
crustáceos (m pl)	schaaldieren	['sxal·dīrən]
caviar (m)	kaviaar (de)	[ka'vjār]
caranguejo (m)	krab (de)	[krab]
camarão (m)	garnaal (de)	[xar'nāl]
ostra (f)	oester (de)	['ustər]
lagosta (f)	langoest (de)	[lan'xust]
polvo (m)	octopus (de)	['ɔktɔpʉs]
lula (f)	inktvis (de)	['inktvis]
esturjão (m)	steur (de)	['stør]
salmão (m)	zalm (de)	[zalm]
halibute (m)	heilbot (de)	['hɛjlbɔt]
bacalhau (m)	kabeljauw (de)	[kabə'ljau]

cavala, sarda (f)	makreel (de)	[ma'krēl]
atum (m)	tonijn (de)	[tɔ'nɛjn]
enguia (f)	paling (de)	[pa'liŋ]
truta (f)	forel (de)	[fɔ'rɛl]
sardinha (f)	sardine (de)	[sar'dinə]
lúcio (m)	snoek (de)	[snuk]
arenque (m)	haring (de)	['hariŋ]
pão (m)	brood (het)	[brōt]
queijo (m)	kaas (de)	[kās]
açúcar (m)	suiker (de)	[sœʏkər]
sal (m)	zout (het)	['zaut]
arroz (m)	rijst (de)	[rɛjst]
massas (f pl)	pasta (de)	['pasta]
talharim, miojo (m)	noedels	['nudɛls]
manteiga (f)	boter (de)	['bɔtər]
óleo (m) vegetal	plantaardige olie (de)	[plant'ārdixə 'ɔli]
óleo (m) de girassol	zonnebloemolie (de)	['zɔnəblum·'ɔli]
margarina (f)	margarine (de)	[marxa'rinə]
azeitonas (f pl)	olijven	[ɔ'lɛjvən]
azeite (m)	olijfolie (de)	[ɔ'lɛjf·'ɔli]
leite (m)	melk (de)	[mɛlk]
leite (m) condensado	gecondenseerde melk (de)	[xəkɔnsən'sērdə mɛlk]
iogurte (m)	yoghurt (de)	['jogʉrt]
creme (m) azedo	zure room (de)	['zʉrə rōm]
creme (m) de leite	room (de)	[rōm]
maionese (f)	mayonaise (de)	[majo'nɛzə]
creme (m)	crème (de)	[krɛːm]
grãos (m pl) de cereais	graan (het)	[xrān]
farinha (f)	meel (het), bloem (de)	[mēl], [blum]
enlatados (m pl)	conserven	[kɔn'sɛrvən]
flocos (m pl) de milho	maïsvlokken	[majs·'vlɔkən]
mel (m)	honing (de)	['honiŋ]
geleia (m)	jam (de)	[ʃɛm]
chiclete (m)	kauwgom (de)	['kauxɔm]

45. Bebidas

água (f)	water (het)	['watər]
água (f) potável	drinkwater (het)	['drink·'watər]
água (f) mineral	mineraalwater (het)	[minə'rāl·'watər]
sem gás (adj)	zonder gas	['zɔndər xas]
gaseificada (adj)	koolzuurhoudend	[kōlzūr·'haudənt]
com gás	bruisend	['brœʏsənt]
gelo (m)	ijs (het)	[ɛjs]

com gelo	met ijs	[mɛt ɛjs]
não alcoólico (adj)	alcohol vrij	['alkɔhɔl vrɛj]
refrigerante (m)	alcohol vrije drank (de)	['alkɔhɔl 'vrɛjə drank]
refresco (m)	frisdrank (de)	['fris·drank]
limonada (f)	limonade (de)	[limɔ'nadə]
bebidas (f pl) alcoólicas	alcoholische dranken	[alkɔ'hɔlisə 'drankən]
vinho (m)	wijn (de)	[wɛjn]
vinho (m) branco	witte wijn (de)	['witə wɛjn]
vinho (m) tinto	rode wijn (de)	['rɔdə wɛjn]
licor (m)	likeur (de)	[li'kør]
champanhe (m)	champagne (de)	[ʃʌm'panjə]
vermute (m)	vermout (de)	['vɛrmut]
uísque (m)	whisky (de)	['wiski]
vodca (f)	wodka (de)	['wɔdka]
gim (m)	gin (de)	[dʒin]
conhaque (m)	cognac (de)	[kɔ'njak]
rum (m)	rum (de)	[rʉm]
café (m)	koffie (de)	['kɔfi]
café (m) preto	zwarte koffie (de)	['zwartə 'kɔfi]
café (m) com leite	koffie (de) met melk	['kɔfi mɛt mɛlk]
cappuccino (m)	cappuccino (de)	[kapu'tʃinɔ]
café (m) solúvel	oploskoffie (de)	['ɔplɔs·'kɔfi]
leite (m)	melk (de)	[mɛlk]
coquetel (m)	cocktail (de)	['kɔktəl]
batida (f), milkshake (m)	milkshake (de)	['milk·ʃɛjk]
suco (m)	sap (het)	[sap]
suco (m) de tomate	tomatensap (het)	[tɔ'matən·sap]
suco (m) de laranja	sinaasappelsap (het)	['sinãsapəl·sap]
suco (m) fresco	vers geperst sap (het)	[vɛrs xə'pɛrst sap]
cerveja (f)	bier (het)	[bir]
cerveja (f) clara	licht bier (het)	[lixt bir]
cerveja (f) preta	donker bier (het)	['dɔnkər bir]
chá (m)	thee (de)	[tẽ]
chá (m) preto	zwarte thee (de)	['zwartə tẽ]
chá (m) verde	groene thee (de)	['xrunə tẽ]

46. Vegetais

vegetais (m pl)	groenten	['xruntən]
verdura (f)	verse kruiden	['vɛrsə 'krœydən]
tomate (m)	tomaat (de)	[tɔ'mãt]
pepino (m)	augurk (de)	[au'xʉrk]
cenoura (f)	wortel (de)	['wɔrtəl]
batata (f)	aardappel (de)	['ãrd·apəl]
cebola (f)	ui (de)	['œʏ]

alho (m)	knoflook (de)	['knõflɔk]
couve (f)	kool (de)	[kōl]
couve-flor (f)	bloemkool (de)	['blum·kōl]
couve-de-bruxelas (f)	spruitkool (de)	['sprœʏt·kōl]
brócolis (m pl)	broccoli (de)	['brɔkɔli]
beterraba (f)	rode biet (de)	['rɔdə bit]
berinjela (f)	aubergine (de)	[ɔbɛr'ʒinə]
abobrinha (f)	courgette (de)	[kur'ʒɛt]
abóbora (f)	pompoen (de)	[pɔm'pun]
nabo (m)	raap (de)	[rãp]
salsa (f)	peterselie (de)	[petər'sɛli]
endro, aneto (m)	dille (de)	['dilə]
alface (f)	sla (de)	[sla]
aipo (m)	selderij (de)	['sɛldɛrɛj]
aspargo (m)	asperge (de)	[as'pɛrʒə]
espinafre (m)	spinazie (de)	[spi'nazi]
ervilha (f)	erwt (de)	[ɛrt]
feijão (~ soja, etc.)	bonen	['bɔnən]
milho (m)	maïs (de)	[majs]
feijão (m) roxo	nierboon (de)	['nir·bõn]
pimentão (m)	peper (de)	['pepər]
rabanete (m)	radijs (de)	[ra'dɛjs]
alcachofra (f)	artisjok (de)	[arti'ɕɔk]

47. Frutos. Nozes

fruta (f)	vrucht (de)	[vrʉxt]
maçã (f)	appel (de)	['apəl]
pera (f)	peer (de)	[pēr]
limão (m)	citroen (de)	[si'trun]
laranja (f)	sinaasappel (de)	['sināsapəl]
morango (m)	aardbei (de)	['ārd·bɛj]
tangerina (f)	mandarijn (de)	[manda'rɛjn]
ameixa (f)	pruim (de)	['prœʏm]
pêssego (m)	perzik (de)	['pɛrzik]
damasco (m)	abrikoos (de)	[abri'kōs]
framboesa (f)	framboos (de)	[fram'bōs]
abacaxi (m)	ananas (de)	['ananas]
banana (f)	banaan (de)	[ba'nãn]
melancia (f)	watermeloen (de)	['watərmɛ'lun]
uva (f)	druif (de)	[drœʏf]
ginja (f)	zure kers (de)	['zʉrə kɛrs]
cereja (f)	zoete kers (de)	['zutə kɛrs]
melão (m)	meloen (de)	[mə'lun]
toranja (f)	grapefruit (de)	['grepfrut]
abacate (m)	avocado (de)	[avɔ'kadɔ]
mamão (m)	papaja (de)	[pa'paja]

manga (f)	mango (de)	['mangɔ]
romã (f)	granaatappel (de)	[xra'nāt·'apəl]
groselha (f) vermelha	rode bes (de)	['rɔdə bɛs]
groselha (f) negra	zwarte bes (de)	['zwartə bɛs]
groselha (f) espinhosa	kruisbes (de)	['krœʏsbɛs]
mirtilo (m)	blauwe bosbes (de)	['blauə 'bɔsbɛs]
amora (f) silvestre	braambes (de)	['brāmbɛs]
passa (f)	rozijn (de)	[rɔ'zɛjn]
figo (m)	vijg (de)	[vɛjx]
tâmara (f)	dadel (de)	['dadəl]
amendoim (m)	pinda (de)	['pinda]
amêndoa (f)	amandel (de)	[a'mandəl]
noz (f)	walnoot (de)	['walnōt]
avelã (f)	hazelnoot (de)	['hazəl·nōt]
coco (m)	kokosnoot (de)	['kɔkɔs·nōt]
pistaches (m pl)	pistaches	[pi'staʃəs]

48. Pão. Bolaria

pastelaria (f)	suikerbakkerij (de)	[sœʏkər bakə'rɛj]
pão (m)	brood (het)	[brōt]
biscoito (m), bolacha (f)	koekje (het)	['kukjə]
chocolate (m)	chocolade (de)	[ʃɔkɔ'ladə]
de chocolate	chocolade-	[ʃɔkɔ'ladə]
bala (f)	snoepje (het)	['snupjə]
doce (bolo pequeno)	cakeje (het)	['kejkjə]
bolo (m) de aniversário	taart (de)	[tārt]
torta (f)	pastei (de)	[pas'tɛj]
recheio (m)	vulling (de)	['vʉliŋ]
geleia (m)	confituur (de)	[kɔnfi'tūr]
marmelada (f)	marmelade (de)	[marmə'ladə]
wafers (m pl)	wafel (de)	['wafəl]
sorvete (m)	ijsje (het)	['ɛisjə], ['ɛiʃə]
pudim (m)	pudding (de)	['pʉdiŋ]

49. Pratos cozinhados

prato (m)	gerecht (het)	[xe'rɛht]
cozinha (~ portuguesa)	keuken (de)	['køkən]
receita (f)	recept (het)	[re'sɛpt]
porção (f)	portie (de)	['pɔrsi]
salada (f)	salade (de)	[sa'ladə]
sopa (f)	soep (de)	[sup]
caldo (m)	bouillon (de)	[bu'jon]
sanduíche (m)	boterham (de)	['bɔtərham]

ovos (m pl) fritos	spiegelei (het)	['spixəl·ɛj]
hambúrguer (m)	hamburger (de)	['hambʉrxər]
bife (m)	biefstuk (de)	['bifstʉk]
acompanhamento (m)	garnering (de)	[xar'nerɪŋ]
espaguete (m)	spaghetti (de)	[spa'xeti]
purê (m) de batata	aardappelpuree (de)	['ārdapəl·pʉ'rē]
pizza (f)	pizza (de)	['pitsa]
mingau (m)	pap (de)	[pap]
omelete (f)	omelet (de)	[ɔmə'lɛt]
fervido (adj)	gekookt	[xə'kōkt]
defumado (adj)	gerookt	[xə'rōkt]
frito (adj)	gebakken	[xə'bakən]
seco (adj)	gedroogd	[xə'drōxt]
congelado (adj)	diepvries	['dip·vris]
em conserva (adj)	gemarineerd	[xəmari'nērt]
doce (adj)	zoet	[zut]
salgado (adj)	gezouten	[xə'zautən]
frio (adj)	koud	['kaut]
quente (adj)	heet	[hēt]
amargo (adj)	bitter	['bitər]
gostoso (adj)	lekker	['lɛkər]
cozinhar em água fervente	koken	['kɔkən]
preparar (vt)	bereiden	[bə'rɛjdən]
fritar (vt)	bakken	['bakən]
aquecer (vt)	opwarmen	['ɔpwarmən]
salgar (vt)	zouten	['zautən]
apimentar (vt)	peperen	['pepərən]
ralar (vt)	raspen	['raspən]
casca (f)	schil (de)	[sxil]
descascar (vt)	schillen	['sxilən]

50. Especiarias

sal (m)	zout (het)	['zaut]
salgado (adj)	gezouten	[xə'zautən]
salgar (vt)	zouten	['zautən]
pimenta-do-reino (f)	zwarte peper (de)	['zwartə 'pepər]
pimenta (f) vermelha	rode peper (de)	['rodə 'pepər]
mostarda (f)	mosterd (de)	['mɔstərt]
raiz-forte (f)	mierikswortel (de)	['miriks·'wortəl]
condimento (m)	condiment (het)	[kɔndi'mɛnt]
especiaria (f)	specerij , kruiderij (de)	[spesə'rɛj], [krœydə'rɛj]
molho (~ inglês)	saus (de)	['saus]
vinagre (m)	azijn (de)	[a'zɛjn]
anis estrelado (m)	anijs (de)	[a'nɛjs]
manjericão (m)	basilicum (de)	[ba'silikəm]

cravo (m)	kruidnagel (de)	['krœʏtnaxəl]
gengibre (m)	gember (de)	['xɛmbər]
coentro (m)	koriander (de)	[kori'andər]
canela (f)	kaneel (de/het)	[ka'nēl]
gergelim (m)	sesamzaad (het)	['sɛzam·zāt]
folha (f) de louro	laurierblad (het)	[lau'rir·blat]
páprica (f)	paprika (de)	['paprika]
cominho (m)	komijn (de)	[kɔ'mɛjn]
açafrão (m)	saffraan (de)	[saf'rān]

51. Refeições

comida (f)	eten (het)	['etən]
comer (vt)	eten	['etən]
café (m) da manhã	ontbijt (het)	[ɔn'bɛjt]
tomar café da manhã	ontbijten	[ɔn'bɛjtən]
almoço (m)	lunch (de)	['lʉnʃ]
almoçar (vi)	lunchen	['lʉnʃən]
jantar (m)	avondeten (het)	['avɔntetən]
jantar (vi)	souperen	[su'perən]
apetite (m)	eetlust (de)	['ētlʉst]
Bom apetite!	Eet smakelijk!	[ēt 'smakələk]
abrir (~ uma lata, etc.)	openen	['ɔpənən]
derramar (~ líquido)	morsen	['mɔrsən]
derramar-se (vr)	zijn gemorst	[zɛjn xɛ'mɔrst]
ferver (vi)	koken	['kɔkən]
ferver (vt)	koken	['kɔkən]
fervido (adj)	gekookt	[xə'kōkt]
esfriar (vt)	afkoelen	['afkulən]
esfriar-se (vr)	afkoelen	['afkulən]
sabor, gosto (m)	smaak (de)	[smāk]
fim (m) de boca	nasmaak (de)	['nasmāk]
emagrecer (vi)	volgen een dieet	['vɔlxə en di'ēt]
dieta (f)	dieet (het)	[di'ēt]
vitamina (f)	vitamine (de)	[vita'minə]
caloria (f)	calorie (de)	[kalɔ'ri]
vegetariano (m)	vegetariër (de)	[vəxɛ'tarier]
vegetariano (adj)	vegetarisch	[vəxɛ'taris]
gorduras (f pl)	vetten	['vɛtən]
proteínas (f pl)	eiwitten	['ɛjwitən]
carboidratos (m pl)	koolhydraten	[kōlhi'dratən]
fatia (~ de limão, etc.)	snede (de)	['snedə]
pedaço (~ de bolo)	stuk (het)	[stʉk]
migalha (f), farelo (m)	kruimel (de)	['krœʏməl]

52. Por a mesa

colher (f)	lepel (de)	['lepəl]
faca (f)	mes (het)	[mɛs]
garfo (m)	vork (de)	[vɔrk]
xícara (f)	kopje (het)	['kɔpjə]
prato (m)	bord (het)	[bɔrt]
pires (m)	schoteltje (het)	['sxɔteltʃə]
guardanapo (m)	servet (het)	[sɛr'vɛt]
palito (m)	tandenstoker (de)	['tandən·'stɔkər]

53. Restaurante

restaurante (m)	restaurant (het)	[rɛstɔ'rant]
cafeteria (f)	koffiehuis (het)	['kɔfi·hœys]
bar (m), cervejaria (f)	bar (de)	[bar]
salão (m) de chá	tearoom (de)	['ti·rõm]
garçom (m)	kelner, ober (de)	['kɛlnər], ['ɔbər]
garçonete (f)	serveerster (de)	[sɛr'vērstər]
barman (m)	barman (de)	['barman]
cardápio (m)	menu (het)	[me'nʉ]
lista (f) de vinhos	wijnkaart (de)	['wɛjn·kārt]
reservar uma mesa	een tafel reserveren	[en 'tafəl rezər'verən]
prato (m)	gerecht (het)	[xe'rɛht]
pedir (vt)	bestellen	[bə'stɛlən]
fazer o pedido	een bestelling maken	[en bə'stɛliŋ 'makən]
aperitivo (m)	aperitief (de/het)	[aperi'tif]
entrada (f)	voorgerecht (het)	['võrxərɛht]
sobremesa (f)	dessert (het)	[dɛ'sɛ:r]
conta (f)	rekening (de)	['rekəniŋ]
pagar a conta	de rekening betalen	[də 'rekəniŋ bə'talən]
dar o troco	wisselgeld teruggeven	['wisəl·xɛlt tɛ'rʉxevən]
gorjeta (f)	fooi (de)	[fõj]

Família, parentes e amigos

54. Informação pessoal. Formulários

nome (m)	naam (de)	[nãm]
sobrenome (m)	achternaam (de)	['axtər·nãm]
data (f) de nascimento	geboortedatum (de)	[xə'bõrtə·datʉm]
local (m) de nascimento	geboorteplaats (de)	[xə'bõrtə·plãts]
nacionalidade (f)	nationaliteit (de)	[natsjɔnali'tɛjt]
lugar (m) de residência	woonplaats (de)	['wõm·plãts]
país (m)	land (het)	[lant]
profissão (f)	beroep (het)	[bə'rup]
sexo (m)	geslacht (het)	[xə'slaht]
estatura (f)	lengte (de)	['lɛŋtə]
peso (m)	gewicht (het)	[xə'wixt]

55. Membros da família. Parentes

mãe (f)	moeder (de)	['mudər]
pai (m)	vader (de)	['vadər]
filho (m)	zoon (de)	[zõn]
filha (f)	dochter (de)	['dɔxtər]
caçula (f)	jongste dochter (de)	['jɔŋstə 'dɔxtər]
caçula (m)	jongste zoon (de)	['jɔŋstə zõn]
filha (f) mais velha	oudste dochter (de)	['audstə 'dɔxtər]
filho (m) mais velho	oudste zoon (de)	['audstə zõn]
irmão (m)	broer (de)	[brur]
irmão (m) mais velho	oudere broer (de)	['audərə brur]
irmão (m) mais novo	jongere broer (de)	['jɔŋərə brur]
irmã (f)	zuster (de)	['zʉstər]
irmã (f) mais velha	oudere zuster (de)	['audərə 'zʉstər]
irmã (f) mais nova	jongere zuster (de)	['jɔŋərə 'zʉstər]
primo (m)	neef (de)	[nẽf]
prima (f)	nicht (de)	[nixt]
mamãe (f)	mama (de)	['mama]
papai (m)	papa (de)	['papa]
pais (pl)	ouders	['audərs]
criança (f)	kind (het)	[kint]
crianças (f pl)	kinderen	['kindərən]
avó (f)	oma (de)	['ɔma]
avô (m)	opa (de)	['ɔpa]
neto (m)	kleinzoon (de)	[klɛjn·zõn]

neta (f)	kleindochter (de)	[klɛjn·'dɔxtər]
netos (pl)	kleinkinderen	[klɛjn·'kindərən]

tio (m)	oom (de)	[ōm]
tia (f)	tante (de)	['tantə]
sobrinho (m)	neef (de)	[nēf]
sobrinha (f)	nicht (de)	[nixt]

sogra (f)	schoonmoeder (de)	['sxōn·mudər]
sogro (m)	schoonvader (de)	['sxōn·vadər]
genro (m)	schoonzoon (de)	['sxōn·zōn]
madrasta (f)	stiefmoeder (de)	['stif·mudər]
padrasto (m)	stiefvader (de)	['stif·vadər]

criança (f) de colo	zuigeling (de)	['zœyxəliŋ]
bebê (m)	wiegenkind (het)	['wixən·kint]
menino (m)	kleuter (de)	['kløtər]

mulher (f)	vrouw (de)	['vrau]
marido (m)	man (de)	[man]
esposo (m)	echtgenoot (de)	['ɛhtxənōt]
esposa (f)	echtgenote (de)	['ɛhtxənɔtə]

casado (adj)	gehuwd	[xə'hʉwt]
casada (adj)	gehuwd	[xə'hʉwt]
solteiro (adj)	ongehuwd	[ɔnhə'hʉwt]
solteirão (m)	vrijgezel (de)	[vrɛjxə'zɛl]
divorciado (adj)	gescheiden	[xə'sxɛjdən]
viúva (f)	weduwe (de)	['wedʉwə]
viúvo (m)	weduwnaar (de)	['wedʉwnār]

parente (m)	familielid (het)	[fa'mililit]
parente (m) próximo	dichte familielid (het)	['dixtə fa'mililit]
parente (m) distante	verre familielid (het)	['vɛrə fa'mililit]
parentes (m pl)	familieleden	[fa'mili'ledən]

órfão (m), órfã (f)	wees (de), weeskind (het)	[wēs], ['wēskint]
tutor (m)	voogd (de)	[vōxt]
adotar (um filho)	adopteren	[adɔp'terən]
adotar (uma filha)	adopteren	[adɔp'terən]

56. Amigos. Colegas de trabalho

amigo (m)	vriend (de)	[vrint]
amiga (f)	vriendin (de)	[vrin'din]
amizade (f)	vriendschap (de)	['vrintsxap]
ser amigos	bevriend zijn	[bə'vrint zɛjn]

amigo (m)	makker (de)	['makər]
amiga (f)	vriendin (de)	[vrin'din]
parceiro (m)	partner (de)	['partnər]

chefe (m)	chef (de)	[ʃɛf]
superior (m)	baas (de)	[bās]

proprietário (m)	eigenaar (de)	['ɛjxənãr]
subordinado (m)	ondergeschikte (de)	['ɔndərxə'sxiktə]
colega (m, f)	collega (de)	[kɔ'lexa]
conhecido (m)	kennis (de)	['kɛnis]
companheiro (m) de viagem	medereiziger (de)	['medə·'rɛjzixər]
colega (m) de classe	klasgenoot (de)	['klas·xənõt]
vizinho (m)	buurman (de)	['bũrman]
vizinha (f)	buurvrouw (de)	['bũrvrau]
vizinhos (pl)	buren	['bʉrən]

57. Homem. Mulher

mulher (f)	vrouw (de)	['vrau]
menina (f)	meisje (het)	['mɛjɕə]
noiva (f)	bruid (de)	['brœyd]
bonita, bela (adj)	mooi, mooie	[mõj], ['mõjə]
alta (adj)	groot, grote	[xrõt], ['xrɔtə]
esbelta (adj)	slank, slanke	[slaŋk], ['slaŋkə]
baixa (adj)	korte, kleine	['kɔrtə], ['klɛjnə]
loira (f)	blondine (de)	[blɔn'dinə]
morena (f)	brunette (de)	[brʉ'netə]
de senhora	dames-	['daməs]
virgem (f)	maagd (de)	[mãxt]
grávida (adj)	zwanger	['zwaŋər]
homem (m)	man (de)	[man]
loiro (m)	blonde man (de)	['blɔndə man]
moreno (m)	bruinharige man (de)	['brœyn 'harixə man]
alto (adj)	groot	[xrõt]
baixo (adj)	klein	[klɛjn]
rude (adj)	onbeleefd	[ɔnbə'lẽft]
atarracado (adj)	gedrongen	[xə'drɔŋə]
robusto (adj)	robuust	[rɔ'bũst]
forte (adj)	sterk	[stɛrk]
força (f)	sterkte (de)	['stɛrktə]
gordo (adj)	mollig	['mɔləx]
moreno (adj)	getaand	[xə'tãnt]
esbelto (adj)	slank	[slaŋk]
elegante (adj)	elegant	[ɛle'xant]

58. Idade

idade (f)	leeftijd (de)	['lẽftɛjt]
juventude (f)	jeugd (de)	[øxt]
jovem (adj)	jong	[jɔŋ]

mais novo (adj)	jonger	['joŋər]
mais velho (adj)	ouder	['audər]
jovem (m)	jongen (de)	['joŋən]
adolescente (m)	tiener, adolescent (de)	['tinər], [adɔlɛ'sɛnt]
rapaz (m)	kerel (de)	['kerɛl]
velho (m)	oude man (de)	['audə man]
velha (f)	oude vrouw (de)	['audə 'vrau]
adulto	volwassen	[vɔl'wasən]
de meia-idade	van middelbare leeftijd	[van 'midəlbarə 'lēftɛjt]
idoso, de idade (adj)	bejaard	[bɛ'jārt]
velho (adj)	oud	['aut]
aposentadoria (f)	pensioen (het)	[pɛn'ʃun]
aposentar-se (vr)	met pensioen gaan	[mɛt pɛn'ʃun xān]
aposentado (m)	gepensioneerde (de)	[xəpɛnʃə'nērdə]

59. Crianças

criança (f)	kind (het)	[kint]
crianças (f pl)	kinderen	['kindərən]
gêmeos (m pl), gêmeas (f pl)	tweeling (de)	['twēliŋ]
berço (m)	wieg (de)	[wix]
chocalho (m)	rammelaar (de)	['ramɛlār]
fralda (f)	luier (de)	['lœyər]
chupeta (f), bico (m)	speen (de)	[spēn]
carrinho (m) de bebê	kinderwagen (de)	['kindər·'waxən]
jardim (m) de infância	kleuterschool (de)	['kløtər·sxōl]
babysitter, babá (f)	babysitter (de)	['bɛjbisitər]
infância (f)	kindertijd (de)	['kindər·tɛjt]
boneca (f)	pop (de)	[pɔp]
brinquedo (m)	speelgoed (het)	['spēl·xut]
jogo (m) de montar	bouwspeelgoed (het)	['bau·'spēlxut]
bem-educado (adj)	welopgevoed	[wɛl'ɔpxəvut]
malcriado (adj)	onopgevoed	[ɔn'ɔpxəvut]
mimado (adj)	verwend	[vər'wɛnt]
ser travesso	stout zijn	['staut zɛjn]
travesso, traquinas (adj)	stout	['staut]
travessura (f)	stoutheid (de)	['stauthɛjt]
criança (f) travessa	stouterd (de)	['stautərt]
obediente (adj)	gehoorzaam	[xə'hōrzām]
desobediente (adj)	ongehoorzaam	[ɔnxə'hōrzām]
dócil (adj)	braaf	[brāf]
inteligente (adj)	slim	[slim]
prodígio (m)	wonderkind (het)	['wɔndərkint]

60. Casais. Vida de família

Português	Holandês	Pronúncia
beijar (vt)	kussen	['kʉsən]
beijar-se (vr)	elkaar kussen	[ɛl'kɑ̄r 'kʉsən]
família (f)	gezin (het)	[xə'zin]
familiar (vida ~)	gezins-	[xə'zins]
casal (m)	paar (het)	[pɑ̄r]
matrimônio (m)	huwelijk (het)	['hʉwələk]
lar (m)	thuis (het)	['tœys]
dinastia (f)	dynastie (de)	[dinas'ti]
encontro (m)	date (de)	[dɛt]
beijo (m)	zoen (de)	[zun]
amor (m)	liefde (de)	['lifdə]
amar (pessoa)	liefhebben	['lifhɛbən]
amado, querido (adj)	geliefde	[xə'lifdə]
ternura (f)	tederheid (de)	['tedərhɛjt]
afetuoso (adj)	teder	['tedər]
fidelidade (f)	trouw (de)	['trau]
fiel (adj)	trouw	['trau]
cuidado (m)	zorg (de)	[zɔrx]
carinhoso (adj)	zorgzaam	['zɔrxzɑ̄m]
recém-casados (pl)	jonggehuwden	[jɔŋhə·'hʉwdən]
lua (f) de mel	wittebroodsweken	['witəbrōts·'wekən]
casar-se (com um homem)	trouwen	['trauən]
casar-se (com uma mulher)	trouwen	['trauən]
casamento (m)	bruiloft (de)	['brœylɔft]
bodas (f pl) de ouro	gouden bruiloft (de)	['xaudən 'brœylɔft]
aniversário (m)	verjaardag (de)	[vər'jɑ̄r·dax]
amante (m)	minnaar (de)	['minɑ̄r]
amante (f)	minnares (de)	['minarɛs]
adultério (m), traição (f)	overspel (het)	['ɔvərspɛl]
cometer adultério	overspel plegen	['ɔvərspɛl 'plexən]
ciumento (adj)	jaloers	[ja'lurs]
ser ciumento, -a	jaloers zijn	[ja'lurs zɛjn]
divórcio (m)	echtscheiding (de)	['ɛxtsxɛjdiŋ]
divorciar-se (vr)	scheiden	['sxɛjdən]
brigar (discutir)	ruzie hebben	['rʉzi 'hɛbən]
fazer as pazes	vrede sluiten	['vredə 'slœytən]
juntos (ir ~)	samen	['samən]
sexo (m)	seks (de)	[sɛks]
felicidade (f)	geluk (het)	[xə'lʉk]
feliz (adj)	gelukkig	[xə'lʉkəx]
infelicidade (f)	ongeluk (het)	['ɔnxəlʉk]
infeliz (adj)	ongelukkig	[ɔnxə'lʉkəx]

Caráter. Sentimentos. Emoções

61. Sentimentos. Emoções

sentimento (m)	gevoel (het)	[xə'vul]
sentimentos (m pl)	gevoelens	[xə'vuləns]
sentir (vt)	voelen	['vulən]
fome (f)	honger (de)	['hɔŋər]
ter fome	honger hebben	['hɔŋər 'hɛbən]
sede (f)	dorst (de)	[dɔrst]
ter sede	dorst hebben	[dɔrst 'hɛbən]
sonolência (f)	slaperigheid (de)	['slapərəxhɛjt]
estar sonolento	willen slapen	['wilən 'slapən]
cansaço (m)	moeheid (de)	['muhɛjt]
cansado (adj)	moe	[mu]
ficar cansado	vermoeid raken	[vər'mujt 'rakən]
humor (m)	stemming (de)	['stɛmiŋ]
tédio (m)	verveling (de)	[vər'veliŋ]
entediar-se (vr)	zich vervelen	[zix vər'velən]
reclusão (isolamento)	afzondering (de)	['afsɔndəriŋ]
isolar-se (vr)	zich afzonderen	[zix 'afsɔnderən]
preocupar (vt)	bezorgd maken	[bə'zɔrxt 'makən]
estar preocupado	bezorgd zijn	[bə'zɔrxt zɛjn]
preocupação (f)	zorg (de)	[zɔrx]
ansiedade (f)	ongerustheid (de)	[ɔnxə'rʉsthɛjt]
preocupado (adj)	ongerust	[ɔnxə'rʉst]
estar nervoso	zenuwachtig zijn	['zenʉw·ahtəx zɛjn]
entrar em pânico	in paniek raken	[in pa'nik 'rakən]
esperança (f)	hoop (de)	[hõp]
esperar (vt)	hopen	['hɔpən]
certeza (f)	zekerheid (de)	['zekərhɛjt]
certo, seguro de …	zeker	['zekər]
indecisão (f)	onzekerheid (de)	[ɔn'zekərhɛjt]
indeciso (adj)	onzeker	[ɔn'zekər]
bêbado (adj)	dronken	['drɔnkən]
sóbrio (adj)	nuchter	['nʉxtər]
fraco (adj)	zwak	[zwak]
feliz (adj)	gelukkig	[xə'lʉkəx]
assustar (vt)	doen schrikken	[dun 'sxrikən]
fúria (f)	toorn (de)	[tõrn]
ira, raiva (f)	woede (de)	['wudə]
depressão (f)	depressie (de)	[dep'rɛsi]
desconforto (m)	ongemak (het)	[ɔnxə'mak]

conforto (m)	gemak, comfort (het)	[xə'mak], [kɔm'fɔr]
arrepender-se (vr)	spijt hebben	[spɛjt 'hɛbən]
arrependimento (m)	spijt (de)	[spɛjt]
azar (m), má sorte (f)	pech (de)	[pɛx]
tristeza (f)	bedroefdheid (de)	[bə'druft hɛjt]
vergonha (f)	schaamte (de)	['sxāmtə]
alegria (f)	pret (de), plezier (het)	[prɛt], [plə'zir]
entusiasmo (m)	enthousiasme (het)	[ɛntusi'asmə]
entusiasta (m)	enthousiasteling (de)	[ɛntusi'astəliŋ]
mostrar entusiasmo	enthousiasme vertonen	[ɛntusi'asmə vər'tɔnən]

62. Caráter. Personalidade

caráter (m)	karakter (het)	[ka'raktər]
falha (f) de caráter	karakterfout (de)	[ka'raktər·'faut]
mente (f)	verstand (het)	[vər'stant]
razão (f)	rede (de)	['redə]
consciência (f)	geweten (het)	[xə'wetən]
hábito, costume (m)	gewoonte (de)	[xə'wōntə]
habilidade (f)	bekwaamheid (de)	[bək'wāmhɛjt]
saber (~ nadar, etc.)	kunnen	['kʉnən]
paciente (adj)	geduldig	[xə'dʉldəx]
impaciente (adj)	ongeduldig	[ɔnxə'dʉldəx]
curioso (adj)	nieuwsgierig	[niu'sxirəx]
curiosidade (f)	nieuwsgierigheid (de)	[niu'sxirəxɛjt]
modéstia (f)	bescheidenheid (de)	[bə'sxɛjdənhɛjt]
modesto (adj)	bescheiden	[bə'sxɛjdən]
imodesto (adj)	onbescheiden	[ɔnbə'sxɛjdən]
preguiça (f)	luiheid (de)	['lœyhɛjt]
preguiçoso (adj)	lui	['lœy]
preguiçoso (m)	luiwammes (de)	['lœywaməs]
astúcia (f)	sluwheid (de)	['slʉwhɛjt]
astuto (adj)	sluw	[slʉw]
desconfiança (f)	wantrouwen (het)	['wantrauvən]
desconfiado (adj)	wantrouwig	['wantrauvəx]
generosidade (f)	gulheid (de)	['xʉlhɛjt]
generoso (adj)	gul	[xjul]
talentoso (adj)	talentrijk	[ta'lɛntrɛjk]
talento (m)	talent (het)	[ta'lɛnt]
corajoso (adj)	moedig	['mudəx]
coragem (f)	moed (de)	[mut]
honesto (adj)	eerlijk	['ērlək]
honestidade (f)	eerlijkheid (de)	['ērləkhɛjt]
prudente, cuidadoso (adj)	voorzichtig	[vōr'zihtəx]
valoroso (adj)	manhaftig	[man'xaftəh]

sério (adj)	ernstig	['ɛrnstəx]
severo (adj)	streng	[strɛŋ]
decidido (adj)	resoluut	[rezɔ'lūt]
indeciso (adj)	onzeker, irresoluut	[ɔn'zekər], [irezɔ'lūt]
tímido (adj)	schuchter	['sxʉxtər]
timidez (f)	schuchterheid (de)	['sxʉxtərxɛjt]
confiança (f)	vertrouwen (het)	[vər'trauwən]
confiar (vt)	vertrouwen	[vər'trauwən]
crédulo (adj)	goedgelovig	[xutxə'lɔvəx]
sinceramente	oprecht	[ɔp'rɛxt]
sincero (adj)	oprecht	[ɔp'rɛxt]
sinceridade (f)	oprechtheid (de)	[ɔp'rɛxtxɛjt]
aberto (adj)	open	['ɔpən]
calmo (adj)	rustig	['rʉstəx]
franco (adj)	openhartig	[ɔpən'hartəx]
ingênuo (adj)	naïef	[na'if]
distraído (adj)	verstrooid	[vər'strōjt]
engraçado (adj)	leuk, grappig	['løk], ['xrapəx]
ganância (f)	gierigheid (de)	['xirəxhɛjt]
ganancioso (adj)	gierig	['xirəx]
avarento, sovina (adj)	inhalig	[in'haləx]
mal (adj)	kwaad	['kwāt]
teimoso (adj)	koppig	['kɔpəx]
desagradável (adj)	onaangenaam	[ɔ'nānxənām]
egoísta (m)	egoïst (de)	[ɛxɔ'ist]
egoísta (adj)	egoïstisch	[ɛxɔ'istis]
covarde (m)	lafaard (de)	['lafārt]
covarde (adj)	laf	[laf]

63. O sono. Sonhos

dormir (vi)	slapen	['slapən]
sono (m)	slaap (de)	[slāp]
sonho (m)	droom (de)	[drōm]
sonhar (ver sonhos)	dromen	['drɔmən]
sonolento (adj)	slaperig	['slapərəx]
cama (f)	bed (het)	[bɛt]
colchão (m)	matras (de)	[ma'tras]
cobertor (m)	deken (de)	['dekən]
travesseiro (m)	kussen (het)	['kʉsən]
lençol (m)	laken (het)	['lakən]
insônia (f)	slapeloosheid (de)	['slapəlōshɛjt]
sem sono (adj)	slapeloos	['slapəlōs]
sonífero (m)	slaapmiddel (het)	['slāp·midəl]
tomar um sonífero	slaapmiddel innemen	['slāpmidəl 'innemən]
estar sonolento	willen slapen	['wilən 'slapən]

bocejar (vi)	geeuwen	['xēuwən]
ir para a cama	gaan slapen	[xān 'slapən]
fazer a cama	het bed opmaken	[ət bɛt 'ɔpmakən]
adormecer (vi)	inslapen	['inslapən]
pesadelo (m)	nachtmerrie (de)	['naxtmɛri]
ronco (m)	gesnurk (het)	[xə'snurk]
roncar (vi)	snurken	['snurkən]
despertador (m)	wekker (de)	['wɛkər]
acordar, despertar (vt)	wekken	['wɛkən]
acordar (vi)	wakker worden	['wakər 'vɔrdən]
levantar-se (vr)	opstaan	['ɔpstān]
lavar-se (vr)	zich wassen	[zix 'wasən]

64. Humor. Riso. Alegria

humor (m)	humor (de)	['hʉmɔr]
senso (m) de humor	gevoel (het) voor humor	[xə'vul vōr 'hʉmɔr]
divertir-se (vr)	plezier hebben	[plɛ'zir 'hɛbən]
alegre (adj)	vrolijk	['vrɔlək]
diversão (f)	pret (de), plezier (het)	[prɛt], [plə'zir]
sorriso (m)	glimlach (de)	['xlimlah]
sorrir (vi)	glimlachen	['xlimlahən]
começar a rir	beginnen te lachen	[bə'xinən tə 'lahən]
rir (vi)	lachen	['laxən]
riso (m)	lach (de)	[lax]
anedota (f)	mop (de)	[mɔp]
engraçado (adj)	grappig	['xrapəx]
ridículo, cômico (adj)	grappig	['xrapəx]
brincar (vi)	grappen maken	['xrapən 'makən]
piada (f)	grap (de)	[xrap]
alegria (f)	blijheid (de)	['blɛjhɛjt]
regozijar-se (vr)	blij zijn	[blɛj zɛjn]
alegre (adj)	blij	[blɛj]

65. Discussão, conversação. Parte 1

comunicação (f)	communicatie (de)	[kɔmʉni'katsi]
comunicar-se (vr)	communiceren	[kɔmʉni'serən]
conversa (f)	conversatie (de)	[kɔnvər'satsi]
diálogo (m)	dialoog (de)	[dia'lōx]
discussão (f)	discussie (de)	[dis'kʉsi]
debate (m)	debat (het)	[de'bat]
debater (vt)	debatteren, twisten	[deba'terən], ['twistən]
interlocutor (m)	gesprekspartner (de)	[xə'sprɛks·'partnər]
tema (m)	thema (het)	['tema]

ponto (m) de vista	standpunt (het)	['stant·pʉnt]
opinião (f)	mening (de)	['menɪŋ]
discurso (m)	toespraak (de)	['tusprāk]
discussão (f)	bespreking (de)	[bə'sprekɪŋ]
discutir (vt)	bespreken	[bə'sprekən]
conversa (f)	gesprek (het)	[xə'sprɛk]
conversar (vi)	spreken	['sprekən]
reunião (f)	ontmoeting (de)	[ɔnt'mutɪŋ]
encontrar-se (vr)	ontmoeten	[ɔnt'mutən]
provérbio (m)	spreekwoord (het)	['sprēk·wōrt]
ditado, provérbio (m)	gezegde (het)	[xə'zɛxdə]
adivinha (f)	raadsel (het)	['rātsəl]
dizer uma adivinha	een raadsel opgeven	[en 'rātsəl 'ɔpxevən]
senha (f)	wachtwoord (het)	['waxt·wōrt]
segredo (m)	geheim (het)	[xə'hɛjm]
juramento (m)	eed (de)	[ēd]
jurar (vi)	zweren	['zwerən]
promessa (f)	belofte (de)	[bə'lɔftə]
prometer (vt)	beloven	[bə'lɔvən]
conselho (m)	advies (het)	[at'vis]
aconselhar (vt)	adviseren	[atvi'zirən]
seguir o conselho	advies volgen	[at'vis 'vɔlxən]
escutar (~ os conselhos)	luisteren	['lœystərən]
novidade, notícia (f)	nieuws (het)	['nius]
sensação (f)	sensatie (de)	[sɛn'satsi]
informação (f)	informatie (de)	[infor'matsi]
conclusão (f)	conclusie (de)	[kɔn'klʉzi]
voz (f)	stem (de)	[stɛm]
elogio (m)	compliment (het)	[kɔmpli'mɛnt]
amável, querido (adj)	vriendelijk	['vrindələk]
palavra (f)	woord (het)	[wōrt]
frase (f)	zin (de), zinsdeel (het)	[zin], ['zinsdēl]
resposta (f)	antwoord (het)	['antwōrt]
verdade (f)	waarheid (de)	['wārhɛjt]
mentira (f)	leugen (de)	['løxən]
pensamento (m)	gedachte (de)	[xə'dahtə]
ideia (f)	idee (de/het)	[i'dē]
fantasia (f)	fantasie (de)	[fanta'zi]

66. Discussão, conversação. Parte 2

estimado, respeitado (adj)	gerespecteerd	[xərɛspɛk'tērt]
respeitar (vt)	respecteren	[rɛspɛk'terən]
respeito (m)	respect (het)	[rɛ'spɛkt]
Estimado ..., Caro ...	Geachte ...	[xe'ahtə]
apresentar (alguém a alguém)	voorstellen	['vōrstɛlən]

conhecer (vt)	kennismaken	['kɛnis·makən]
intenção (f)	intentie (de)	[in'tɛntsi]
tencionar (~ fazer algo)	intentie hebben	[in'tɛntsi 'hɛbən]
desejo (de boa sorte)	wens (de)	[wɛns]
desejar (ex. ~ boa sorte)	wensen	['wɛnsən]
surpresa (f)	verbazing (de)	[vər'bazıŋ]
surpreender (vt)	verbazen	[vər'bazən]
surpreender-se (vr)	verbaasd zijn	[vər'bāst zɛjn]
dar (vt)	geven	['xevən]
pegar (tomar)	nemen	['nemən]
devolver (vt)	teruggeven	[te'rʉx·xevən]
retornar (vt)	retourneren	[retʉr'nerən]
desculpar-se (vr)	zich verontschuldigen	[zih vərɔnt'sxʉldəxən]
desculpa (f)	verontschuldiging (de)	[vərɔnt'sxʉldəxıŋ]
perdoar (vt)	vergeven	[vər'xevən]
falar (vi)	spreken	['sprekən]
escutar (vt)	luisteren	['lœystərən]
ouvir até o fim	aanhoren	['ānhɔrən]
entender (compreender)	begrijpen	[bə'xrɛjpən]
mostrar (vt)	tonen	['tɔnən]
olhar para ...	kijken naar ...	['kɛjkən nār]
chamar (alguém para ...)	roepen	['rupən]
perturbar, distrair (vt)	afleiden	['aflejdən]
perturbar (vt)	storen	['stɔrən]
entregar (~ em mãos)	doorgeven	[dōr'xevən]
pedido (m)	verzoek (het)	[vər'zuk]
pedir (ex. ~ ajuda)	verzoeken	[vər'zukən]
exigência (f)	eis (de)	[ɛjs]
exigir (vt)	eisen	['ɛjsən]
insultar (chamar nomes)	beledigen	[bə'ledəxən]
zombar (vt)	uitlachen	['œytlaxən]
zombaria (f)	spot (de)	[spɔt]
alcunha (f), apelido (m)	bijnaam (de)	['bɛjnām]
insinuação (f)	zinspeling (de)	['zinspelıŋ]
insinuar (vt)	zinspelen	['zinspelən]
querer dizer	impliceren	[impli'serən]
descrição (f)	beschrijving (de)	[bəsx'rɛjvıŋ]
descrever (vt)	beschrijven	[bəsx'rɛjvən]
elogio (m)	lof (de)	[lɔf]
elogiar (vt)	loven	['lɔvən]
desapontamento (m)	teleurstelling (de)	[tə'lørstɛlıŋ]
desapontar (vt)	teleurstellen	[tə'lørstɛlən]
desapontar-se (vr)	teleurgesteld zijn	[tə'lørxɛstəlt zɛjn]
suposição (f)	veronderstelling (de)	[vərɔndər'stɛlıŋ]
supor (vt)	veronderstellen	[vərɔndər'stɛlən]

advertência (f)   waarschuwing (de)   ['wārsxjuviŋ]
advertir (vt)   waarschuwen   ['wārsxjuvən]

67. Discussão, conversação. Parte 3

convencer (vt)	aanpraten	['ānpratən]
acalmar (vt)	kalmeren	[kal'merən]
silêncio (o ~ é de ouro)	stilte (de)	['stiltə]
ficar em silêncio	zwijgen	['zwɛjxən]
sussurrar (vt)	fluisteren	['flœystərən]
sussurro (m)	gefluister (het)	[xə'flœystər]
francamente	open, eerlijk	['ɔpən], ['ērlək]
na minha opinião ...	volgens mij ...	['vɔlxəns mɛj]
detalhe (~ da história)	detail (het)	[de'taj]
detalhado (adj)	gedetailleerd	[xədeta'jērt]
detalhadamente	gedetailleerd	[xədeta'jērt]
dica (f)	hint (de)	[hint]
dar uma dica	een hint geven	[ən hint 'xevən]
olhar (m)	blik (de)	[blik]
dar uma olhada	een kijkje nemen	[ən 'kɛjkje 'nemən]
fixo (olhada ~a)	strak	[strak]
piscar (vi)	knipperen	['knipərən]
piscar (vt)	knipogen	['knipoxən]
acenar com a cabeça	knikken	['knikən]
suspiro (m)	zucht (de)	[zʉxt]
suspirar (vi)	zuchten	['zʉxtən]
estremecer (vi)	huiveren	['hœyvərən]
gesto (m)	gebaar (het)	[xə'bār]
tocar (com as mãos)	aanraken	['ānrakən]
agarrar (~ pelo braço)	grijpen	['xrɛjpən]
bater de leve	een schouderklopje geven	[ən 'shaudər·'klɔpje 'xevən]
Cuidado!	Kijk uit!	[kɛjk œyt]
Sério?	Echt?	[ɛxt]
Boa sorte!	Succes!	[sʉk'sɛs]
Entendi!	Juist, ja!	[jœyst ja]
Que pena!	Wat jammer!	[wat 'jamə]

68. Acordo. Recusa

consentimento (~ mútuo)	instemming (het)	['instɛmiŋ]
consentir (vi)	instemmen	['instɛmən]
aprovação (f)	goedkeuring (de)	[xuť'køriŋ]
aprovar (vt)	goedkeuren	[xuť'kørən]
recusa (f)	weigering (de)	['wɛjxəriŋ]
negar-se a ...	weigeren	['wɛjxərən]

Ótimo!	Geweldig!	[xəˈwɛldəx]
Tudo bem!	Goed!	[xut]
Está bem! De acordo!	Akkoord!	[aˈkõrt]

proibido (adj)	verboden	[vərˈbɔdən]
é proibido	het is verboden	[ət is vərˈbɔdən]
é impossível	het is onmogelijk	[ət is ɔnˈmɔxələk]
incorreto (adj)	onjuist	[ˈɔnjœyst]

rejeitar (~ um pedido)	afwijzen	[ˈafwɛjzən]
apoiar (vt)	steunen	[ˈstønən]
aceitar (desculpas, etc.)	aanvaarden	[ˈānvārdən]

confirmar (vt)	bevestigen	[bəˈvɛstixən]
confirmação (f)	bevestiging (de)	[bəˈvɛstixiŋ]
permissão (f)	toestemming (de)	[ˈtustɛmiŋ]
permitir (vt)	toestaan	[ˈtustān]
decisão (f)	beslissing (de)	[bəˈslisiŋ]
não dizer nada	z'n mond houden	[zən mɔnt ˈhaudən]

condição (com uma ~)	voorwaarde (de)	[ˈvõrwārdə]
pretexto (m)	smoes (de)	[smus]
elogio (m)	lof (de)	[lɔf]
elogiar (vt)	loven	[ˈlɔvən]

69. Sucesso. Boa sorte. Insucesso

êxito, sucesso (m)	succes (het)	[sʉkˈsɛs]
com êxito	succesvol	[sʉkˈsɛsvɔl]
bem sucedido (adj)	succesvol	[sʉkˈsɛsvɔl]

sorte (fortuna)	geluk (het)	[xəˈlʉk]
Boa sorte!	Succes!	[sʉkˈsɛs]

de sorte	geluks-	[xəˈlʉks]
sortudo, felizardo (adj)	gelukkig	[xəˈlʉkəx]

fracasso (m)	mislukking (de)	[misˈlʉkiŋ]
pouca sorte (f)	tegenslag (de)	[ˈtexənslax]
azar (m), má sorte (f)	pech (de)	[pɛx]

mal sucedido (adj)	zonder succes	[ˈzɔndər sʉkˈsɛs]
catástrofe (f)	catastrofe (de)	[kataˈstrɔfə]

orgulho (m)	fierheid (de)	[ˈfirhɛjt]
orgulhoso (adj)	fier	[fir]
estar orgulhoso, -a	fier zijn	[fir zɛjn]

vencedor (m)	winnaar (de)	[ˈwinār]
vencer (vi, vt)	winnen	[ˈwinən]
perder (vt)	verliezen	[vərˈlizən]
tentativa (f)	poging (de)	[ˈpoxiŋ]
tentar (vt)	pogen, proberen	[ˈpoxən], [prɔˈberən]
chance (m)	kans (de)	[kans]

70. Conflitos. Emoções negativas

grito (m)	schreeuw (de)	[sxrẽw]
gritar (vi)	schreeuwen	['sxrẽwən]
começar a gritar	beginnen te schreeuwen	[bə'xinən tə 'sxrẽwən]
discussão (f)	ruzie (de)	['rʉzi]
brigar (discutir)	ruzie hebben	['rʉzi 'hɛbən]
escândalo (m)	schandaal (het)	[sxan'dāl]
criar escândalo	schandaal maken	[sxan'dāl 'makən]
conflito (m)	conflict (het)	[kɔn'flikt]
mal-entendido (m)	misverstand (het)	['misvərstant]
insulto (m)	belediging (de)	[bə'ledəxiŋ]
insultar (vt)	beledigen	[bə'ledəxən]
insultado (adj)	beledigd	[bə'ledəxt]
ofensa (f)	krenking (de)	['krenkiŋ]
ofender (vt)	krenken	['krenkən]
ofender-se (vr)	gekwetst worden	[xə'kwɛtst 'wɔrdən]
indignação (f)	verontwaardiging (de)	[vərɔnt'wārdixiŋ]
indignar-se (vr)	verontwaardigd zijn	[vərɔnt'wārdixt zɛjn]
queixa (f)	klacht (de)	[klaxt]
queixar-se (vr)	klagen	['klaxən]
desculpa (f)	verontschuldiging (de)	[vərɔnt'sxʉldəxiŋ]
desculpar-se (vr)	zich verontschuldigen	[zih vərɔnt'sxʉldəxən]
pedir perdão	excuus vragen	[ɛks'kūs 'vraxən]
crítica (f)	kritiek (de)	[kri'tik]
criticar (vt)	bekritiseren	[bəkriti'zerən]
acusação (f)	beschuldiging (de)	[bə'sxʉldəxiŋ]
acusar (vt)	beschuldigen	[bə'sxʉldəxən]
vingança (f)	wraak (de)	[wrāk]
vingar (vt)	wreken	['wrekən]
vingar-se de	wraak nemen	[wrāk 'nemən]
desprezo (m)	minachting (de)	['minaxtiŋ]
desprezar (vt)	minachten	['minaxtən]
ódio (m)	haat (de)	[hāt]
odiar (vt)	haten	['hatən]
nervoso (adj)	zenuwachtig	['zenʉw·ahtəx]
estar nervoso	zenuwachtig zijn	['zenʉw·ahtəx zɛjn]
zangado (adj)	boos	[bōs]
zangar (vt)	boos maken	[bōs 'makən]
humilhação (f)	vernedering (de)	[vər'nedəriŋ]
humilhar (vt)	vernederen	[vər'nedərən]
humilhar-se (vr)	zich vernederen	[zix vər'nedərən]
choque (m)	schok (de)	[sxɔk]
chocar (vt)	schokken	['sxɔkən]
aborrecimento (m)	onaangenaamheid (de)	[ɔ'nānxənāmhɛjt]

desagradável (adj)	onaangenaam	[ɔ'nānxənām]
medo (m)	vrees (de)	[vrēs]
terrível (tempestade, etc.)	vreselijk	['vresələk]
assustador (ex. história ~a)	eng	[ɛŋ]
horror (m)	gruwel (de)	['xrʉwəl]
horrível (crime, etc.)	vreselijk	['vresələk]
começar a tremer	beginnen te beven	[bə'xinən tə 'bevən]
chorar (vi)	huilen	['hœylən]
começar a chorar	beginnen te huilen	[bə'xinən tə 'hœylən]
lágrima (f)	traan (de)	[trān]
falta (f)	schuld (de)	[sxʉlt]
culpa (f)	schuldgevoel (het)	['sxʉlt·xəvul]
desonra (f)	schande (de)	['sxandə]
protesto (m)	protest (het)	[prɔ'tɛst]
estresse (m)	stress (de)	[strɛs]
perturbar (vt)	storen	['stɔrən]
zangar-se com ...	kwaad zijn	['kwāt zɛjn]
zangado (irritado)	kwaad	['kwāt]
terminar (vt)	beëindigen	[be'ɛjndəxən]
praguejar	vloeken	['vlukən]
assustar-se	schrikken	['sxrikən]
golpear (vt)	slaan	[slān]
brigar (na rua, etc.)	vechten	['vɛxtən]
resolver (o conflito)	regelen	['rexələn]
descontente (adj)	ontevreden	[ɔntə'vredən]
furioso (adj)	woedend	['wudənt]
Não está bem!	Dat is niet goed!	[dat is 'nit xut]
É ruim!	Dat is slecht!	[dat is 'slɛxt]

Medicina

71. Doenças

doença (f)	ziekte (de)	['ziktə]
estar doente	ziek zijn	[zik zɛjn]
saúde (f)	gezondheid (de)	[xə'zɔnthɛjt]
nariz (m) escorrendo	snotneus (de)	[snɔt'nøs]
amigdalite (f)	angina (de)	[an'xina]
resfriado (m)	verkoudheid (de)	[vər'kauthɛjt]
ficar resfriado	verkouden raken	[vər'kaudən 'rakən]
bronquite (f)	bronchitis (de)	[brɔn'xitis]
pneumonia (f)	longontsteking (de)	['lɔŋ·ɔntstekiŋ]
gripe (f)	griep (de)	[xrip]
míope (adj)	bijziend	[bɛj'zint]
presbita (adj)	verziend	['vɛrzint]
estrabismo (m)	scheelheid (de)	['sxēlxɛjt]
estrábico, vesgo (adj)	scheel	[sxēl]
catarata (f)	grauwe staar (de)	['xrauə stār]
glaucoma (m)	glaucoom (het)	[xlau'kōm]
AVC (m), apoplexia (f)	beroerte (de)	[bə'rurtə]
ataque (m) cardíaco	hartinfarct (het)	['hart·in'farkt]
enfarte (m) do miocárdio	myocardiaal infarct (het)	[miɔkardi'āl in'farkt]
paralisia (f)	verlamming (de)	[vər'lamiŋ]
paralisar (vt)	verlammen	[vər'lamən]
alergia (f)	allergie (de)	[alɛr'xi]
asma (f)	astma (de/het)	['astma]
diabetes (f)	diabetes (de)	[dia'betəs]
dor (f) de dente	tandpijn (de)	['tand·pɛjn]
cárie (f)	tandbederf (het)	['tand·bə'dɛrf]
diarreia (f)	diarree (de)	[dia'rē]
prisão (f) de ventre	constipatie (de)	[kɔnsti'patsi]
desarranjo (m) intestinal	maagstoornis (de)	['māx·stōrnis]
intoxicação (f) alimentar	voedselvergiftiging (de)	['vudsəl·vər'xiftəxiŋ]
intoxicar-se	voedselvergiftiging oplopen	['vudsəl·vər'xiftəxiŋ 'ɔplɔpən]
artrite (f)	artritis (de)	[ar'tritis]
raquitismo (m)	rachitis (de)	[ra'xitis]
reumatismo (m)	reuma (het)	['røma]
arteriosclerose (f)	arteriosclerose (de)	[artɛriɔskle'rɔzə]
gastrite (f)	gastritis (de)	[xas'tritis]
apendicite (f)	blindedarmontsteking (de)	[blində'darm·ɔntstɛkiŋ]

Português	Holandês	Pronúncia
colecistite (f)	galblaasontsteking (de)	['xalblaxāns·ɔnt'stɛkiŋ]
úlcera (f)	zweer (de)	[zwĕr]
sarampo (m)	mazelen	['mazelən]
rubéola (f)	rodehond (de)	['rɔdəhɔnt]
icterícia (f)	geelzucht (de)	['xĕlzʉht]
hepatite (f)	leverontsteking (de)	['levər ɔnt'stekiŋ]
esquizofrenia (f)	schizofrenie (de)	[sxitsɔfrə'ni]
raiva (f)	dolheid (de)	['dɔlhɛjt]
neurose (f)	neurose (de)	['nø'rɔzə]
contusão (f) cerebral	hersenschudding (de)	['hɛrsən·sxjudiŋ]
câncer (m)	kanker (de)	['kankər]
esclerose (f)	sclerose (de)	[skle'rɔzə]
esclerose (f) múltipla	multiple sclerose (de)	['mʉltiplə skle'rɔzə]
alcoolismo (m)	alcoholisme (het)	[alkɔhɔ'lismə]
alcoólico (m)	alcoholicus (de)	[alkɔ'hɔlikʉs]
sífilis (f)	syfilis (de)	['sifilis]
AIDS (f)	AIDS (de)	[ets]
tumor (m)	tumor (de)	['tʉmɔr]
maligno (adj)	kwaadaardig	['kwāt·'ārdəx]
benigno (adj)	goedaardig	[xu'tārdəx]
febre (f)	koorts (de)	[kŏrts]
malária (f)	malaria (de)	[ma'laria]
gangrena (f)	gangreen (het)	[xanx'rĕn]
enjoo (m)	zeeziekte (de)	[zĕ·'ziktə]
epilepsia (f)	epilepsie (de)	[ɛpilɛp'si]
epidemia (f)	epidemie (de)	[ɛpidə'mi]
tifo (m)	tyfus (de)	['tifʉs]
tuberculose (f)	tuberculose (de)	[tʉbərkʉ'lɔzə]
cólera (f)	cholera (de)	['xɔləra]
peste (f) bubônica	pest (de)	[pɛst]

72. Sintomas. Tratamentos. Parte 1

Português	Holandês	Pronúncia
sintoma (m)	symptoom (het)	[simp'tōm]
temperatura (f)	temperatuur (de)	[tɛmpəra'tūr]
febre (f)	verhoogde temperatuur (de)	[vər'hŏxtə tɛmpəra'tūr]
pulso (m)	polsslag (de)	['pɔls·slax]
vertigem (f)	duizeling (de)	['dœyzəliŋ]
quente (testa, etc.)	heet	[hĕt]
calafrio (m)	koude rillingen	['kaudə 'riliŋən]
pálido (adj)	bleek	[blĕk]
tosse (f)	hoest (de)	[hust]
tossir (vi)	hoesten	['hustən]
espirrar (vi)	niezen	['nizən]

desmaio (m)	flauwte (de)	['flautə]
desmaiar (vi)	flauwvallen	['flauvalən]
mancha (f) preta	blauwe plek (de)	['blauə plɛk]
galo (m)	buil (de)	['bœʏl]
machucar-se (vr)	zich stoten	[zix 'stɔtən]
contusão (f)	kneuzing (de)	['knøziŋ]
machucar-se (vr)	kneuzen	['knøzən]
mancar (vi)	hinken	['hinkən]
deslocamento (f)	verstuiking (de)	[vər'stœʏkiŋ]
deslocar (vt)	verstuiken	[vər'stœʏkən]
fratura (f)	breuk (de)	['brøk]
fraturar (vt)	een breuk oplopen	[en 'brøk 'ɔplɔpən]
corte (m)	snijwond (de)	['snɛj·wɔnt]
cortar-se (vr)	zich snijden	[zix snɛjdən]
hemorragia (f)	bloeding (de)	['bludiŋ]
queimadura (f)	brandwond (de)	['brant·wɔnt]
queimar-se (vr)	zich branden	[zix 'brandən]
picar (vt)	prikken	['prikən]
picar-se (vr)	zich prikken	[zix 'prikən]
lesionar (vt)	blesseren	[blɛ'serən]
lesão (m)	blessure (de)	[blɛ'sʉrə]
ferida (f), ferimento (m)	wond (de)	[wɔnt]
trauma (m)	trauma (het)	['trauma]
delirar (vi)	ijlen	['ɛjlən]
gaguejar (vi)	stotteren	['stɔtɛrən]
insolação (f)	zonnesteek (de)	['zɔnə·stēk]

73. Sintomas. Tratamentos. Parte 2

dor (f)	pijn (de)	[pɛjn]
farpa (no dedo, etc.)	splinter (de)	['splintər]
suor (m)	zweet (het)	['zwēt]
suar (vi)	zweten	['zwetən]
vômito (m)	braking (de)	['brakiŋ]
convulsões (f pl)	stuiptrekkingen	['stœʏp·'trɛkiŋən]
grávida (adj)	zwanger	['zwaŋər]
nascer (vi)	geboren worden	[xə'bɔrən 'wɔrdən]
parto (m)	geboorte (de)	[xə'bōrtə]
dar à luz	baren	['barən]
aborto (m)	abortus (de)	[a'bɔrtʉs]
respiração (f)	ademhaling (de)	['adəmhaliŋ]
inspiração (f)	inademing (de)	['inademiŋ]
expiração (f)	uitademing (de)	['œʏtademiŋ]
expirar (vi)	uitademen	['œʏtademən]
inspirar (vi)	inademen	['inademən]

Português	Holandês	Pronúncia
inválido (m)	invalide (de)	[inva'lidə]
aleijado (m)	gehandicapte (de)	[hə'handikaptə]
drogado (m)	drugsverslaafde (de)	['druks·vər'slāfdə]
surdo (adj)	doof	[dōf]
mudo (adj)	stom	[stɔm]
surdo-mudo (adj)	doofstom	[dōf·'stɔm]
louco, insano (adj)	krankzinnig	[kraŋk'sinəx]
louco (m)	krankzinnige (de)	[kraŋk'sinəxə]
louca (f)	krankzinnige (de)	[kraŋk'sinəxə]
ficar louco	krankzinnig worden	[kraŋk'sinəx 'wɔrdən]
gene (m)	gen (het)	[xen]
imunidade (f)	immuniteit (de)	[imʉni'tɛjt]
hereditário (adj)	erfelijk	['ɛrfələk]
congênito (adj)	aangeboren	['ānxəbɔrən]
vírus (m)	virus (het)	['virʉs]
micróbio (m)	microbe (de)	[mik'rɔbə]
bactéria (f)	bacterie (de)	[bak'teri]
infecção (f)	infectie (de)	[in'fɛksi]

74. Sintomas. Tratamentos. Parte 3

Português	Holandês	Pronúncia
hospital (m)	ziekenhuis (het)	['zikən·hœys]
paciente (m)	patiënt (de)	[pasi'ent]
diagnóstico (m)	diagnose (de)	[diax'nɔzə]
cura (f)	genezing (de)	[xə'nezin]
tratamento (m) médico	medische behandeling (de)	['mɛdisə bə'handəlin]
curar-se (vr)	onder behandeling zijn	['ɔndər bə'handəlin zɛjn]
tratar (vt)	behandelen	[bə'handələn]
cuidar (pessoa)	zorgen	['zɔrxən]
cuidado (m)	ziekenzorg (de)	['zikən·zɔrx]
operação (f)	operatie (de)	[ɔpe'ratsi]
enfaixar (vt)	verbinden	[vər'bindən]
enfaixamento (m)	verband (het)	[vər'bant]
vacinação (f)	vaccin (het)	[vaksən]
vacinar (vt)	inenten	['inɛntən]
injeção (f)	injectie (de)	[inj'eksi]
dar uma injeção	een injectie geven	[ɛn inj'eksi 'xɛvən]
ataque (~ de asma, etc.)	aanval (de)	['ānval]
amputação (f)	amputatie (de)	[ampʉ'tatsi]
amputar (vt)	amputeren	[ampʉ'terən]
coma (f)	coma (het)	['kɔma]
estar em coma	in coma liggen	[in 'kɔma 'lixən]
reanimação (f)	intensieve zorg, ICU (de)	[intən'sivə zɔrx], [isɛ'ju]
recuperar-se (vr)	zich herstellen	[zix hɛr'ʃtɛlən]
estado (~ de saúde)	toestand (de)	['tustant]

consciência (perder a ~)	bewustzijn (het)	[bə'wʉstsɛjn]
memória (f)	geheugen (het)	[xə'høxən]
tirar (vt)	trekken	['trɛkən]
obturação (f)	vulling (de)	['vʉliŋ]
obturar (vt)	vullen	['vʉlən]
hipnose (f)	hypnose (de)	['hipnɔzə]
hipnotizar (vt)	hypnotiseren	[hipnɔti'zerən]

75. Médicos

médico (m)	dokter, arts (de)	['dɔktər], [arts]
enfermeira (f)	ziekenzuster (de)	['zikən·zʉstər]
médico (m) pessoal	lijfarts (de)	['lɛjf·arts]
dentista (m)	tandarts (de)	['tand·arts]
oculista (m)	oogarts (de)	['ōx·arts]
terapeuta (m)	therapeut (de)	[tera'pøt]
cirurgião (m)	chirurg (de)	[ʃi'rʉrx]
psiquiatra (m)	psychiater (de)	[psixi'atər]
pediatra (m)	pediater (de)	[pedi'atər]
psicólogo (m)	psycholoog (de)	[psihɔ'lōx]
ginecologista (m)	gynaecoloog (de)	[xinekɔ'lōx]
cardiologista (m)	cardioloog (de)	[kardiɔ'lōx]

76. Medicina. Drogas. Acessórios

medicamento (m)	geneesmiddel (het)	[xə'nēsmidəl]
remédio (m)	middel (het)	['midəl]
receitar (vt)	voorschrijven	['vōrsxrɛjvən]
receita (f)	recept (het)	[re'sɛpt]
comprimido (m)	tablet (de/het)	[tab'lɛt]
unguento (m)	zalf (de)	[zalf]
ampola (f)	ampul (de)	[am'pʉl]
solução, preparado (m)	drank (de)	[drank]
xarope (m)	siroop (de)	[si'rōp]
cápsula (f)	pil (de)	[pil]
pó (m)	poeder (de/het)	['pudər]
atadura (f)	verband (het)	[vər'bant]
algodão (m)	watten	['watən]
iodo (m)	jodium (het)	['jodijum]
curativo (m) adesivo	pleister (de)	['plɛjstər]
conta-gotas (m)	pipet (de)	[pi'pɛt]
termômetro (m)	thermometer (de)	['tɛrmɔmetər]
seringa (f)	spuit (de)	['spœyt]
cadeira (f) de rodas	rolstoel (de)	['rɔl·stul]
muletas (f pl)	krukken	['krʉkən]

analgésico (m)	pijnstiller (de)	['pɛjn·stilər]
laxante (m)	laxeermiddel (het)	[la'ksēr·midəl]
álcool (m)	spiritus (de)	['spiritʉs]
ervas (f pl) medicinais	medicinale kruiden	[mɛdisi'nalə krœydən]
de ervas (chá ~)	kruiden-	['krœydən]

77. Fumar. Produtos tabágicos

tabaco (m)	tabak (de)	[ta'bak]
cigarro (m)	sigaret (de)	[sixa'rɛt]
charuto (m)	sigaar (de)	[si'xār]
cachimbo (m)	pijp (de)	[pɛjp]
maço (~ de cigarros)	pakje (het)	['pakjə]
fósforos (m pl)	lucifers	['lʉsifərs]
caixa (f) de fósforos	luciferdoosje (het)	['lʉsifər·'dōçə]
isqueiro (m)	aansteker (de)	['ānstekər]
cinzeiro (m)	asbak (de)	['asbak]
cigarreira (f)	sigarettendoosje (het)	[sixa'rɛtən·'dōçə]
piteira (f)	sigarettenpijpje (het)	[sixa'rɛtən·'pɛjpjə]
filtro (m)	filter (de/het)	['filtər]
fumar (vi, vt)	roken	['rɔkən]
acender um cigarro	een sigaret opsteken	[ən sixa'rɛt 'ɔpstekən]
tabagismo (m)	roken (het)	['rɔkən]
fumante (m)	roker (de)	['rɔkər]
bituca (f)	peuk (de)	['pøk]
fumaça (f)	rook (de)	[rōk]
cinza (f)	as (de)	[as]

HABITAT HUMANO

Cidade

78. Cidade. Vida na cidade

cidade (f)	stad (de)	[stat]
capital (f)	hoofdstad (de)	['hōft·stat]
aldeia (f)	dorp (het)	[dɔrp]
mapa (m) da cidade	plattegrond (de)	['platə·xrɔnt]
centro (m) da cidade	centrum (het)	['sɛntrʉm]
subúrbio (m)	voorstad (de)	['vōrstat]
suburbano (adj)	voorstads-	['vōrstats]
periferia (f)	randgemeente (de)	['rant·xəmēntə]
arredores (m pl)	omgeving (de)	[ɔm'xevin]
quarteirão (m)	blok (het)	[blɔk]
quarteirão (m) residencial	woonwijk (de)	['wōnvɛjk]
tráfego (m)	verkeer (het)	[vər'kēr]
semáforo (m)	verkeerslicht (het)	[vər'kērs·lixt]
transporte (m) público	openbaar vervoer (het)	[ɔpən'bār vər'vur]
cruzamento (m)	kruispunt (het)	['krœys·pynt]
faixa (f)	zebrapad (het)	['zɛbra·pat]
túnel (m) subterrâneo	onderdoorgang (de)	['ɔndər·'dōrxaŋ]
cruzar, atravessar (vt)	oversteken	[ɔvər'stekən]
pedestre (m)	voetganger (de)	['vutxaŋər]
calçada (f)	trottoir (het)	[trɔtu'ar]
ponte (f)	brug (de)	[brʉx]
margem (f) do rio	dijk (de)	[dɛjk]
fonte (f)	fontein (de)	[fɔn'tɛjn]
alameda (f)	allee (de)	[a'lē]
parque (m)	park (het)	[park]
bulevar (m)	boulevard (de)	[bulə'var]
praça (f)	plein (het)	[plɛjn]
avenida (f)	laan (de)	[lān]
rua (f)	straat (de)	[strāt]
travessa (f)	zijstraat (de)	['zɛj·strāt]
beco (m) sem saída	doodlopende straat (de)	[dōd'lɔpəndə strāt]
casa (f)	huis (het)	['hœys]
edifício, prédio (m)	gebouw (het)	[xə'bau]
arranha-céu (m)	wolkenkrabber (de)	['wɔlkən·'krabər]
fachada (f)	gevel (de)	['xevəl]
telhado (m)	dak (het)	[dak]

janela (f)	venster (het)	['vɛnstər]
arco (m)	boog (de)	[bōx]
coluna (f)	pilaar (de)	[pi'lãr]
esquina (f)	hoek (de)	[huk]

vitrine (f)	vitrine (de)	[vit'rinə]
letreiro (m)	gevelreclame (de)	['xevəl·re'klamə]
cartaz (do filme, etc.)	affiche (de/het)	[a'fiʃə]
cartaz (m) publicitário	reclameposter (de)	[re'klamə·'pɔstər]
painel (m) publicitário	aanplakbord (het)	['ānplak·'bɔrt]

lixo (m)	vuilnis (de/het)	['vœʏlnis]
lata (f) de lixo	vuilnisbak (de)	['vœʏlnis·bak]
jogar lixo na rua	afval weggooien	['afval 'wɛxōjən]
aterro (m) sanitário	stortplaats (de)	['stɔrt·plāts]

orelhão (m)	telefooncel (de)	[telə'fōn·səl]
poste (m) de luz	straatlicht (het)	['strāt·lixt]
banco (m)	bank (de)	[bank]

polícia (m)	politieagent (de)	[pɔ'litsi·a'xɛnt]
polícia (instituição)	politie (de)	[pɔ'litsi]
mendigo, pedinte (m)	zwerver (de)	['zwɛrvər]
desabrigado (m)	dakloze (de)	[dak'lɔzə]

79. Instituições urbanas

loja (f)	winkel (de)	['winkəl]
drogaria (f)	apotheek (de)	[apɔ'tēk]
ótica (f)	optiek (de)	[ɔp'tik]
centro (m) comercial	winkelcentrum (het)	['winkəl·'sɛntrʉm]
supermercado (m)	supermarkt (de)	['sʉpərmarkt]

padaria (f)	bakkerij (de)	['bakərɛj]
padeiro (m)	bakker (de)	['bakər]
pastelaria (f)	banketbakkerij (de)	[ban'ket·bakə'rɛj]
mercearia (f)	kruidenier (de)	[krœʏdə'nir]
açougue (m)	slagerij (de)	[slaxə'rɛj]

fruteira (f)	groentewinkel (de)	['xruntə·'winkəl]
mercado (m)	markt (de)	[markt]

cafeteria (f)	koffiehuis (het)	['kɔfi·hœʏs]
restaurante (m)	restaurant (het)	[rɛstɔ'rant]
bar (m)	bar (de)	[bar]
pizzaria (f)	pizzeria (de)	[pitsə'rija]

salão (m) de cabeleireiro	kapperssalon (de/het)	['kapərs·sa'lɔn]
agência (f) dos correios	postkantoor (het)	[pɔst·kan'tōr]
lavanderia (f)	stomerij (de)	[stɔmɛ'rɛj]
estúdio (m) fotográfico	fotostudio (de)	[fɔtɔ·'stʉdiɔ]

sapataria (f)	schoenwinkel (de)	['sxun·'winkəl]
livraria (f)	boekhandel (de)	['bukən·'handəl]

loja (f) de artigos esportivos	sportwinkel (de)	['sport·'winkəl]
costureira (m)	kledingreparatie (de)	['kledɪŋ·repa'ratsi]
aluguel (m) de roupa	kledingverhuur (de)	['kledɪŋ·vər'hūr]
videolocadora (f)	videotheek (de)	[videɔ'tēk]

circo (m)	circus (de/het)	['sirkʉs]
jardim (m) zoológico	dierentuin (de)	['dīrən·tœyn]
cinema (m)	bioscoop (de)	[biɔ'skōp]
museu (m)	museum (het)	[mʉ'zejum]
biblioteca (f)	bibliotheek (de)	[biblio'tēk]

teatro (m)	theater (het)	[te'atər]
ópera (f)	opera (de)	['ɔpəra]
boate (casa noturna)	nachtclub (de)	['naxt·klʉp]
cassino (m)	casino (het)	[ka'sinɔ]

mesquita (f)	moskee (de)	[mɔs'kē]
sinagoga (f)	synagoge (de)	[sina'xɔxə]
catedral (f)	kathedraal (de)	[kate'drāl]
templo (m)	tempel (de)	['tɛmpəl]
igreja (f)	kerk (de)	[kɛrk]

faculdade (f)	instituut (het)	[insti'tūt]
universidade (f)	universiteit (de)	[junivɛrsi'tɛjt]
escola (f)	school (de)	[sxōl]

prefeitura (f)	gemeentehuis (het)	[xə'mēntə·hœys]
câmara (f) municipal	stadhuis (het)	['stat·hœys]
hotel (m)	hotel (het)	[hɔ'tɛl]
banco (m)	bank (de)	[bank]

embaixada (f)	ambassade (de)	[amba'sadə]
agência (f) de viagens	reisbureau (het)	[rɛjs·bʉ'rɔ]
agência (f) de informações	informatieloket (het)	[infɔr'matsi·lɔ'kɛt]
casa (f) de câmbio	wisselkantoor (het)	['wisəl·kan'tōr]

metrô (m)	metro (de)	['metrɔ]
hospital (m)	ziekenhuis (het)	['zikən·hœys]

posto (m) de gasolina	benzinestation (het)	[bɛn'zinə·sta'tsjɔn]
parque (m) de estacionamento	parking (de)	['parkɪŋ]

80. Sinais

letreiro (m)	gevelreclame (de)	['xevəl·re'klamə]
aviso (m)	opschrift (het)	['ɔpsxrift]
cartaz, pôster (m)	poster (de)	['pɔstər]
placa (f) de direção	wegwijzer (de)	['wɛx·wɛjzər]
seta (f)	pijl (de)	[pɛjl]

aviso (advertência)	waarschuwing (de)	['wārsxjuvɪŋ]
sinal (m) de aviso	waarschuwingsbord (het)	['wārsxjuvɪŋs·bɔrt]
avisar, advertir (vt)	waarschuwen	['wārsxjuvən]
dia (m) de folga	vrije dag (de)	['vrɛjə dax]

horário (~ dos trens, etc.)	dienstregeling (de)	[dinst·'rexəliŋ]
horário (m)	openingsuren	['ɔpəniŋs·ʉrən]
BEM-VINDOS!	WELKOM!	['wɛlkɔm]
ENTRADA	INGANG	['inxaŋ]
SAÍDA	UITGANG	['œʏtxaŋ]
EMPURRE	DUWEN	['dʉwən]
PUXE	TREKKEN	['trɛkən]
ABERTO	OPEN	['ɔpən]
FECHADO	GESLOTEN	[xə'slɔtən]
MULHER	DAMES	['daməs]
HOMEM	HEREN	['herən]
DESCONTOS	KORTING	['kɔrtiŋ]
SALDOS, PROMOÇÃO	UITVERKOOP	['œʏtverkōp]
NOVIDADE!	NIEUW!	[niu]
GRÁTIS	GRATIS	['xratis]
ATENÇÃO!	PAS OP!	[pas 'ɔp]
NÃO HÁ VAGAS	VOLGEBOEKT	['vɔlxəbukt]
RESERVADO	GERESERVEERD	[xərezər'vērt]
ADMINISTRAÇÃO	ADMINISTRATIE	[atminist'ratsi]
SOMENTE PESSOAL	ALLEEN VOOR	[a'lēn vōr
AUTORIZADO	PERSONEEL	pərsɔ'nēl]
CUIDADO CÃO FEROZ	GEVAARLIJKE HOND	[xe'vārlekə hɔnt]
PROIBIDO FUMAR!	VERBODEN TE ROKEN!	[vər'bɔdən tə 'rɔkən]
NÃO TOCAR	NIET AANRAKEN!	[nit ān'rakən]
PERIGOSO	GEVAARLIJK	[xe'vārlək]
PERIGO	GEVAAR	[xe'vār]
ALTA TENSÃO	HOOGSPANNING	[hōh·'spaniŋ]
PROIBIDO NADAR	VERBODEN TE ZWEMMEN	[vər'bɔdən tə 'zwɛmən]
COM DEFEITO	BUITEN GEBRUIK	['bœʏtən xəbrœʏk]
INFLAMÁVEL	ONTVLAMBAAR	[ɔnt'flambār]
PROIBIDO	VERBODEN	[vər'bɔdən]
ENTRADA PROIBIDA	DOORGANG VERBODEN	['dōrxaŋ vər'bɔdən]
CUIDADO TINTA FRESCA	OPGELET PAS GEVERFD	[ɔpxe'lɛt pas xə'verft]

81. Transportes urbanos

ônibus (m)	bus, autobus (de)	[bʉs], ['autobʉs]
bonde (m) elétrico	tram (de)	[trɛm]
trólebus (m)	trolleybus (de)	['trɔlibʉs]
rota (f), itinerário (m)	route (de)	['rutə]
número (m)	nummer (het)	['nʉmər]
ir de ... (carro, etc.)	rijden met ...	['rɛjdən mɛt]
entrar no ...	stappen	['stapən]
descer do ...	afstappen	['afstapən]

parada (f)	halte (de)	['haltə]
próxima parada (f)	volgende halte (de)	['vɔlxəndə 'haltə]
terminal (m)	eindpunt (het)	['ɛjnt·pʉnt]
horário (m)	dienstregeling (de)	[dinst·'rexəliŋ]
esperar (vt)	wachten	['waxtən]
passagem (f)	kaartje (het)	['kārtʃə]
tarifa (f)	reiskosten (de)	['rɛjs·kɔstən]
bilheteiro (m)	kassier (de)	[ka'sir]
controle (m) de passagens	kaartcontrole (de)	['kārt·kɔn'trɔlə]
revisor (m)	controleur (de)	[kɔntrɔ'lør]
atrasar-se (vr)	te laat zijn	[tə 'lāt zɛjn]
perder (o autocarro, etc.)	missen (de bus ~)	['misən]
estar com pressa	zich haasten	[zix 'hāstən]
táxi (m)	taxi (de)	['taksi]
taxista (m)	taxichauffeur (de)	['taksi·ʃo'før]
de táxi (ir ~)	met de taxi	[mɛt də 'taksi]
ponto (m) de táxis	taxistandplaats (de)	['taksi·'stant·plāts]
chamar um táxi	een taxi bestellen	[en 'taksi bə'stɛlən]
pegar um táxi	een taxi nemen	[en 'taksi 'nemən]
tráfego (m)	verkeer (het)	[vər'kēr]
engarrafamento (m)	file (de)	['filə]
horas (f pl) de pico	spitsuur (het)	['spits·ūr]
estacionar (vi)	parkeren	[par'kerən]
estacionar (vt)	parkeren	[par'kerən]
parque (m) de estacionamento	parking (de)	['parkiŋ]
metrô (m)	metro (de)	['metrɔ]
estação (f)	halte (de)	['haltə]
ir de metrô	de metro nemen	[də 'metrɔ 'nemən]
trem (m)	trein (de)	[trɛjn]
estação (f) de trem	station (het)	[sta'tsjɔn]

82. Turismo

monumento (m)	monument (het)	[mɔnʉ'mɛnt]
fortaleza (f)	vesting (de)	['vɛstiŋ]
palácio (m)	paleis (het)	[pa'lɛjs]
castelo (m)	kasteel (het)	[kas'tēl]
torre (f)	toren (de)	['tɔrən]
mausoléu (m)	mausoleum (het)	[mauzɔ'leum]
arquitetura (f)	architectuur (de)	[arʃitək'tūr]
medieval (adj)	middeleeuws	['midəlēws]
antigo (adj)	oud	['aut]
nacional (adj)	nationaal	[natsjo'nāl]
famoso, conhecido (adj)	bekend	[bə'kɛnt]
turista (m)	toerist (de)	[tu'rist]
guia (pessoa)	gids (de)	[xits]

excursão (f)	rondleiding (de)	['rɔntlɛjdiŋ]
mostrar (vt)	tonen	['tɔnən]
contar (vt)	vertellen	[vər'tɛlən]

encontrar (vt)	vinden	['vindən]
perder-se (vr)	verdwalen	[vərd'walən]
mapa (~ do metrô)	plattegrond (de)	['platə·xrɔnt]
mapa (~ da cidade)	plattegrond (de)	['platə·xrɔnt]

lembrança (f), presente (m)	souvenir (het)	[suve'nir]
loja (f) de presentes	souvenirwinkel (de)	[suve'nir·'winkəl]
tirar fotos, fotografar	foto's maken	['fɔtɔs 'makən]
fotografar-se (vr)	zich laten fotograferen	[zih 'latən fɔtɔxra'ferən]

83. Compras

comprar (vt)	kopen	['kɔpən]
compra (f)	aankoop (de)	['ãnkɔp]
fazer compras	winkelen	['winkelən]
compras (f pl)	winkelen (het)	['winkelən]

estar aberta (loja)	open zijn	['ɔpən zɛjn]
estar fechada	gesloten zijn	[xə'slɔtən zɛjn]

calçado (m)	schoeisel (het)	['sxuisəl]
roupa (f)	kleren (mv.)	['klerən]
cosméticos (m pl)	cosmetica (mv.)	[kɔs'metika]
alimentos (m pl)	voedingswaren	['vudiŋs·warən]
presente (m)	geschenk (het)	[xə'sxɛnk]

vendedor (m)	verkoper (de)	[vər'kɔpər]
vendedora (f)	verkoopster (de)	[vər'kɔpstər]

caixa (f)	kassa (de)	['kasa]
espelho (m)	spiegel (de)	['spixəl]
balcão (m)	toonbank (de)	['tõn·bank]
provador (m)	paskamer (de)	['pas·kamər]

provar (vt)	aanpassen	['ãnpasən]
servir (roupa, caber)	passen	['pasən]
gostar (apreciar)	bevallen	[bə'valən]

preço (m)	prijs (de)	[prɛjs]
etiqueta (f) de preço	prijskaartje (het)	['prɛjs·'kãrtʃə]
custar (vt)	kosten	['kɔstən]
Quanto?	Hoeveel?	[hu'vēl]
desconto (m)	korting (de)	['kɔrtiŋ]

não caro (adj)	niet duur	[nit dūr]
barato (adj)	goedkoop	[xut'kōp]
caro (adj)	duur	[dūr]
É caro	Dat is duur.	[dat is 'dūr]
aluguel (m)	verhuur (de)	[vər'hūr]
alugar (roupas, etc.)	huren	['hʉrən]

| crédito (m) | krediet (het) | [kre'dit] |
| a crédito | op krediet | [ɔp kre'dit] |

84. Dinheiro

dinheiro (m)	geld (het)	[xɛlt]
câmbio (m)	ruil (de)	[rœyl]
taxa (f) de câmbio	koers (de)	[kurs]
caixa (m) eletrônico	geldautomaat (de)	[xɛlt·autɔ'māt]
moeda (f)	muntstuk (de)	['mʉntstʉk]

| dólar (m) | dollar (de) | ['dɔlar] |
| euro (m) | euro (de) | [ørɔ] |

lira (f)	lire (de)	['lirə]
marco (m)	Duitse mark (de)	['dœytsə mark]
franco (m)	frank (de)	[frank]
libra (f) esterlina	pond sterling (het)	[pɔnt 'stɛrliŋ]
iene (m)	yen (de)	[jen]

dívida (f)	schuld (de)	[sxʉlt]
devedor (m)	schuldenaar (de)	['sxʉldənār]
emprestar (vt)	uitlenen	['œytlənən]
pedir emprestado	lenen	['lenən]

banco (m)	bank (de)	[bank]
conta (f)	bankrekening (de)	[bank·'rekəniŋ]
depositar (vt)	storten	['stɔrtən]
depositar na conta	op rekening storten	[ɔp 'rekəniŋ 'stɔrtən]
sacar (vt)	opnemen	['ɔpnemən]

cartão (m) de crédito	kredietkaart (de)	[kre'dit·kārt]
dinheiro (m) vivo	baar geld (het)	[bār 'xɛlt]
cheque (m)	cheque (de)	[ʃɛk]
passar um cheque	een cheque uitschrijven	[en ʃɛk œyt'sxrɛjvən]
talão (m) de cheques	chequeboekje (het)	[ʃɛk·'bukjə]

carteira (f)	portefeuille (de)	[pɔrtə'fœyə]
niqueleira (f)	geldbeugel (de)	[xɛlt·'bøxəl]
cofre (m)	safe (de)	[sef]

herdeiro (m)	erfgenaam (de)	['ɛrfxənām]
herança (f)	erfenis (de)	['ɛrfənis]
fortuna (riqueza)	fortuin (het)	[fɔr'tœyn]

arrendamento (m)	huur (de)	[hūr]
aluguel (pagar o ~)	huurprijs (de)	['hūr·prɛjs]
alugar (vt)	huren	['hʉrən]

preço (m)	prijs (de)	[prɛjs]
custo (m)	kostprijs (de)	['kɔstprɛjs]
soma (f)	som (de)	[sɔm]
gastar (vt)	uitgeven	['œytxevən]
gastos (m pl)	kosten	['kɔstən]

| economizar (vi) | bezuinigen | [bə'zœynəxən] |
| econômico (adj) | zuinig | ['zœynəx] |

pagar (vt)	betalen	[bə'talən]
pagamento (m)	betaling (de)	[bə'taliŋ]
troco (m)	wisselgeld (het)	['wisəl·xɛlt]

imposto (m)	belasting (de)	[bə'lastiŋ]
multa (f)	boete (de)	['butə]
multar (vt)	beboeten	[bə'butən]

85. Correios. Serviço postal

agência (f) dos correios	postkantoor (het)	[pɔst·kan'tōr]
correio (m)	post (de)	[pɔst]
carteiro (m)	postbode (de)	['pɔst·bɔdə]
horário (m)	openingsuren	['ɔpəniŋs·ʉrən]

carta (f)	brief (de)	[brif]
carta (f) registada	aangetekende brief (de)	['ānxə'tekəndə brif]
cartão (m) postal	briefkaart (de)	['brif·kārt]
telegrama (m)	telegram (het)	[telex'ram]
encomenda (f)	postpakket (het)	[pɔstpa'ket]
transferência (f) de dinheiro	overschrijving (de)	[ɔvər'sxrɛjviŋ]

receber (vt)	ontvangen	[ɔnt'faŋən]
enviar (vt)	sturen	['stʉrən]
envio (m)	verzending (de)	[vər'zɛndiŋ]

endereço (m)	adres (het)	[ad'rɛs]
código (m) postal	postcode (de)	['pɔst·kɔdə]
remetente (m)	verzender (de)	[vər'zɛndər]
destinatário (m)	ontvanger (de)	[ɔnt'faŋər]

| nome (m) | naam (de) | [nām] |
| sobrenome (m) | achternaam (de) | ['axtər·nām] |

tarifa (f)	tarief (het)	[ta'rif]
ordinário (adj)	standaard	['standārt]
econômico (adj)	zuinig	['zœynəx]

peso (m)	gewicht (het)	[xə'wixt]
pesar (estabelecer o peso)	afwegen	['afwexən]
envelope (m)	envelop (de)	[ɛnve'lɔp]
selo (m) postal	postzegel (de)	['pɔst·zexəl]
colar o selo	een postzegel plakken op	[en pɔst'zexəl 'plakən ɔp]

Moradia. Casa. Lar

86. Casa. Habitação

casa (f)	huis (het)	['hœys]
em casa	thuis	['tœys]
pátio (m), quintal (f)	cour (de)	[kur]
cerca, grade (f)	omheining (de)	[ɔm'hɛjniŋ]
tijolo (m)	baksteen (de)	['bakstēn]
de tijolos	van bakstenen	[van 'bakstənən]
pedra (f)	steen (de)	[stēn]
de pedra	stenen	['stenən]
concreto (m)	beton (het)	[bə'tɔn]
concreto (adj)	van beton	[van bə'tɔn]
novo (adj)	nieuw	[niu]
velho (adj)	oud	['aut]
decrépito (adj)	vervallen	[vər'valən]
moderno (adj)	modern	[mɔ'dɛrn]
de vários andares	met veel verdiepingen	[mɛt vēl vɛr'dipiŋən]
alto (adj)	hoog	[hōx]
andar (m)	verdieping (de)	[vər'dipiŋ]
de um andar	met een verdieping	[mɛt en vər'dipiŋ]
térreo (m)	laagste verdieping (de)	['lāxstə vər'dipiŋ]
andar (m) de cima	bovenverdieping (de)	['bovən·vər'dipiŋ]
telhado (m)	dak (het)	[dak]
chaminé (f)	schoorsteen (de)	['sxōr·stēn]
telha (f)	dakpan (de)	['dakpan]
de telha	pannen-	['panən]
sótão (m)	zolder (de)	['zɔldər]
janela (f)	venster (het)	['vɛnstər]
vidro (m)	glas (het)	[xlas]
parapeito (m)	vensterbank (de)	['vɛnstər·bank]
persianas (f pl)	luiken	['lœʏkən]
parede (f)	muur (de)	[mūr]
varanda (f)	balkon (het)	[bal'kɔn]
calha (f)	regenpijp (de)	['rexən·pɛjp]
em cima	boven	['bɔvən]
subir (vi)	naar boven gaan	[nār 'bɔvən xān]
descer (vi)	afdalen	['afdalən]
mudar-se (vr)	verhuizen	[vər'hœyzən]

87. Casa. Entrada. Elevador

entrada (f)	ingang (de)	['inxaŋ]
escada (f)	trap (de)	[trap]
degraus (m pl)	treden	['tredən]
corrimão (m)	trapleuning (de)	['trap·'løniŋ]
hall (m) de entrada	hal (de)	[hal]
caixa (f) de correio	postbus (de)	['pɔst·bʉs]
lata (f) do lixo	vuilnisbak (de)	['vœʏlnis·bak]
calha (f) de lixo	vuilniskoker (de)	['vœʏlnis·'kɔkər]
elevador (m)	lift (de)	[lift]
elevador (m) de carga	goederenlift (de)	['xuderən·lift]
cabine (f)	liftcabine (de)	[lift·ka'binə]
pegar o elevador	de lift nemen	[də lift 'nemən]
apartamento (m)	appartement (het)	[apartə'mɛnt]
residentes (pl)	bewoners	[bə'wɔnərs]
vizinho (m)	buurman (de)	['bʉrman]
vizinha (f)	buurvrouw (de)	['bʉrvrau]
vizinhos (pl)	buren	['bʉrən]

88. Casa. Eletricidade

eletricidade (f)	elektriciteit (de)	[ɛlɛktrisi'tɛjt]
lâmpada (f)	lamp (de)	[lamp]
interruptor (m)	schakelaar (de)	['sxakəlār]
fusível, disjuntor (m)	zekering (de)	['zekəriŋ]
fio, cabo (m)	draad (de)	[drāt]
instalação (f) elétrica	bedrading (de)	[bə'dradiŋ]
medidor (m) de eletricidade	elektriciteitsmeter (de)	[ɛlɛktrisi'tɛjt·'metər]
indicação (f), registro (m)	gegevens	[xə'xevəns]

89. Casa. Portas. Fechaduras

porta (f)	deur (de)	['dør]
portão (m)	toegangspoort (de)	['tuxaŋs·pōrt]
maçaneta (f)	deurkruk (de)	['dør·krʉk]
destrancar (vt)	ontsluiten	[ɔn'slœʏtən]
abrir (vt)	openen	['ɔpənən]
fechar (vt)	sluiten	['slœʏtən]
chave (f)	sleutel (de)	['sløtəl]
molho (m)	sleutelbos (de)	['sløtəl·bɔs]
ranger (vi)	knarsen	['knarsən]
rangido (m)	knarsgeluid (het)	['knarsxəlœʏt]
dobradiça (f)	scharnier (het)	[sxar'nir]
capacho (m)	deurmat (de)	['dør·mat]
fechadura (f)	slot (het)	[slɔt]

buraco (m) da fechadura	sleutelgat (het)	['sløtəl·xat]
barra (f)	grendel (de)	['xrɛndəl]
fecho (ferrolho pequeno)	schuif (de)	['sxœyf]
cadeado (m)	hangslot (het)	['haŋ·slɔt]
tocar (vt)	aanbellen	['ãmbɛlən]
toque (m)	bel (de)	[bel]
campainha (f)	deurbel (de)	['dør·bel]
botão (m)	belknop (de)	['bel·knɔp]
batida (f)	geklop (het)	[xə'klɔp]
bater (vi)	kloppen	['klɔpən]
código (m)	code (de)	['kodə]
fechadura (f) de código	cijferslot (het)	['sɛjfər·slɔt]
interfone (m)	parlofoon (de)	['parlɔfõn]
número (m)	nummer (het)	['nʉmər]
placa (f) de porta	naambordje (het)	['nãm·'bɔrdjə]
olho (m) mágico	deurspion (de)	['dør·spiɔn]

90. Casa de campo

aldeia (f)	dorp (het)	[dɔrp]
horta (f)	moestuin (de)	['mus·tœyn]
cerca (f)	hek (het)	[hɛk]
cerca (f) de piquete	houten hekwerk (het)	['hautən 'hɛkwɛrk]
portão (f) do jardim	tuinpoortje (het)	['tœyn·'põrtʃə]
celeiro (m)	graanschuur (de)	['xrãn·sxũr]
adega (f)	wortelkelder (de)	['wɔrtəl·'kɛldər]
galpão, barracão (m)	schuur (de)	[sxũr]
poço (m)	waterput (de)	['watər·pʉt]
fogão (m)	kachel (de)	['kaxəl]
atiçar o fogo	de kachel stoken	[də 'kaxəl 'stɔkən]
lenha (carvão ou ~)	brandhout (het)	['brant·haut]
acha, lenha (f)	houtblok (het)	['hautblɔk]
varanda (f)	veranda (de)	[və'randa]
alpendre (m)	terras (het)	[tɛ'ras]
degraus (m pl) de entrada	bordes (het)	[bɔr'dɛs]
balanço (m)	schommel (de)	['sxɔməl]

91. Moradia. Mansão

casa (f) de campo	landhuisje (het)	['lant·hœyɣə]
vila (f)	villa (de)	['vila]
ala (~ do edifício)	vleugel (de)	['vløxəl]
jardim (m)	tuin (de)	['tœyn]
parque (m)	park (het)	[park]
estufa (f)	oranjerie (de)	[ɔranʒɛ'ri]
cuidar de ...	onderhouden	['ɔndər'haudən]

piscina (f)	zwembad (het)	['zwɛm·bat]
academia (f) de ginástica	gym (het)	[ʒim]
quadra (f) de tênis	tennisveld (het)	['tɛnis·vɛlt]
cinema (m)	bioscoopkamer (de)	[biɔ'skōp·'kamər]
garagem (f)	garage (de)	[xa'raʒə]
propriedade (f) privada	privé-eigendom (het)	[pri've-'ɛjxəndɔm]
terreno (m) privado	eigen terrein (het)	['ɛjxən te'rɛjn]
advertência (f)	waarschuwing (de)	['wārsxjuviŋ]
sinal (m) de aviso	waarschuwingsbord (het)	['wārsxjuviŋs·bɔrt]
guarda (f)	bewaking (de)	[bə'wakiŋ]
guarda (m)	bewaker (de)	[bə'wakər]
alarme (m)	inbraakalarm (het)	['inbrāk·a'larm]

92. Castelo. Palácio

castelo (m)	kasteel (het)	[kas'tēl]
palácio (m)	paleis (het)	[pa'lɛjs]
fortaleza (f)	vesting (de)	['vɛstiŋ]
muralha (f)	ringmuur (de)	['riŋ·mūr]
torre (f)	toren (de)	['tɔrən]
calabouço (m)	donjon (de)	[dɔn'ʒɔn]
grade (f) levadiça	valhek (het)	['valhək]
passagem (f) subterrânea	onderaardse gang (de)	[ɔndər'ārdsə xaŋ]
fosso (m)	slotgracht (de)	['slɔt·xraht]
corrente, cadeia (f)	ketting (de)	['kɛtiŋ]
seteira (f)	schietgat (het)	['sxitxat]
magnífico (adj)	prachtig	['prahtəx]
majestoso (adj)	majestueus	[mahəstʉ'øz]
inexpugnável (adj)	onneembaar	[ɔ'nēmbār]
medieval (adj)	middeleeuws	['midəlēws]

93. Apartamento

apartamento (m)	appartement (het)	[apartə'mɛnt]
quarto, cômodo (m)	kamer (de)	['kamər]
quarto (m) de dormir	slaapkamer (de)	['slāp·kamər]
sala (f) de jantar	eetkamer (de)	[ēt·'kamər]
sala (f) de estar	salon (de)	[sa'lɔn]
escritório (m)	studeerkamer (de)	[stu'dēr·'kamər]
sala (f) de entrada	gang (de)	[xaŋ]
banheiro (m)	badkamer (de)	['bat·kamər]
lavabo (m)	toilet (het)	[tua'lɛt]
teto (m)	plafond (het)	[pla'fɔnt]
chão, piso (m)	vloer (de)	[vlur]
canto (m)	hoek (de)	[huk]

94. Apartamento. Limpeza

arrumar, limpar (vt)	schoonmaken	['sxōn·makən]
guardar (no armário, etc.)	opbergen	['ɔpbɛrxən]
pó (m)	stof (het)	[stɔf]
empoeirado (adj)	stoffig	['stɔfəx]
tirar o pó	stoffen	['stɔfən]
aspirador (m)	stofzuiger (de)	['stɔf·zœyxər]
aspirar (vt)	stofzuigen	['stɔf·zœyxən]
varrer (vt)	vegen	['vexən]
sujeira (f)	veegsel (het)	['vēxsəl]
arrumação, ordem (f)	orde (de)	['ɔrdə]
desordem (f)	wanorde (de)	['wanɔrdə]
esfregão (m)	zwabber (de)	['zwabər]
pano (m), trapo (m)	poetsdoek (de)	['putsduk]
vassoura (f)	veger (de)	['vexər]
pá (f) de lixo	stofblik (het)	['stɔf·blik]

95. Mobiliário. Interior

mobiliário (m)	meubels	['møbəl]
mesa (f)	tafel (de)	['tafəl]
cadeira (f)	stoel (de)	[stul]
cama (f)	bed (het)	[bɛt]
sofá, divã (m)	bankstel (het)	['bankstəl]
poltrona (f)	fauteuil (de)	[fo'tøj]
estante (f)	boekenkast (de)	['bukən·kast]
prateleira (f)	boekenrek (het)	['bukən·rɛk]
guarda-roupas (m)	kledingkast (de)	['klediŋ·kast]
cabide (m) de parede	kapstok (de)	['kapstɔk]
cabideiro (m) de pé	staande kapstok (de)	['stāndə 'kapstɔk]
cômoda (f)	commode (de)	[kɔ'mɔdə]
mesinha (f) de centro	salontafeltje (het)	[sa'lɔn·'tafəltʃə]
espelho (m)	spiegel (de)	['spixəl]
tapete (m)	tapijt (het)	[ta'pɛjt]
tapete (m) pequeno	tapijtje (het)	[ta'pɛjtʃə]
lareira (f)	haard (de)	[hārt]
vela (f)	kaars (de)	[kārs]
castiçal (m)	kandelaar (de)	['kandəlār]
cortinas (f pl)	gordijnen	[xɔr'dɛjnən]
papel (m) de parede	behang (het)	[bə'haŋ]
persianas (f pl)	jaloezie (de)	[jalu'zi]
luminária (f) de mesa	bureaulamp (de)	[bʉ'rɔ·lamp]
luminária (f) de parede	wandlamp (de)	['want·lamp]

abajur (m) de pé	staande lamp (de)	['stāndə lamp]
lustre (m)	luchter (de)	['lʉxtər]
pé (de mesa, etc.)	poot (de)	[pōt]
braço, descanso (m)	armleuning (de)	[arm·'løniŋ]
costas (f pl)	rugleuning (de)	['rʉx·'løniŋ]
gaveta (f)	la (de)	[la]

96. Quarto de dormir

roupa (f) de cama	beddengoed (het)	['bɛdən·xut]
travesseiro (m)	kussen (het)	['kʉsən]
fronha (f)	kussenovertrek (de)	['kʉsən·'ɔvərtrɛk]
cobertor (m)	deken (de)	['dekən]
lençol (m)	laken (het)	['lakən]
colcha (f)	sprei (de)	[sprɛj]

97. Cozinha

cozinha (f)	keuken (de)	['køkən]
gás (m)	gas (het)	[xas]
fogão (m) a gás	gasfornuis (het)	[xas·fɔr'nœys]
fogão (m) elétrico	elektrisch fornuis (het)	[ɛ'lɛktris fɔr'nœys]
forno (m)	oven (de)	['ɔvən]
forno (m) de micro-ondas	magnetronoven (de)	['mahnətrɔn·'ɔvən]
geladeira (f)	koelkast (de)	['kul·kast]
congelador (m)	diepvriezer (de)	[dip·'vrizər]
máquina (f) de lavar louça	vaatwasmachine (de)	['vātwas·ma'ʃinə]
moedor (m) de carne	vleesmolen (de)	['vlēs·mɔlən]
espremedor (m)	vruchtenpers (de)	['vrʉxtən·pɛrs]
torradeira (f)	toaster (de)	['tōstər]
batedeira (f)	mixer (de)	['miksər]
máquina (f) de café	koffiemachine (de)	['kɔfi·ma'ʃinə]
cafeteira (f)	koffiepot (de)	['kɔfi·pɔt]
moedor (m) de café	koffiemolen (de)	['kɔfi·mɔlən]
chaleira (f)	fluitketel (de)	['flœyt·'ketəl]
bule (m)	theepot (de)	['tē·pɔt]
tampa (f)	deksel (de/het)	['dɛksəl]
coador (m) de chá	theezeefje (het)	['tē·zefjə]
colher (f)	lepel (de)	['lepəl]
colher (f) de chá	theelepeltje (het)	[tē·'lepəltʃə]
colher (f) de sopa	eetlepel (de)	[ēt·'lepəl]
garfo (m)	vork (de)	[vɔrk]
faca (f)	mes (het)	[mɛs]
louça (f)	vaatwerk (het)	['vātwɛrk]
prato (m)	bord (het)	[bɔrt]

pires (m)	schoteltje (het)	['sxɔteltʃə]
cálice (m)	likeurglas (het)	[li'kør·xlas]
copo (m)	glas (het)	[xlas]
xícara (f)	kopje (het)	['kɔpjə]
açucareiro (m)	suikerpot (de)	[sœykər·pɔt]
saleiro (m)	zoutvat (het)	['zaut·vat]
pimenteiro (m)	pepervat (het)	['pepər·vat]
manteigueira (f)	boterschaaltje (het)	['bɔtər·'sxāltʃə]
panela (f)	pan (de)	[pan]
frigideira (f)	bakpan (de)	['bak·pan]
concha (f)	pollepel (de)	[pɔl·'lepəl]
coador (m)	vergiet (de/het)	[vər'xit]
bandeja (f)	dienblad (het)	['dinblat]
garrafa (f)	fles (de)	[fles]
pote (m) de vidro	glazen pot (de)	['xlazən pɔt]
lata (~ de cerveja)	blik (het)	[blik]
abridor (m) de garrafa	flesopener (de)	[fles·'ɔpənər]
abridor (m) de latas	blikopener (de)	[blik·'ɔpənər]
saca-rolhas (m)	kurkentrekker (de)	['kʉrkən·'trɛkər]
filtro (m)	filter (de/het)	['filtər]
filtrar (vt)	filteren	['filtərən]
lixo (m)	huisvuil (het)	['hœysvœyl]
lixeira (f)	vuilnisemmer (de)	['vœylnis·'ɛmər]

98. Casa de banho

banheiro (m)	badkamer (de)	['bat·kamər]
água (f)	water (het)	['watər]
torneira (f)	kraan (de)	[krān]
água (f) quente	warm water (het)	[warm 'watər]
água (f) fria	koud water (het)	['kaut 'watər]
pasta (f) de dente	tandpasta (de)	['tand·pasta]
escovar os dentes	tanden poetsen	['tandən 'putsən]
escova (f) de dente	tandenborstel (de)	['tandən·'bɔrstəl]
barbear-se (vr)	zich scheren	[zix 'sxerən]
espuma (f) de barbear	scheercrème (de)	[sxēr·krɛ:m]
gilete (f)	scheermes (het)	['sxēr·mɛs]
lavar (vt)	wassen	['wasən]
tomar banho	een bad nemen	[en bat 'nemən]
chuveiro (m), ducha (f)	douche (de)	[duʃ]
tomar uma ducha	een douche nemen	[en duʃ 'nemən]
banheira (f)	bad (het)	[bat]
vaso (m) sanitário	toiletpot (de)	[tua'lɛt·pɔt]
pia (f)	wastafel (de)	['was·tafəl]
sabonete (m)	zeep (de)	[zēp]

saboneteira (f)	zeepbakje (het)	['zēp·bakjə]
esponja (f)	spons (de)	[spɔns]
xampu (m)	shampoo (de)	[ˈʃʌmpõ]
toalha (f)	handdoek (de)	[ˈhanduk]
roupão (m) de banho	badjas (de)	[ˈbatjas]
lavagem (f)	was (de)	[was]
lavadora (f) de roupas	wasmachine (de)	[ˈwas·maˈʃinə]
lavar a roupa	de was doen	[də was dun]
detergente (m)	waspoeder (de)	[ˈwas·ˈpudər]

99. Eletrodomésticos

televisor (m)	televisie (de)	[teleˈvizi]
gravador (m)	cassettespeler (de)	[kaˈsɛtə·ˈspelər]
videogravador (m)	videorecorder (de)	[ˈvideo·reˈkɔrdər]
rádio (m)	radio (de)	[ˈradiɔ]
leitor (m)	speler (de)	[ˈspelər]
projetor (m)	videoprojector (de)	[ˈvideo·prɔˈjektɔr]
cinema (m) em casa	home theater systeem (het)	[hɔm teˈjatər siˈstēm]
DVD Player (m)	DVD-speler (de)	[deveˈde-ˈspelər]
amplificador (m)	versterker (de)	[vərˈstɛrkər]
console (f) de jogos	spelconsole (de)	[ˈspɛl·kɔnˈsɔlə]
câmera (f) de vídeo	videocamera (de)	[ˈvideo·ˈkamərа]
máquina (f) fotográfica	fotocamera (de)	[ˈfoto·ˈkamərа]
câmera (f) digital	digitale camera (de)	[dixiˈtalə ˈkamərа]
aspirador (m)	stofzuiger (de)	[ˈstɔf·zœʏxər]
ferro (m) de passar	strijkijzer (het)	[ˈstrɛjk·ɛjzər]
tábua (f) de passar	strijkplank (de)	[ˈstrɛjk·plank]
telefone (m)	telefoon (de)	[teləˈfōn]
celular (m)	mobieltje (het)	[mɔˈbiltʃe]
máquina (f) de escrever	schrijfmachine (de)	[ˈsxrɛjf·maˈʃinə]
máquina (f) de costura	naaimachine (de)	[ˈnāj·maˈʃinə]
microfone (m)	microfoon (de)	[mikrɔˈfōn]
fone (m) de ouvido	koptelefoon (de)	[ˈkɔp·teleˈfōn]
controle remoto (m)	afstandsbediening (de)	[ˈafstants·bəˈdiniŋ]
CD (m)	CD (de)	[seˈde]
fita (f) cassete	cassette (de)	[kaˈsɛtə]
disco (m) de vinil	vinylplaat (de)	[viˈnil·plāt]

100. Reparações. Renovação

renovação (f)	renovatie (de)	[renɔˈvatsi]
renovar (vt), fazer obras	renoveren	[renɔˈvirən]
reparar (vt)	repareren	[repaˈrerən]
consertar (vt)	op orde brengen	[ɔp ˈɔrdə ˈbrɛŋən]

refazer (vt)	overdoen	[ˈɔvərdun]
tinta (f)	verf (de)	[vɛrf]
pintar (vt)	verven	[ˈvɛrvən]
pintor (m)	schilder (de)	[ˈsxildər]
pincel (m)	kwast (de)	[ˈkwast]
cal (f)	kalk (de)	[kalk]
caiar (vt)	kalken	[ˈkalkən]
papel (m) de parede	behang (het)	[bəˈhaŋ]
colocar papel de parede	behangen	[bəˈhaŋən]
verniz (m)	lak (de/het)	[lak]
envernizar (vt)	lakken	[ˈlakən]

101. Canalizações

água (f)	water (het)	[ˈwatər]
água (f) quente	warm water (het)	[warm ˈwatər]
água (f) fria	koud water (het)	[ˈkaut ˈwatər]
torneira (f)	kraan (de)	[krān]
gota (f)	druppel (de)	[ˈdrʉpəl]
gotejar (vi)	druppelen	[ˈdrʉpələn]
vazar (vt)	lekken	[ˈlɛkən]
vazamento (m)	lekkage (de)	[lɛˈkaʒə]
poça (f)	plasje (het)	[plaɕə]
tubo (m)	buis, leiding (de)	[ˈbœys], [ˈlɛjdiŋ]
válvula (f)	stopkraan (de)	[ˈstɔp·krān]
entupir-se (vr)	verstopt raken	[vərˈstɔpt ˈrakən]
ferramentas (f pl)	gereedschap (het)	[xəˈrētsxap]
chave (f) inglesa	Engelse sleutel (de)	[ˈɛŋɛlsə ˈsløtəl]
desenroscar (vt)	losschroeven	[lɔsˈsxruvən]
enroscar (vt)	aanschroeven	[ˈānsxruvən]
desentupir (vt)	ontstoppen	[ɔntˈstɔpən]
encanador (m)	loodgieter (de)	[ˈlōtxitər]
porão (m)	kelder (de)	[ˈkɛldər]
rede (f) de esgotos	riolering (de)	[rioˈlɛriŋ]

102. Fogo. Deflagração

incêndio (m)	brand (de)	[brant]
chama (f)	vlam (de)	[vlam]
faísca (f)	vonk (de)	[vɔnk]
fumaça (f)	rook (de)	[rōk]
tocha (f)	fakkel (de)	[ˈfakəl]
fogueira (f)	kampvuur (het)	[ˈkampvūr]
gasolina (f)	benzine (de)	[bɛnˈzinə]
querosene (m)	kerosine (de)	[kerɔˈzinə]

inflamável (adj)	brandbaar	['brandbār]
explosivo (adj)	ontplofbaar	[ɔnt'plɔfbār]
PROIBIDO FUMAR!	VERBODEN TE ROKEN!	[vər'bɔdən tə 'rɔkən]

segurança (f)	veiligheid (de)	['vɛjləxhɛjt]
perigo (m)	gevaar (het)	[xe'vār]
perigoso (adj)	gevaarlijk	[xe'vārlək]

incendiar-se (vr)	in brand vliegen	[in brant 'vlixən]
explosão (f)	explosie (de)	[ɛks'plozi]
incendiar (vt)	in brand steken	[in brant 'stekən]
incendiário (m)	brandstichter (de)	['brant·stixtər]
incêndio (m) criminoso	brandstichting (de)	['brant·stixtiŋ]

flamejar (vi)	vlammen	['vlamən]
queimar (vi)	branden	['brandən]
queimar tudo (vi)	afbranden	['afbrandən]

chamar os bombeiros	de brandweer bellen	[də 'brantwēr 'bɛlən]
bombeiro (m)	brandweerman (de)	['brantwēr·man]
caminhão (m) de bombeiros	brandweerwagen (de)	['brantwēr·'waxən]
corpo (m) de bombeiros	brandweer (de)	['brantwēr]
escada (f) extensível	uitschuifbare ladder (de)	['œytsxœyfbarə 'ladər]

mangueira (f)	brandslang (de)	['brant·slaŋ]
extintor (m)	brandblusser (de)	['brant·blʉsər]
capacete (m)	helm (de)	[hɛlm]
sirene (f)	sirene (de)	[si'renə]

gritar (vi)	roepen	['rupən]
chamar por socorro	hulp roepen	[hʉlp 'rupən]
socorrista (m)	redder (de)	['rɛdər]
salvar, resgatar (vt)	redden	['rɛdən]

chegar (vi)	aankomen	['ānkɔmən]
apagar (vt)	blussen	['blʉsən]
água (f)	water (het)	['watər]
areia (f)	zand (het)	[zant]

ruínas (f pl)	ruïnes	[rʉ'inəs]
ruir (vi)	instorten	['instɔrtən]
desmoronar (vi)	ineenstorten	['inēnstɔrtən]
desabar (vi)	inzakken	[inzakən]

| fragmento (m) | brokstuk (het) | ['brɔk·stʉk] |
| cinza (f) | as (de) | [as] |

| sufocar (vi) | verstikken | [vər'stikən] |
| perecer (vi) | omkomen | [ɔmkɔmən] |

ATIVIDADES HUMANAS

Emprego. Negócios. Parte 1

103. Escritório. O trabalho no escritório

escritório (~ de advogados)	kantoor (het)	[kan'tōr]
escritório (do diretor, etc.)	kamer (de)	['kamər]
recepção (f)	receptie (de)	[re'sɛpsi]
secretário (m)	secretaris (de)	[sekre'taris]
secretária (f)	secretaresse (de)	[sekreta'rɛsə]
diretor (m)	directeur (de)	[dirɛk'tør]
gerente (m)	manager (de)	['mɛnədʒər]
contador (m)	boekhouder (de)	[buk 'haudər]
empregado (m)	werknemer (de)	['wɛrknemər]
mobiliário (m)	meubilair (het)	['møbi'lɛr]
mesa (f)	tafel (de)	['tafəl]
cadeira (f)	bureaustoel (de)	[bʉ'rɔ·stul]
gaveteiro (m)	ladeblok (het)	['ladə·blɔk]
cabideiro (m) de pé	kapstok (de)	['kapstɔk]
computador (m)	computer (de)	[kɔm'pjutər]
impressora (f)	printer (de)	['printər]
fax (m)	fax (de)	[faks]
fotocopiadora (f)	kopieerapparaat (het)	[kɔpi'ēr·apa'rāt]
papel (m)	papier (het)	[pa'pir]
artigos (m pl) de escritório	kantoorartikelen	[kan'tōr·ar'tikelən]
tapete (m) para mouse	muismat (de)	['mœys·mat]
folha (f)	blad (het)	[blat]
pasta (f)	ordner (de)	['ɔrdnər]
catálogo (m)	catalogus (de)	[ka'talɔgʉs]
lista (f) telefônica	telefoongids (de)	[telə'fōn·xits]
documentação (f)	documentatie (de)	[dɔkʉmen'tatsi]
brochura (f)	brochure (de)	[brɔ'ʃʉrə]
panfleto (m)	flyer (de)	['flajər]
amostra (f)	monster (het), staal (de)	['mɔnstər], [stāl]
formação (f)	training (de)	['trɛjniŋ]
reunião (f)	vergadering (de)	[vər'xadəriŋ]
hora (f) de almoço	lunchpauze (de)	['lʉnʃ·'pauzə]
fazer uma cópia	een kopie maken	[ən kɔ'pi 'makən]
tirar cópias	de kopieën maken	[de kɔ'piɛn makən]
receber um fax	een fax ontvangen	[ən faks ɔnt'vaŋən]
enviar um fax	een fax versturen	[ən faks vər'stʉrən]

fazer uma chamada	opbellen	['ɔpbelən]
responder (vt)	antwoorden	['antwõrdən]
passar (vt)	doorverbinden	['dõrvər'bindən]
marcar (vt)	afspreken	['afsprekən]
demonstrar (vt)	demonstreren	[demɔn'strerən]
estar ausente	absent zijn	[ap'sɛnt zɛjn]
ausência (f)	afwezigheid (de)	['afwezəxhɛjt]

104. Processos negociais. Parte 1

negócio (m)	bedrijf (het)	[bə'drɛjf]
ocupação (f)	zaak (de), beroep (het)	[zāk], [bə'rup]
firma, empresa (f)	firma (de)	['firma]
companhia (f)	bedrijf (het)	[bə'drɛjf]
corporação (f)	corporatie (de)	[kɔrpɔ'ratsi]
empresa (f)	onderneming (de)	['ɔndər'nemiŋ]
agência (f)	agentschap (het)	[a'xɛntsxap]
acordo (documento)	overeenkomst (de)	[ɔvər'ēnkɔmst]
contrato (m)	contract (het)	[kɔn'trakt]
acordo (transação)	transactie (de)	[tran'saksi]
pedido (m)	bestelling (de)	[bə'stɛliŋ]
termos (m pl)	voorwaarde (de)	['võrwārdə]
por atacado	in het groot	[in ət xrōt]
por atacado (adj)	groothandels-	[xrōt·'handəls]
venda (f) por atacado	groothandel (de)	[xrōt·'handəl]
a varejo	kleinhandels-	[klɛjn·'handəls]
venda (f) a varejo	kleinhandel (de)	[klɛjn·'handəl]
concorrente (m)	concurrent (de)	[kɔnkju'rɛnt]
concorrência (f)	concurrentie (de)	[kɔnkju'rɛntsi]
competir (vi)	concurreren	[kɔnkju'rerən]
sócio (m)	partner (de)	['partnər]
parceria (f)	partnerschap (het)	['partnərsxap]
crise (f)	crisis (de)	['krisis]
falência (f)	bankroet (het)	[bank'rut]
entrar em falência	bankroet gaan	[bank'rut xān]
dificuldade (f)	moeilijkheid (de)	['mujləkhɛjt]
problema (m)	probleem (het)	[prɔ'blēm]
catástrofe (f)	catastrofe (de)	[kata'strɔfə]
economia (f)	economie (de)	[ɛkɔnɔ'mi]
econômico (adj)	economisch	[ɛkɔ'nɔmis]
recessão (f) econômica	economische recessie (de)	[ɛkɔ'nɔmisə rɛ'sɛsi]
objetivo (m)	doel (het)	[dul]
tarefa (f)	taak (de)	[tāk]
comerciar (vi, vt)	handelen	['handelən]
rede (de distribuição)	netwerk (het)	['nɛtwɛrk]

| estoque (m) | voorraad (de) | ['vōr·rāt] |
| sortimento (m) | assortiment (het) | [asɔrti'mɛnt] |

líder (m)	leider (de)	['lɛjdər]
grande (~ empresa)	groot	[xrōt]
monopólio (m)	monopolie (het)	[mɔnɔ'pɔli]

teoria (f)	theorie (de)	[teɔ'ri]
prática (f)	praktijk (de)	[prak'tɛjk]
experiência (f)	ervaring (de)	[ɛr'variŋ]
tendência (f)	tendentie (de)	[ten'dɛnsi]
desenvolvimento (m)	ontwikkeling (de)	[ɔnt'wikəliŋ]

105. Processos negociais. Parte 2

| rentabilidade (f) | voordeel (het) | ['vōrdēl] |
| rentável (adj) | voordelig | [vōr'deləx] |

delegação (f)	delegatie (de)	[dele'xatsi]
salário, ordenado (m)	salaris (het)	[sa'laris]
corrigir (~ um erro)	corrigeren	[kɔri'dʒɛrən]
viagem (f) de negócios	zakenreis (de)	['zakən·rɛjs]
comissão (f)	commissie (de)	[kɔ'misi]

controlar (vt)	controleren	[kɔntrɔ'lerən]
conferência (f)	conferentie (de)	[kɔnfə'rɛntsi]
licença (f)	licentie (de)	[li'sɛntsi]
confiável (adj)	betrouwbaar	[bə'traubār]

empreendimento (m)	aanzet (de)	['ānzɛt]
norma (f)	norm (de)	[nɔrm]
circunstância (f)	omstandigheid (de)	[ɔm'standəxhɛjt]
dever (do empregado)	taak, plicht (de)	[tāk], [plixt]

empresa (f)	organisatie (de)	[ɔrxani'zatsi]
organização (f)	organisatie (de)	[ɔrxani'zatsi]
organizado (adj)	georganiseerd	[xeorxani'zērt]
anulação (f)	afzegging (de)	['afzɛxiŋ]
anular, cancelar (vt)	afzeggen	['afzɛxən]
relatório (m)	verslag (het)	[vər'slax]

patente (f)	patent (het)	[pa'tɛnt]
patentear (vt)	patenteren	[patɛn'terən]
planejar (vt)	plannen	['planən]

bônus (m)	premie (de)	['premi]
profissional (adj)	professioneel	[prɔfesiɔ'nēl]
procedimento (m)	procedure (de)	[prɔsə'dʉrə]

examinar (~ a questão)	onderzoeken	['ɔndər'zukən]
cálculo (m)	berekening (de)	[bə'rekəniŋ]
reputação (f)	reputatie (de)	[repʉ'tatsi]
risco (m)	risico (het)	['rizikɔ]
dirigir (~ uma empresa)	beheren	[bə'herən]

informação (f)	informatie (de)	[infɔr'matsi]
propriedade (f)	eigendom (het)	['ɛjxəndɔm]
união (f)	unie (de)	['juni]
seguro (m) de vida	levensverzekering (de)	['levəns·vər'zekəriŋ]
fazer um seguro	verzekeren	[vər'zekərən]
seguro (m)	verzekering (de)	[vər'zekəriŋ]
leilão (m)	veiling (de)	['vɛjliŋ]
notificar (vt)	verwittigen	[vər'witixən]
gestão (f)	beheer (het)	[bə'hēr]
serviço (indústria de ~s)	dienst (de)	[dinst]
fórum (m)	forum (het)	['fɔrʉm]
funcionar (vi)	functioneren	[fʉnktsio'nerən]
estágio (m)	stap, etappe (de)	[stap], [e'tapə]
jurídico, legal (adj)	juridisch	[ju'ridis]
advogado (m)	jurist (de)	[ju'rist]

106. Produção. Trabalhos

usina (f)	fabriek (de)	[fab'rik]
fábrica (f)	fabriek (de)	[fab'rik]
oficina (f)	werkplaatsruimte (de)	['wɛrkplãts·'rœymtə]
local (m) de produção	productielocatie (de)	[prɔ'dʉktsi·lo'katsi]
indústria (f)	industrie (de)	[indʉs'tri]
industrial (adj)	industrieel	[indʉstri'ēl]
indústria (f) pesada	zware industrie (de)	['zwarə indʉs'tri]
indústria (f) ligeira	lichte industrie (de)	['lixtə indʉs'tri]
produção (f)	productie (de)	[prɔ'dʉksi]
produzir (vt)	produceren	[prɔdʉ'serən]
matérias-primas (f pl)	grondstof (de)	['xrɔnt·stɔf]
chefe (m) de obras	voorman, ploegbaas (de)	['võrman], ['pluxbãs]
equipe (f)	ploeg (de)	[plux]
operário (m)	arbeider (de)	['arbɛjdər]
dia (m) de trabalho	werkdag (de)	['wɛrk·dax]
intervalo (m)	pauze (de)	['pauzə]
reunião (f)	samenkomst (de)	['samənkɔmst]
discutir (vt)	bespreken	[bə'sprekən]
plano (m)	plan (het)	[plan]
cumprir o plano	het plan uitvoeren	[ət plan œyt'vurən]
taxa (f) de produção	productienorm (de)	[prɔ'dʉktsi·nɔrm]
qualidade (f)	kwaliteit (de)	[kwali'tɛjt]
controle (m)	controle (de)	[kɔn'trɔlə]
controle (m) da qualidade	kwaliteitscontrole (de)	['kwali'tɛjts·kɔn'trɔlə]
segurança (f) no trabalho	arbeidsveiligheid (de)	['arbɛjds·'vɛjləxhɛjt]
disciplina (f)	discipline (de)	[disip'linə]
infração (f)	overtreding (de)	[ɔvər'trediŋ]

violar (as regras)	overtreden	[ɔvər'tredən]
greve (f)	staking (de)	['stakiŋ]
grevista (m)	staker (de)	['stakər]
estar em greve	staken	['stakən]
sindicato (m)	vakbond (de)	['vakbɔnt]
inventar (vt)	uitvinden	['œytvindən]
invenção (f)	uitvinding (de)	['œytvindiŋ]
pesquisa (f)	onderzoek (het)	['ɔndərzuk]
melhorar (vt)	verbeteren	[vər'betərən]
tecnologia (f)	technologie (de)	[tɛxnɔlɔ'ʒi]
desenho (m) técnico	technische tekening (de)	['tɛxnisə 'tekəniŋ]
carga (f)	vracht (de)	[vraxt]
carregador (m)	lader (de)	['ladər]
carregar (o caminhão, etc.)	laden	['ladən]
carregamento (m)	laden (het)	['ladən]
descarregar (vt)	lossen	['lɔsən]
descarga (f)	lossen (het)	['lɔsən]
transporte (m)	transport (het)	[trans'pɔrt]
companhia (f) de transporte	transportbedrijf (de)	[trans'pɔrt·bəd'rɛjf]
transportar (vt)	transporteren	[transpɔr'terən]
vagão (m) de carga	goederenwagon (de)	['xudərən·wa'xɔn]
tanque (m)	tank (de)	[tank]
caminhão (m)	vrachtwagen (de)	['vraht·'waxən]
máquina (f) operatriz	machine (de)	[ma'ʃinə]
mecanismo (m)	mechanisme (het)	[mexa'nismə]
resíduos (m pl) industriais	industrieel afval (het)	[industri'ēl 'afval]
embalagem (f)	verpakking (de)	[vər'pakiŋ]
embalar (vt)	verpakken	[vər'pakən]

107. Contrato. Acordo

contrato (m)	contract (het)	[kɔn'trakt]
acordo (m)	overeenkomst (de)	[ɔvər'ēnkɔmst]
adendo, anexo (m)	bijlage (de)	['bɛjlaxə]
assinar o contrato	een contract sluiten	[en kɔn'trakt 'slœytən]
assinatura (f)	handtekening (de)	['hand·'tekəniŋ]
assinar (vt)	ondertekenen	['ɔndər'tekənən]
carimbo (m)	stempel (de)	['stɛmpəl]
objeto (m) do contrato	voorwerp (het) van de overeenkomst	['võrwərp van də ɔvə'rēnkɔmst]
cláusula (f)	clausule (de)	[klau'zʉlə]
partes (f pl)	partijen	[par'tɛjən]
domicílio (m) legal	vestigingsadres (het)	['vɛstəhiŋs·a'drɛs]
violar o contrato	het contract verbreken	[ət kɔn'trakt vər'brekən]
obrigação (f)	verplichting (de)	[vər'plixtiŋ]

responsabilidade (f)	verantwoordelijkheid (de)	[vərant·'wōrdələk 'hɛjt]
força (f) maior	overmacht (de)	['ɔvərmaxt]
litígio (m), disputa (f)	geschil (het)	[xə'sxil]
multas (f pl)	sancties	['sanksis]

108. Importação & Exportação

importação (f)	import (de)	['impɔrt]
importador (m)	importeur (de)	[impɔr'tør]
importar (vt)	importeren	[impɔr'terən]
de importação	import-	['impɔrt]

exportação (f)	uitvoer (de)	['œytvur]
exportador (m)	exporteur (de)	[ɛkspɔr'tør]
exportar (vt)	exporteren	[ɛkspɔr'terən]
de exportação	uitvoer-	['œytvur]

| mercadoria (f) | goederen | ['xudərən] |
| lote (de mercadorias) | partij (de) | [par'tɛj] |

peso (m)	gewicht (het)	[xə'wixt]
volume (m)	volume (het)	[vɔ'lʉmə]
metro (m) cúbico	kubieke meter (de)	[kʉ'bikə 'metər]

produtor (m)	producent (de)	[prɔdʉ'sɛnt]
companhia (f) de transporte	transportbedrijf (de)	[trans'pɔrt·bəd'rɛjf]
contêiner (m)	container (de)	[kɔn'tenər]

fronteira (f)	grens (de)	[xrɛns]
alfândega (f)	douane (de)	[du'anə]
taxa (f) alfandegária	douanerecht (het)	[du'anə·rɛxt]
funcionário (m) da alfândega	douanier (de)	[dua'njẽ]
contrabando (atividade)	smokkelen (het)	['smɔkələn]
contrabando (produtos)	smokkelwaar (de)	['smɔkəl·wār]

109. Finanças

ação (f)	aandeel (het)	['āndēl]
obrigação (f)	obligatie (de)	[ɔbli'xatsi]
nota (f) promissória	wissel (de)	['wisəl]

| bolsa (f) de valores | beurs (de) | ['børs] |
| cotação (m) das ações | aandelenkoers (de) | ['āndələn·kurs] |

| tornar-se mais barato | dalen | ['dalən] |
| tornar-se mais caro | stijgen | ['stɛjxən] |

| parte (f) | deel (het) | [dēl] |
| participação (f) majoritária | meerderheidsbelang (het) | ['mērdərhɛjts·bə'laŋ] |

| investimento (m) | investeringen | [invɛ'steriŋən] |
| investir (vt) | investeren | [invɛ'sterən] |

porcentagem (f)	procent (het)	[prɔ'sɛnt]
juros (m pl)	rente (de)	['rentə]
lucro (m)	winst (de)	[winst]
lucrativo (adj)	winstgevend	[winst'xevənt]
imposto (m)	belasting (de)	[bə'lastiŋ]
divisa (f)	valuta (de)	[va'lʉta]
nacional (adj)	nationaal	[natsjo'nāl]
câmbio (m)	ruil (de)	[rœyl]
contador (m)	boekhouder (de)	[buk 'haudər]
contabilidade (f)	boekhouding (de)	[buk 'haudiŋ]
falência (f)	bankroet (het)	[bank'rut]
falência, quebra (f)	ondergang (de)	['ɔndərxaŋ]
ruína (f)	faillissement (het)	[fajɪs'mɛnt]
estar quebrado	geruïneerd zijn	[xərui'nērt zɛjn]
inflação (f)	inflatie (de)	[in'flatsi]
desvalorização (f)	devaluatie (de)	[devalj'vatsi]
capital (m)	kapitaal (het)	[kapi'tāl]
rendimento (m)	inkomen (het)	['inkɔmən]
volume (m) de negócios	omzet (de)	['ɔmzɛt]
recursos (m pl)	middelen	['midələn]
recursos (m pl) financeiros	financiële middelen	[finansi'elə 'midələn]
despesas (f pl) gerais	operationele kosten	[ɔpe'ratsjɔnələ 'kɔstən]
reduzir (vt)	reduceren	[redʉ'serən]

110. Marketing

marketing (m)	marketing (de)	['marketiŋ]
mercado (m)	markt (de)	[markt]
segmento (m) do mercado	marktsegment (het)	['markt·sɛx'mɛnt]
produto (m)	product (het)	[prɔ'dʉkt]
mercadoria (f)	goederen	['xudərən]
marca (f)	merk (het)	[mɛrk]
marca (f) registrada	handelsmerk (het)	['handəls·mɛrk]
logotipo (m)	beeldmerk (het)	['bēlt·mɛrk]
logo (m)	logo (het)	['lɔxɔ]
demanda (f)	vraag (de)	[vrāx]
oferta (f)	aanbod (het)	['āmbɔt]
necessidade (f)	behoefte (de)	[bə'huftə]
consumidor (m)	consument (de)	[kɔnsʉ'mɛnt]
análise (f)	analyse (de)	[ana'lizə]
analisar (vt)	analyseren	[anali'zerən]
posicionamento (m)	positionering (de)	[pozitsjo'neriŋ]
posicionar (adj)	positioneren	[pozitsjo'nerən]
preço (m)	prijs (de)	[prɛjs]
política (f) de preços	prijspolitiek (de)	['prɛjs·pɔli'tik]
formação (f) de preços	prijsvorming (de)	['prɛjs·'vɔrmiŋ]

111. Publicidade

publicidade (f)	reclame (de)	[re'klamə]
fazer publicidade	adverteren	[advɛr'tɛrən]
orçamento (m)	budget (het)	[bʉ'dʒɛt]
anúncio (m)	advertentie, reclame (de)	[advɛr'tɛntsi], [re'klamə]
publicidade (f) na TV	TV-reclame (de)	[te've-re'klamə]
publicidade (f) na rádio	radioreclame (de)	['radio·re'klamə]
publicidade (f) exterior	buitenreclame (de)	['bœytən·rək'lamə]
comunicação (f) de massa	massamedia (de)	['masa·'media]
periódico (m)	periodiek (de)	[periɔ'dik]
imagem (f)	imago (het)	[i'maxɔ]
slogan (m)	slagzin (de)	['slax·sin]
mote (m), lema (f)	motto (het)	['mɔtɔ]
campanha (f)	campagne (de)	[kam'panjə]
campanha (f) publicitária	reclamecampagne (de)	[re'klamə·kam'panjə]
grupo (m) alvo	doelpubliek (het)	[dul·pʉ'blik]
cartão (m) de visita	visitekaartje (het)	[vi'zitə·'kārtʃə]
panfleto (m)	flyer (de)	['flajər]
brochura (f)	brochure (de)	[brɔ'ʃʉrə]
folheto (m)	folder (de)	['fɔldər]
boletim (~ informativo)	nieuwsbrief (de)	['niusbrif]
letreiro (m)	gevelreclame (de)	['xevəl·re'klamə]
cartaz, pôster (m)	poster (de)	['pɔstər]
painel (m) publicitário	aanplakbord (het)	['ānplak·'bɔrt]

112. Banca

banco (m)	bank (de)	[bank]
balcão (f)	bankfiliaal (het)	[bank·fili'āl]
consultor (m) bancário	bankbediende (de)	[bank·bə'dində]
gerente (m)	manager (de)	['mɛnədʒər]
conta (f)	bankrekening (de)	[bank·'rekəniŋ]
número (m) da conta	rekeningnummer (het)	['rekəniŋ·'nʉmər]
conta (f) corrente	lopende rekening (de)	['lɔpəndə 'rekəniŋ]
conta (f) poupança	spaarrekening (de)	['spār·'rekəniŋ]
abrir uma conta	een rekening openen	[en 'rekəniŋ 'ɔpənən]
fechar uma conta	de rekening sluiten	[də 'rekəniŋ slœytən]
depositar na conta	op rekening storten	[ɔp 'rekəniŋ 'stɔrtən]
sacar (vt)	opnemen	['ɔpnemən]
depósito (m)	storting (de)	['stɔrtiŋ]
fazer um depósito	een storting maken	[en 'stɔrtiŋ 'makən]
transferência (f) bancária	overschrijving (de)	[ɔvər'sxrɛjviŋ]

transferir (vt)	een overschrijving maken	[ɛn ɔvər'sxrɛjvɪŋ 'makən]
soma (f)	som (de)	[sɔm]
Quanto?	Hoeveel?	[hu'vēl]
assinatura (f)	handtekening (de)	['hand·'tekənɪŋ]
assinar (vt)	ondertekenen	['ɔndər'tekənən]
cartão (m) de crédito	kredietkaart (de)	[kre'dit·kārt]
senha (f)	code (de)	['kɔdə]
número (m) do cartão de crédito	kredietkaartnummer (het)	[kre'dit·kārt·'nʉmər]
caixa (m) eletrônico	geldautomaat (de)	[xɛlt·autɔ'māt]
cheque (m)	cheque (de)	[ʃɛk]
passar um cheque	een cheque uitschrijven	[ɛn ʃɛk œyt'sxrɛjvən]
talão (m) de cheques	chequeboekje (het)	[ʃɛk·'bukjə]
empréstimo (m)	lening, krediet (de)	['lenɪŋ], [kre'dit]
pedir um empréstimo	een lening aanvragen	[ɛn 'lenɪŋ 'ānvraxən]
obter empréstimo	een lening nemen	[ɛn 'lenɪŋ 'nemən]
dar um empréstimo	een lening verlenen	[ɛn 'lenɪŋ vər'lenən]
garantia (f)	garantie (de)	[xa'rantsi]

113. Telefone. Conversação telefônica

telefone (m)	telefoon (de)	[telə'fōn]
celular (m)	mobieltje (het)	[mɔ'biltʃe]
secretária (f) eletrônica	antwoordapparaat (het)	['antwōrt·apa'rāt]
fazer uma chamada	bellen	['belən]
chamada (f)	belletje (het)	['beletʃe]
discar um número	een nummer draaien	[ɛn 'nʉmər 'drājən]
Alô!	Hallo!	[ha'lɔ]
perguntar (vt)	vragen	['vraxən]
responder (vt)	antwoorden	['antwōrdən]
ouvir (vt)	horen	['hɔrən]
bem	goed	[xut]
mal	slecht	[slɛxt]
ruído (m)	storingen	['stɔrɪŋən]
fone (m)	hoorn (de)	[hōrn]
pegar o telefone	opnemen	['ɔpnemən]
desligar (vi)	ophangen	['ɔphaŋən]
ocupado (adj)	bezet	[bə'zɛt]
tocar (vi)	overgaan	['ɔvərxān]
lista (f) telefônica	telefoonboek (het)	[telə'fōn·buk]
local (adj)	lokaal	[lɔ'kāl]
chamada (f) local	lokaal gesprek (het)	[lɔ'kāl xesp'rɛk]
de longa distância	interlokaal	[interlɔ'kāl]
chamada (f) de longa distância	interlokaal gesprek (het)	[interlɔ'kāl xe'sprɛk]

internacional (adj)	buitenlands	['bœytənlants]
chamada (f) internacional	buitenlands gesprek (het)	['bœytənlants xe'ʃprɛk]

114. Telefone móvel

celular (m)	mobieltje (het)	[mɔ'biltʃe]
tela (f)	scherm (het)	[sxɛrm]
botão (m)	toets, knop (de)	[tuts], [knɔp]
cartão SIM (m)	simkaart (de)	['sim·kārt]
bateria (f)	batterij (de)	[batə'rɛj]
descarregar-se (vr)	leeg zijn	[lēx zɛjn]
carregador (m)	acculader (de)	[akʉ'ladər]
menu (m)	menu (het)	[me'nʉ]
configurações (f pl)	instellingen	['instɛliŋən]
melodia (f)	melodie (de)	[melɔ'di]
escolher (vt)	selecteren	[sɛlɛk'terən]
calculadora (f)	rekenmachine (de)	['rekən·ma'ʃinə]
correio (m) de voz	voicemail (de)	['vɔjs·mɛjl]
despertador (m)	wekker (de)	['wɛkər]
contatos (m pl)	contacten	[kɔn'taktən]
mensagem (f) de texto	SMS-bericht (het)	[ɛsɛ'mɛs-bə'rixt]
assinante (m)	abonnee (de)	[abɔ'nē]

115. Estacionário

caneta (f)	balpen (de)	['bal·pən]
caneta (f) tinteiro	vulpen (de)	['vʉl·pən]
lápis (m)	potlood (het)	['pɔtlōt]
marcador (m) de texto	marker (de)	['markər]
caneta (f) hidrográfica	viltstift (de)	['vilt·stift]
bloco (m) de notas	notitieboekje (het)	[nɔ'titsi·'bukje]
agenda (f)	agenda (de)	[a'xɛnda]
régua (f)	liniaal (de/het)	[lini'āl]
calculadora (f)	rekenmachine (de)	['rekən·ma'ʃinə]
borracha (f)	gom (de)	[xɔm]
alfinete (m)	punaise (de)	[pʉ'nɛzə]
clipe (m)	paperclip (de)	['pɛjpər·klip]
cola (f)	lijm (de)	[lɛjm]
grampeador (m)	nietmachine (de)	['nit·ma'ʃinə]
furador (m) de papel	perforator (de)	[pɛrfɔ'ratɔr]
apontador (m)	potloodslijper (de)	['pɔtlōt·'slɛjpər]

116. Vários tipos de documentos

relatório (m)	verslag (het)	[vər'slax]
acordo (m)	overeenkomst (de)	[ɔvər'ēnkɔmst]
ficha (f) de inscrição	aanvraagformulier (het)	['ānvrāx·fɔrmu'lir]
autêntico (adj)	origineel, authentiek	[ɔriʒi'nēl], [autən'tik]
crachá (m)	badge, kaart (de)	[bɛdʒ], [kārt]
cartão (m) de visita	visitekaartje (het)	[vi'zitə·'kārtʃə]

certificado (m)	certificaat (het)	[sɛrtifi'kāt]
cheque (m)	cheque (de)	[ʃɛk]
conta (f)	rekening (de)	['rekəniŋ]
constituição (f)	grondwet (de)	['xrɔnt·wɛt]

contrato (m)	contract (het)	[kɔn'trakt]
cópia (f)	kopie (de)	[ko'pi]
exemplar (~ assinado)	exemplaar (het)	[ɛksem'plār]

declaração (f) alfandegária	douaneaangifte (de)	[du'anə·'ānxiftə]
documento (m)	document (het)	[dɔkʉ'mɛnt]
carteira (f) de motorista	rijbewijs (het)	['rɛj·bɛwɛjs]
adendo, anexo (m)	bijlage (de)	['bɛjlaxə]
questionário (m)	formulier (het)	[fɔrmu'lir]

carteira (f) de identidade	identiteitskaart (de)	[idənti'tɛjts·kārt]
inquérito (m)	aanvraag (de)	['ānvrāx]
convite (m)	uitnodigingskaart (de)	[œyt'nɔdixiŋs·kārt]
fatura (f)	factuur (de)	[fak'tūr]

lei (f)	wet (de)	[wɛt]
carta (correio)	brief (de)	[brif]
papel (m) timbrado	briefhoofd (het)	['brifhōft]
lista (f)	lijst (de)	[lɛjst]
manuscrito (m)	manuscript (het)	[manʉsk'ript]
boletim (~ informativo)	nieuwsbrief (de)	['niusbrif]
bilhete (mensagem breve)	briefje (het)	['brifʲə]

passe (m)	pasje (het)	['paɕə]
passaporte (m)	paspoort (het)	['paspōrt]
permissão (f)	vergunning (de)	[vər'xʉniŋ]
currículo (m)	CV, curriculum vitae (het)	[se've], [kʉ'rikʉlʉm 'vitə]
nota (f) promissória	schuldbekentenis (de)	[sxjult·bə'kɛntənis]
recibo (m)	kwitantie (de)	[kwi'tantsi]
talão (f)	bon (de)	[bɔn]
relatório (m)	rapport (het)	[ra'pɔrt]

mostrar (vt)	tonen	['tɔnən]
assinar (vt)	ondertekenen	['ɔndər'tekənən]
assinatura (f)	handtekening (de)	['hand·'tekəniŋ]
carimbo (m)	stempel (de)	['stɛmpəl]
texto (m)	tekst (de)	[tɛkst]
ingresso (m)	biljet (het)	[bi'ljet]

riscar (vt)	doorhalen	['dōrhalən]
preencher (vt)	invullen	['invʉlən]

| carta (f) de porte | vrachtbrief (de) | ['vraxt·brif] |
| testamento (m) | testament (het) | [tɛsta'mɛnt] |

117. Tipos de negócios

serviços (m pl) de contabilidade	boekhouddiensten	['bukhaut·'dinstən]
publicidade (f)	reclame (de)	[re'klamə]
agência (f) de publicidade	reclamebureau (het)	[re'klamə·bʉ'rɔ]
ar (m) condicionado	airconditioning (de)	[ɛr·kɔn'diʃəniŋ]
companhia (f) aérea	luchtvaart-maatschappij (de)	['lʉxtvãrt mãtsxa'pɛj]

bebidas (f pl) alcoólicas	alcoholische dranken	[alkɔ'holisə 'drankən]
comércio (m) de antiguidades	antiek (het)	[an'tik]
galeria (f) de arte	kunstgalerie (de)	['kʉnst·galə'ri]
serviços (m pl) de auditoria	audit diensten	['audit·'dinstən]

negócios (m pl) bancários	banken	['bankən]
bar (m)	bar (de)	[bar]
salão (m) de beleza	schoonheidssalon (de/het)	['sxõnxɛjts·sa'lɔn]
livraria (f)	boekhandel (de)	['bukən·'handəl]
cervejaria (f)	bierbrouwerij (de)	[birb·rouwɛ'rɛj]
centro (m) de escritórios	zakencentrum (het)	['zakən·'sɛntrʉm]
escola (f) de negócios	business school (de)	['biznes·sxõl]

cassino (m)	casino (het)	[ka'sinɔ]
construção (f)	bouwbedrijven	['baubə'drɛjvən]
consultoria (f)	adviesbureau (het)	[at'vis·bʉ'rɔ]

clínica (f) dentária	tandheelkunde (de)	['tand·kli'nik]
design (m)	design (het)	[di'zajn]
drogaria (f)	apotheek (de)	[apɔ'tēk]
lavanderia (f)	stomerij (de)	[stɔmɛ'rɛj]
agência (f) de emprego	uitzendbureau (het)	['œytzənt·by'rɔ]

serviços (m pl) financeiros	financiële diensten	[finansi'elə 'dinstən]
alimentos (m pl)	voedingswaren	['vudiŋs·warən]
funerária (f)	uitvaartcentrum (het)	['œytvãrt·'sɛntrym]
mobiliário (m)	meubilair (het)	['møbi'lɛr]
roupa (f)	kleding (de)	['klediŋ]
hotel (m)	hotel (het)	[hɔ'tɛl]

sorvete (m)	ijsje (het)	['ɛisjə], ['ɛiʃə]
indústria (f)	industrie (de)	[indʉs'tri]
seguro (~ de vida, etc.)	verzekering (de)	[vər'zekəriŋ]
internet (f)	Internet (het)	['intɛrnɛt]
investimento (m)	investeringen	[invɛ'steriŋən]

joalheiro (m)	juwelier (de)	[juwe'lir]
joias (f pl)	juwelen	[ju'welən]
lavanderia (f)	wasserette (de)	[wasə'rɛtə]
assessorias (f pl) jurídicas	juridische diensten	[ju'ridisə 'dinstən]
indústria (f) ligeira	lichte industrie (de)	['lixtə indʉs'tri]

revista (f)	tijdschrift (het)	['tɛjtsxrift]
vendas (f pl) por catálogo	postorderbedrijven	['pɔst·ɔrdər·bə'drɛjvən]
medicina (f)	medicijnen	['mɛdisɛjnən]
cinema (m)	bioscoop (de)	[biɔ'skōp]
museu (m)	museum (het)	[mʉ'zejum]
agência (f) de notícias	persbureau (het)	['pɛrs·bʉrɔ]
jornal (m)	krant (de)	[krant]
boate (casa noturna)	nachtclub (de)	['naxt·klʉp]
petróleo (m)	olie (de)	['ɔli]
serviços (m pl) de remessa	koerierdienst (de)	[ku'rir·dinst]
indústria (f) farmacêutica	farmacie (de)	[farma'si]
tipografia (f)	drukkerij (de)	[drʉkə'rɛj]
editora (f)	uitgeverij (de)	[œytxevə'rɛj]
rádio (m)	radio (de)	['radiɔ]
imobiliário (m)	vastgoed (het)	['vastxut]
restaurante (m)	restaurant (het)	[rɛstɔ'rant]
empresa (f) de segurança	bewakingsfirma (de)	[bə'wakiŋs·'firma]
esporte (m)	sport (de)	[spɔrt]
bolsa (f) de valores	handelsbeurs (de)	['handəls·børs]
loja (f)	winkel (de)	['winkəl]
supermercado (m)	supermarkt (de)	['sʉpərmarkt]
piscina (f)	zwembad (het)	['zwɛm·bat]
alfaiataria (f)	naaiatelier (het)	[nāj·atə'lje]
televisão (f)	televisie (de)	[telə'vizi]
teatro (m)	theater (het)	[te'atər]
comércio (m)	handel (de)	['handəl]
serviços (m pl) de transporte	transport (het)	[trans'pɔrt]
viagens (f pl)	toerisme (het)	[tu'rismə]
veterinário (m)	dierenarts (de)	['dīrən·arts]
armazém (m)	magazijn (het)	[maxa'zɛjn]
recolha (f) do lixo	afvalinzameling (de)	['afval·'inzaməliŋ]

Emprego. Negócios. Parte 2

118. Espetáculo. Feira

feira, exposição (f)	beurs (de)	['børs]
feira (f) comercial	vakbeurs, handelsbeurs (de)	['vak'børs], ['handəls·'børs]
participação (f)	deelneming (de)	['dēlnemiŋ]
participar (vi)	deelnemen	['dēlnemən]
participante (m)	deelnemer (de)	['dēlnemər]
diretor (m)	directeur (de)	[dirɛk'tør]
direção (f)	organisatiecomité (het)	[ɔrxani'zatsi·kɔmi'tɛ]
organizador (m)	organisator (de)	[ɔrxani'zatɔr]
organizar (vt)	organiseren	[ɔrxani'zerən]
ficha (f) de inscrição	deelnemingsaanvraag (de)	['dēlnemiŋs·'ānvrāx]
preencher (vt)	invullen	['invʉlən]
detalhes (m pl)	details	[de'tajs]
informação (f)	informatie (de)	[infɔr'matsi]
preço (m)	prijs (de)	[prɛjs]
incluindo	inclusief	[inklʉ'zif]
incluir (vt)	inbegrepen	['inbəxrepən]
pagar (vt)	betalen	[bə'talən]
taxa (f) de inscrição	registratietarief (het)	[rexi'stratsi·ta'rif]
entrada (f)	ingang (de)	['inxaŋ]
pavilhão (m), salão (f)	paviljoen (het), hal (de)	[pavi'ljun], [hal]
inscrever (vt)	registreren	[rexi'strerən]
crachá (m)	badge, kaart (de)	[bɛdʒ], [kārt]
stand (m)	beursstand (de)	['børs·stant]
reservar (vt)	reserveren	[rezɛr'verən]
vitrine (f)	vitrine (de)	[vit'rinə]
lâmpada (f)	licht (het)	[lixt]
design (m)	design (het)	[di'zajn]
pôr (posicionar)	plaatsen	['plātsən]
ser colocado, -a	geplaatst zijn	[xəp'lātst zɛjn]
distribuidor (m)	distributeur (de)	[distribʉ'tør]
fornecedor (m)	leverancier (de)	[levəran'sir]
fornecer (vt)	leveren	['levərən]
país (m)	land (het)	[lant]
estrangeiro (adj)	buitenlands	['bœytənlants]
produto (m)	product (het)	[prɔ'dʉkt]
associação (f)	associatie (de)	[asɔʃi'atsi]

sala (f) de conferência	conferentiezaal (de)	[kɔnfə'rɛntsi·zāl]
congresso (m)	congres (het)	[kɔnx'res]
concurso (m)	wedstrijd (de)	['wɛtstrɛjt]
visitante (m)	bezoeker (de)	[bə'zukər]
visitar (vt)	bezoeken	[bə'zukən]
cliente (m)	afnemer (de)	['afnemər]

119. Media

jornal (m)	krant (de)	[krant]
revista (f)	tijdschrift (het)	['tɛjtsxrift]
imprensa (f)	pers (de)	[pɛrs]
rádio (m)	radio (de)	['radio]
estação (f) de rádio	radiostation (het)	['radio·sta'tsjɔn]
televisão (f)	televisie (de)	[telə'vizi]
apresentador (m)	presentator (de)	[prezən'tatɔr]
locutor (m)	nieuwslezer (de)	['nius·lezər]
comentarista (m)	commentator (de)	[kɔmən'tatɔr]
jornalista (m)	journalist (de)	[ʒurna'list]
correspondente (m)	correspondent (de)	[kɔrɛspɔn'dɛnt]
repórter (m) fotográfico	fotocorrespondent (de)	['foto·kɔrɛspɔn'dɛnt]
repórter (m)	reporter (de)	[re'pɔrtər]
redator (m)	redacteur (de)	[redak'tør]
redator-chefe (m)	chef-redacteur (de)	[ʃɛf-redak'tør]
assinar a ...	zich abonneren op	[zix abɔ'nerən ɔp]
assinatura (f)	abonnement (het)	[abɔne'mɛnt]
assinante (m)	abonnee (de)	[abɔ'nē]
ler (vt)	lezen	['lezən]
leitor (m)	lezer (de)	['lezər]
tiragem (f)	oplage (de)	['ɔplaxə]
mensal (adj)	maand-, maandelijks	[mānt], ['māndələks]
semanal (adj)	wekelijks	['wekələks]
número (jornal, revista)	nummer (het)	['nʉmər]
recente, novo (adj)	vers	[vɛrs]
manchete (f)	kop (de)	[kɔp]
pequeno artigo (m)	korte artikel (het)	['kɔrtə ar'tikəl]
coluna (~ semanal)	rubriek (de)	[ru'brik]
artigo (m)	artikel (het)	[ar'tikəl]
página (f)	pagina (de)	['paxina]
reportagem (f)	reportage (de)	[repɔr'taʒə]
evento (festa, etc.)	gebeurtenis (de)	[xə'børtənis]
sensação (f)	sensatie (de)	[sɛn'satsi]
escândalo (m)	schandaal (het)	[sxan'dāl]
escandaloso (adj)	schandalig	[sxan'daləx]
grande (adj)	groot	[xrōt]
programa (m)	programma (het)	[prɔ'xrama]

entrevista (f)	interview (het)	['intɛrvjʉ]
transmissão (f) ao vivo	live uitzending (de)	[liv 'œʏtsɛndiŋ]
canal (m)	kanaal (het)	[ka'nāl]

120. Agricultura

agricultura (f)	landbouw (de)	['lantbau]
camponês (m)	boer (de)	[bur]
camponesa (f)	boerin (de)	[bu'rin]
agricultor, fazendeiro (m)	landbouwer (de)	['lantbauər]

| trator (m) | tractor (de) | ['traktɔr] |
| colheitadeira (f) | maaidorser (de) | ['mājdɔrsər] |

arado (m)	ploeg (de)	[plux]
arar (vt)	ploegen	['pluxən]
campo (m) lavrado	akkerland (het)	['akər·lant]
sulco (m)	voor (de)	[vōr]

semear (vt)	zaaien	['zājən]
plantadeira (f)	zaaimachine (de)	['zāi·ma'ʃinə]
semeadura (f)	zaaien (het)	['zājən]

| foice (m) | zeis (de) | [zɛjs] |
| cortar com foice | maaien | ['mājən] |

| pá (f) | schop (de) | [sxɔp] |
| cavar (vt) | spitten | ['spitən] |

enxada (f)	schoffel (de)	['sxɔfəl]
capinar (vt)	wieden	['widən]
erva (f) daninha	onkruid (het)	['ɔnkrœyt]

regador (m)	gieter (de)	['xitər]
regar (plantas)	begieten	[bə'xitən]
rega (f)	bewatering (de)	[bə'watəriŋ]

| forquilha (f) | riek, hooivork (de) | [rik], ['hōj·vɔrk] |
| ancinho (m) | hark (de) | [hark] |

fertilizante (m)	kunstmest (de)	['kʉnstmɛst]
fertilizar (vt)	bemesten	[bə'mɛstən]
estrume, esterco (m)	mest (de)	[mɛst]

campo (m)	veld (het)	[vɛlt]
prado (m)	wei (de)	[wɛj]
horta (f)	moestuin (de)	['mus·tœyn]
pomar (m)	boomgaard (de)	['bōm·xārt]

pastar (vt)	weiden	['wɛjdən]
pastor (m)	herder (de)	['hɛrdər]
pastagem (f)	weiland (de)	['wɛj·lant]
pecuária (f)	veehouderij (de)	['vē·haudərɛj]
criação (f) de ovelhas	schapenteelt (de)	['sxapən·tēlt]

plantação (f)	plantage (de)	[plan'taʒə]
canteiro (m)	rijtje (het)	['rɛjtʃə]
estufa (f)	broeikas (de)	['brujkas]
seca (f)	droogte (de)	['drōxtə]
seco (verão ~)	droog	[drōx]
grão (m)	graan (het)	[xrān]
cereais (m pl)	graangewassen	['xrān·xɛ'wasən]
colher (vt)	oogsten	['ōxstən]
moleiro (m)	molenaar (de)	['mɔlənār]
moinho (m)	molen (de)	['mɔlən]
moer (vt)	malen	['malən]
farinha (f)	bloem (de)	[blum]
palha (f)	stro (het)	[strɔ]

121. Construção. Processo de construção

canteiro (m) de obras	bouwplaats (de)	['bau·plāts]
construir (vt)	bouwen	['bauwən]
construtor (m)	bouwvakker (de)	['bau·'vakər]
projeto (m)	project (het)	[prɔ'jekt]
arquiteto (m)	architect (de)	[arʃi'tɛkt]
operário (m)	arbeider (de)	['arbɛjdər]
fundação (f)	fundering (de)	[fʉn'deriŋ]
telhado (m)	dak (het)	[dak]
estaca (f)	heipaal (de)	['hɛjpāl]
parede (f)	muur (de)	[mūr]
colunas (f pl) de sustentação	betonstaal (het)	[bə'tɔn·stāl]
andaime (m)	steigers	['stɛjxərs]
concreto (m)	beton (het)	[bə'tɔn]
granito (m)	graniet (het)	[xra'nit]
pedra (f)	steen (de)	[stēn]
tijolo (m)	baksteen (de)	['bakstēn]
areia (f)	zand (het)	[zant]
cimento (m)	cement (de/het)	[sə'mɛnt]
emboço, reboco (m)	pleister (het)	['plɛjstər]
emboçar, rebocar (vt)	pleisteren	['plɛjstərən]
tinta (f)	verf (de)	[vɛrf]
pintar (vt)	verven	['vɛrvən]
barril (m)	ton (de)	[tɔn]
grua (f), guindaste (m)	kraan (de)	[krān]
erguer (vt)	heffen, hijsen	['hefən], ['hɛjsən]
baixar (vt)	neerlaten	['nērlatən]
buldózer (m)	bulldozer (de)	[bʉl'dɔzər]
escavadora (f)	graafmachine (de)	[xrāf·ma'ʃinə]

caçamba (f)	graafbak (de)	[xrāf·bak]
escavar (vt)	graven	['xravən]
capacete (m) de proteção	helm (de)	[hɛlm]

122. Ciência. Investigação. Cientistas

ciência (f)	wetenschap (de)	['wetənsxap]
científico (adj)	wetenschappelijk	[wetən'sxapələk]
cientista (m)	wetenschapper (de)	['wetənsxapər]
teoria (f)	theorie (de)	[teɔ'ri]

axioma (m)	axioma (het)	[aksi'ɔma]
análise (f)	analyse (de)	[ana'lizə]
analisar (vt)	analyseren	[anali'zerən]
argumento (m)	argument (het)	[arxju'mɛnt]
substância (f)	substantie (de)	[sʉp'stansi]

hipótese (f)	hypothese (de)	[hipɔ'tezə]
dilema (m)	dilemma (het)	[di'lema]
tese (f)	dissertatie (de)	[disɛr'tatsi]
dogma (m)	dogma (het)	['dɔxma]

doutrina (f)	doctrine (de)	[dɔk'trinə]
pesquisa (f)	onderzoek (het)	['ɔndərzuk]
pesquisar (vt)	onderzoeken	['ɔndər'zukən]
testes (m pl)	toetsing (de)	['tutsiŋ]
laboratório (m)	laboratorium (het)	[labora'tɔrijum]

método (m)	methode (de)	[me'tɔdə]
molécula (f)	molecule (de/het)	[mɔle'kʉlə]
monitoramento (m)	monitoring (de)	['mɔnitoriŋ]
descoberta (f)	ontdekking (de)	[ɔn'dɛkiŋ]

postulado (m)	postulaat (het)	[pɔstʉ'lāt]
princípio (m)	principe (het)	[prin'sipə]
prognóstico (previsão)	voorspelling (de)	[vōr'spɛliŋ]
prognosticar (vt)	een prognose maken	[en prɔx'nɔzə 'makən]

síntese (f)	synthese (de)	[sin'tɛzə]
tendência (f)	tendentie (de)	[ten'dɛnsi]
teorema (m)	theorema (het)	[teɔ'rɛma]

| ensinamentos (m pl) | leerstellingen | ['lērstɛliŋən] |
| fato (m) | feit (het) | [fɛjt] |

| expedição (f) | expeditie (de) | [ɛkspe'ditsi] |
| experiência (f) | experiment (het) | [ɛksperi'mɛnt] |

acadêmico (m)	academicus (de)	[aka'demikʉs]
bacharel (m)	bachelor (de)	['bɛtʃəlɔr]
doutor (m)	doctor (de)	['dɔktɔr]
professor (m) associado	universitair docent (de)	['junivɛrsitər do'sɛnt]
mestrado (m)	master, magister (de)	['mastər], [ma'xistər]
professor (m)	professor (de)	[prɔ'fɛsɔr]

Profissões e ocupações

123. Procura de emprego. Demissão

trabalho (m)	baan (de)	[bān]
equipe (f)	werknemers	['wɛrknemərs]
pessoal (m)	personeel (het)	[pɛrsɔ'nēl]
carreira (f)	carrière (de)	[ka'rjerə]
perspectivas (f pl)	vooruitzichten	[vōrœyt·'sixtən]
habilidades (f pl)	meesterschap (het)	['mēstər'sxap]
seleção (f)	keuze (de)	['køzə]
agência (f) de emprego	uitzendbureau (het)	['œytzənt·by'rɔ]
currículo (m)	CV, curriculum vitae (het)	[se've], [kʉ'rikʉlʉm 'vitə]
entrevista (f) de emprego	sollicitatiegesprek (het)	[sɔlisi'tatsi·xəsp'rɛk]
vaga (f)	vacature (de)	[vaka'tʉrə]
salário (m)	salaris (het)	[sa'laris]
salário (m) fixo	vaste salaris (het)	['vastə sa'laris]
pagamento (m)	loon (het)	[lōn]
cargo (m)	betrekking (de)	[bə'trɛkiŋ]
dever (do empregado)	taak, plicht (de)	[tāk], [plixt]
gama (f) de deveres	takenpakket (het)	['takən·pa'ket]
ocupado (adj)	bezig	['bezəx]
despedir, demitir (vt)	ontslagen	[ɔnt'slaxən]
demissão (f)	ontslag (het)	[ɔnt'slax]
desemprego (m)	werkloosheid (de)	[wɛrk'lɔshɛjt]
desempregado (m)	werkloze (de)	[wɛrk'lɔzə]
aposentadoria (f)	pensioen (het)	[pɛn'ʃun]
aposentar-se (vr)	met pensioen gaan	[mɛt pɛn'ʃun xān]

124. Gente de negócios

diretor (m)	directeur (de)	[dirɛk'tør]
gerente (m)	beheerder (de)	[bə'hērdər]
patrão, chefe (m)	hoofd (het)	[hōft]
superior (m)	baas (de)	[bās]
superiores (m pl)	superieuren	[sʉpə'rørən]
presidente (m)	president (de)	[prezi'dɛnt]
chairman (m)	voorzitter (de)	['vōrzitər]
substituto (m)	adjunct (de)	[ad'junkt]
assistente (m)	assistent (de)	[asi'stɛnt]

secretário (m)	secretaris (de)	[sekre'taris]
secretário (m) pessoal	persoonlijke assistent (de)	[pɛr'soːnləkə asi'stɛnt]
homem (m) de negócios	zakenman (de)	['zakənman]
empreendedor (m)	ondernemer (de)	['ɔndər'nemər]
fundador (m)	oprichter (de)	['ɔprixtər]
fundar (vt)	oprichten	['ɔprixtən]
principiador (m)	stichter (de)	['stixtər]
parceiro, sócio (m)	partner (de)	['partnər]
acionista (m)	aandeelhouder (de)	['āndēl·haudər]
milionário (m)	miljonair (de)	[milju'nɛːr]
bilionário (m)	miljardair (de)	[miljar'dɛːr]
proprietário (m)	eigenaar (de)	['ɛjxənāːr]
proprietário (m) de terras	landeigenaar (de)	['lant·'ɛjxənāːr]
cliente (m)	klant (de)	[klant]
cliente (m) habitual	vaste klant (de)	['vastə klant]
comprador (m)	koper (de)	['kɔpər]
visitante (m)	bezoeker (de)	[bə'zukər]
profissional (m)	professioneel (de)	[profesiɔ'nēl]
perito (m)	expert (de)	[ɛk'spɛːr]
especialista (m)	specialist (de)	[speʃia'list]
banqueiro (m)	bankier (de)	[baŋ'kir]
corretor (m)	makelaar (de)	['makəlāːr]
caixa (m, f)	kassier (de)	[ka'sir]
contador (m)	boekhouder (de)	[buk 'haudər]
guarda (m)	bewaker (de)	[bə'wakər]
investidor (m)	investeerder (de)	[invɛ'stērdər]
devedor (m)	schuldenaar (de)	['sxʉldənāːr]
credor (m)	crediteur (de)	[krədi'tør]
mutuário (m)	lener (de)	['lenər]
importador (m)	importeur (de)	[impɔr'tør]
exportador (m)	exporteur (de)	[ɛkspɔr'tør]
produtor (m)	producent (de)	[prodʉ'sɛnt]
distribuidor (m)	distributeur (de)	[distribʉ'tør]
intermediário (m)	bemiddelaar (de)	[bə'midəlāːr]
consultor (m)	adviseur, consulent (de)	[atvi'zør], [kɔnsʉ'lent]
representante comercial	vertegenwoordiger (de)	[vər'texən·'wōrdixər]
agente (m)	agent (de)	[a'xɛnt]
agente (m) de seguros	verzekeringsagent (de)	[vər'zekəriŋs·a'xɛnt]

125. Profissões de serviços

cozinheiro (m)	kok (de)	[kɔk]
chefe (m) de cozinha	chef-kok (de)	[ʃɛf-'kɔk]

padeiro (m)	bakker (de)	['bakər]
barman (m)	barman (de)	['barman]
garçom (m)	kelner, ober (de)	['kɛlnər], ['ɔbər]
garçonete (f)	serveerster (de)	[sɛr'vērstər]
advogado (m)	advocaat (de)	[atvɔ'kāt]
jurista (m)	jurist (de)	[ju'rist]
notário (m)	notaris (de)	[nɔ'taris]
eletricista (m)	elektricien (de)	[ɛlɛktri'sjen]
encanador (m)	loodgieter (de)	['lōtxitər]
carpinteiro (m)	timmerman (de)	['timərman]
massagista (m)	masseur (de)	[mas'sør]
massagista (f)	masseuse (de)	[mas'søzə]
médico (m)	dokter, arts (de)	['dɔktər], [arts]
taxista (m)	taxichauffeur (de)	['taksi·ʃo'før]
condutor (automobilista)	chauffeur (de)	[ʃo'før]
entregador (m)	koerier (de)	[ku'rir]
camareira (f)	kamermeisje (het)	['kamər·'mɛjçə]
guarda (m)	bewaker (de)	[bə'wakər]
aeromoça (f)	stewardess (de)	[stʉwər'dɛs]
professor (m)	meester (de)	['mēstər]
bibliotecário (m)	bibliothecaris (de)	['bibliotə'kāris]
tradutor (m)	vertaler (de)	[vər'talər]
intérprete (m)	tolk (de)	[tɔlk]
guia (m)	gids (de)	[xits]
cabeleireiro (m)	kapper (de)	['kapər]
carteiro (m)	postbode (de)	['pɔst·bɔdə]
vendedor (m)	verkoper (de)	[vər'kɔpər]
jardineiro (m)	tuinman (de)	['tœyn·man]
criado (m)	huisbediende (de)	['hœys·bə'dində]
criada (f)	dienstmeisje (het)	[dinst 'mɛjçə]
empregada (f) de limpeza	schoonmaakster (de)	['sxōn·mākstər]

126. Profissões militares e postos

soldado (m) raso	soldaat (de)	[sɔl'dāt]
sargento (m)	sergeant (de)	[sɛr'ʒant]
tenente (m)	luitenant (de)	[lœytə'nant]
capitão (m)	kapitein (de)	[kapi'tɛjn]
major (m)	majoor (de)	[ma'jōr]
coronel (m)	kolonel (de)	[kolo'nɛl]
general (m)	generaal (de)	[xenə'rāl]
marechal (m)	maarschalk (de)	['mārsxalk]
almirante (m)	admiraal (de)	[atmi'rāl]
militar (m)	militair (de)	[mili'tɛːr]
soldado (m)	soldaat (de)	[sɔl'dāt]

oficial (m)	officier (de)	[ɔfi'sir]
comandante (m)	commandant (de)	[kɔman'dant]
guarda (m) de fronteira	grenswachter (de)	[xrɛns·'wahtər]
operador (m) de rádio	marconist (de)	[markɔ'nist]
explorador (m)	verkenner (de)	[vər'kenər]
sapador-mineiro (m)	sappeur (de)	[sa'pør]
atirador (m)	schutter (de)	['sxʉtər]
navegador (m)	stuurman (de)	['stūrman]

127. Oficiais. Padres

rei (m)	koning (de)	['kɔniŋ]
rainha (f)	koningin (de)	[kɔniŋ'in]
príncipe (m)	prins (de)	[prins]
princesa (f)	prinses (de)	[prin'sɛs]
czar (m)	tsaar (de)	[tsār]
czarina (f)	tsarina (de)	[tsa'rina]
presidente (m)	president (de)	[prezi'dɛnt]
ministro (m)	minister (de)	[mi'nistər]
primeiro-ministro (m)	eerste minister (de)	['ērstə mi'nistər]
senador (m)	senator (de)	[se'natɔr]
diplomata (m)	diplomaat (de)	[diplɔ'māt]
cônsul (m)	consul (de)	['kɔnsʉl]
embaixador (m)	ambassadeur (de)	[ambasa'dør]
conselheiro (m)	adviseur (de)	[atvi'zør]
funcionário (m)	ambtenaar (de)	['amtənār]
prefeito (m)	prefect (de)	[pre'fɛkt]
Presidente (m) da Câmara	burgemeester (de)	[bʉrxə·'mēstər]
juiz (m)	rechter (de)	['rɛxtər]
procurador (m)	aanklager (de)	['ānklahər]
missionário (m)	missionaris (de)	[misiɔ'naris]
monge (m)	monnik (de)	['mɔnək]
abade (m)	abt (de)	[apt]
rabino (m)	rabbi, rabbijn (de)	['rabi], [ra'bɛjn]
vizir (m)	vizier (de)	[vi'zir]
xá (m)	sjah (de)	[ɕa]
xeique (m)	sjeik (de)	[ɕɛjk]

128. Profissões agrícolas

abelheiro (m)	imker (de)	['imkər]
pastor (m)	herder (de)	['hɛrdər]
agrônomo (m)	landbouwkundige (de)	['landbau·'kundixə]

criador (m) de gado	veehouder (de)	['vē·haudər]
veterinário (m)	dierenarts (de)	['dīrən·arts]
agricultor, fazendeiro (m)	landbouwer (de)	['lantbauər]
vinicultor (m)	wijnmaker (de)	['wɛjn·makər]
zoólogo (m)	zoöloog (de)	[zoo'lōx]
vaqueiro (m)	cowboy (de)	['kaubɔj]

129. Profissões artísticas

ator (m)	acteur (de)	[ak'tør]
atriz (f)	actrice (de)	[akt'risə]
cantor (m)	zanger (de)	['zaŋər]
cantora (f)	zangeres (de)	[zaŋe'rɛs]
bailarino (m)	danser (de)	['dansər]
bailarina (f)	danseres (de)	[dansə'rɛs]
artista (m)	artiest (de)	[ar'tist]
artista (f)	artiest (de)	[ar'tist]
músico (m)	muzikant (de)	[mʉzi'kant]
pianista (m)	pianist (de)	[pia'nist]
guitarrista (m)	gitarist (de)	[xita'rist]
maestro (m)	orkestdirigent (de)	[ɔr'kɛst·diri'xɛnt]
compositor (m)	componist (de)	[kɔmpɔ'nist]
empresário (m)	impresario (de)	[impre'sariɔ]
diretor (m) de cinema	filmregisseur (de)	[film·rexi'søːr]
produtor (m)	filmproducent (de)	[film·prɔdʉ'sɛnt]
roteirista (m)	scenarioschrijver (de)	[sɛ'nariɔ·'sxrɛjvər]
crítico (m)	criticus (de)	['kritikʉs]
escritor (m)	schrijver (de)	['sxrɛjvər]
poeta (m)	dichter (de)	['dixtər]
escultor (m)	beeldhouwer (de)	['bēlt·hauwər]
pintor (m)	kunstenaar (de)	['kʉnstənār]
malabarista (m)	jongleur (de)	[jɔŋ'lør]
palhaço (m)	clown (de)	['klaun]
acrobata (m)	acrobaat (de)	[akrɔ'bāt]
ilusionista (m)	goochelaar (de)	['xōxəlār]

130. Várias profissões

médico (m)	dokter, arts (de)	['dɔktər], [arts]
enfermeira (f)	ziekenzuster (de)	['zikən·zʉstər]
psiquiatra (m)	psychiater (de)	[psixi'atər]
dentista (m)	tandarts (de)	['tand·arts]
cirurgião (m)	chirurg (de)	[ʃi'rʉrx]

astronauta (m)	astronaut (de)	[astrɔ'naut]
astrônomo (m)	astronoom (de)	[astrɔ'nõm]
piloto (m)	piloot (de)	[pi'lõt]
motorista (m)	chauffeur (de)	[ʃɔ'føɾ]
maquinista (m)	machinist (de)	[maʃi'nist]
mecânico (m)	mecanicien (de)	[mekani'sjen]
mineiro (m)	mijnwerker (de)	['mɛjn·wɛrkər]
operário (m)	arbeider (de)	['arbɛjdər]
serralheiro (m)	bankwerker (de)	[bank·'wɛrkər]
marceneiro (m)	houtbewerker (de)	['haut·bə'wɛrkər]
torneiro (m)	draaier (de)	['drājər]
construtor (m)	bouwvakker (de)	['bau·'vakər]
soldador (m)	lasser (de)	['lasər]
professor (m)	professor (de)	[prɔ'fɛsɔr]
arquiteto (m)	architect (de)	[arʃi'tɛkt]
historiador (m)	historicus (de)	[hi'stɔrikʉs]
cientista (m)	wetenschapper (de)	['wetənsxapər]
físico (m)	fysicus (de)	['fisikʉs]
químico (m)	scheikundige (de)	['sxɛjkʉndəxə]
arqueólogo (m)	archeoloog (de)	[arheɔ'lõx]
geólogo (m)	geoloog (de)	[xeo'lõx]
pesquisador (cientista)	onderzoeker (de)	['ɔndər'zukər]
babysitter, babá (f)	babysitter (de)	['bɛjbisitər]
professor (m)	leraar, pedagoog (de)	['lerār], [peda'xõx]
redator (m)	redacteur (de)	[redak'tør]
redator-chefe (m)	chef-redacteur (de)	[ʃɛf-redak'tør]
correspondente (m)	correspondent (de)	[kɔrɛspɔn'dɛnt]
datilógrafa (f)	typiste (de)	[ti'pistə]
designer (m)	designer (de)	[di'zajnər]
especialista (m) em informática	computerexpert (de)	[kɔm'pjutər·'ɛkspər]
programador (m)	programmeur (de)	[prɔxra'mør]
engenheiro (m)	ingenieur (de)	[inxe'njør]
marujo (m)	matroos (de)	[ma'trõs]
marinheiro (m)	zeeman (de)	['zēman]
socorrista (m)	redder (de)	['rɛdər]
bombeiro (m)	brandweerman (de)	['brantwēr·man]
polícia (m)	politieagent (de)	[pɔ'litsi·a'xɛnt]
guarda-noturno (m)	nachtwaker (de)	['naxt·wakər]
detetive (m)	detective (de)	[de'tɛktif]
funcionário (m) da alfândega	douanier (de)	[dua'njē]
guarda-costas (m)	lijfwacht (de)	['lɛjf·waxt]
guarda (m) prisional	gevangenisbewaker (de)	[xə'vaŋənis·bə'wakər]
inspetor (m)	inspecteur (de)	[inspɛk'tør]
esportista (m)	sportman (de)	['spɔrtman]
treinador (m)	trainer (de)	['trɛnər]

açougueiro (m)	slager, beenhouwer (de)	['slaxər], ['bēnhauər]
sapateiro (m)	schoenlapper (de)	['sxun·'lapər]
comerciante (m)	handelaar (de)	['handəlār]
carregador (m)	lader (de)	['ladər]
estilista (m)	kledingstilist (de)	['klediŋ·sti'list]
modelo (f)	model (het)	[mɔ'dɛl]

131. Ocupações. Estatuto social

estudante (~ de escola)	scholier (de)	[sxɔ'lir]
estudante (~ universitária)	student (de)	[stʉ'dɛnt]
filósofo (m)	filosoof (de)	[filo'zōf]
economista (m)	econoom (de)	[ɛkɔ'nōm]
inventor (m)	uitvinder (de)	['œʏtvindər]
desempregado (m)	werkloze (de)	[wɛrk'lɔzə]
aposentado (m)	gepensioneerde (de)	[xəpɛnʃə'nērdə]
espião (m)	spion (de)	[spi'jon]
preso, prisioneiro (m)	gedetineerde (de)	[xədeti'nērdə]
grevista (m)	staker (de)	['stakər]
burocrata (m)	bureaucraat (de)	[bʉrɔ'krāt]
viajante (m)	reiziger (de)	['rɛjzixər]
homossexual (m)	homoseksueel (de)	[hɔmɔsɛksʉ'ēl]
hacker (m)	hacker (de)	['hakər]
hippie (m, f)	hippie (de)	['hippi]
bandido (m)	bandiet (de)	[ban'dit]
assassino (m)	huurmoordenaar (de)	['hūr·mōrdənār]
drogado (m)	drugsverslaafde (de)	['drʉks·vər'slāfdə]
traficante (m)	drugshandelaar (de)	['drʉks·'handəlār]
prostituta (f)	prostituee (de)	[prɔstitʉ'ē]
cafetão (m)	pooier (de)	['pōjər]
bruxo (m)	tovenaar (de)	[tɔvə'nār]
bruxa (f)	tovenares (de)	[tɔvəna'rɛs]
pirata (m)	piraat (de)	[pi'rāt]
escravo (m)	slaaf (de)	[slāf]
samurai (m)	samoerai (de)	[samu'raj]
selvagem (m)	wilde (de)	['wildə]

Desportos

132. Tipos de desportos. Desportistas

esportista (m)	**sportman (de)**	['spɔrtman]
tipo (m) de esporte	**soort sport (de/het)**	[sōrt spɔrt]
basquete (m)	**basketbal (het)**	['bāskətbal]
jogador (m) de basquete	**basketbalspeler (de)**	['bāskətbal·'spelər]
beisebol (m)	**baseball (het)**	['bejzbɔl]
jogador (m) de beisebol	**baseballspeler (de)**	['bejzbɔl·'spelər]
futebol (m)	**voetbal (het)**	['vutbal]
jogador (m) de futebol	**voetballer (de)**	['vutbalər]
goleiro (m)	**doelman (de)**	['dulman]
hóquei (m)	**hockey (het)**	['hɔki]
jogador (m) de hóquei	**hockeyspeler (de)**	['hɔki·'spelər]
vôlei (m)	**volleybal (het)**	['vɔlibal]
jogador (m) de vôlei	**volleybalspeler (de)**	['vɔlibal·'spelər]
boxe (m)	**boksen (het)**	['bɔksən]
boxeador (m)	**bokser (de)**	['bɔksər]
luta (f)	**worstelen (het)**	['wɔrstələn]
lutador (m)	**worstelaar (de)**	['wɔrstəlār]
caratê (m)	**karate (de)**	[ka'ratə]
carateca (m)	**karateka (de)**	[kara'tɛka]
judô (m)	**judo (de)**	[ju'dɔ]
judoca (m)	**judoka (de)**	[ju'dɔka]
tênis (m)	**tennis (het)**	['tɛnis]
tenista (m)	**tennisspeler (de)**	['tɛnis·'spelər]
natação (f)	**zwemmen (het)**	['zwɛmən]
nadador (m)	**zwemmer (de)**	['zwɛmər]
esgrima (f)	**schermen (het)**	['sxɛrmən]
esgrimista (m)	**schermer (de)**	['sxɛrmər]
xadrez (m)	**schaak (het)**	[sxāk]
jogador (m) de xadrez	**schaker (de)**	['sxakər]
alpinismo (m)	**alpinisme (het)**	[alpi'nismə]
alpinista (m)	**alpinist (de)**	[alpi'nist]
corrida (f)	**hardlopen (het)**	['hardlɔpən]

corredor (m)	renner (de)	['rɛnər]
atletismo (m)	atletiek (de)	[atle'tik]
atleta (m)	atleet (de)	[at'lēt]
hipismo (m)	paardensport (de)	['pārdən·spɔrt]
cavaleiro (m)	ruiter (de)	['rœytər]
patinação (f) artística	kunstschaatsen (het)	['kʉnst·'sxātsən]
patinador (m)	kunstschaatser (de)	['kʉnst·'sxātsər]
patinadora (f)	kunstschaatsster (de)	['kʉnst·'sxātstər]
halterofilismo (m)	gewichtheffen (het)	[xə'wixt·'hefən]
halterofilista (m)	gewichtheffer (de)	[xə'wixt·'hefər]
corrida (f) de carros	autoraces	['auto·'resəs]
piloto (m)	coureur (de)	[ku'rør]
ciclismo (m)	wielersport (de)	['wilər·spɔrt]
ciclista (m)	wielrenner (de)	['wil·rɛnər]
salto (m) em distância	verspringen (het)	[vər·'spriŋən]
salto (m) com vara	polsstokspringen (het)	['pɔlstɔk·'spriŋən]
atleta (m) de saltos	verspringer (de)	[vər'spriŋər]

133. Tipos de desportos. Diversos

futebol (m) americano	Amerikaans voetbal (het)	[ameri'kāns 'vudbal]
badminton (m)	badminton (het)	['bɛtmintɔn]
biatlo (m)	biatlon (de)	[biat'lɔn]
bilhar (m)	biljart (het)	[bi'ljart]
bobsled (m)	bobsleeën (het)	[bɔb'slēən]
musculação (f)	bodybuilding (de)	[bɔdi·'bildiŋ]
polo (m) aquático	waterpolo (het)	['watər·polo]
handebol (m)	handbal (de)	['hantbal]
golfe (m)	golf (het)	[gɔlf]
remo (m)	roeisport (de)	['ruj·spɔrt]
mergulho (m)	duiken (het)	['dœykən]
corrida (f) de esqui	langlaufen (het)	[laŋ'laufən]
tênis (m) de mesa	tafeltennis (het)	['tafəl·'tɛnis]
vela (f)	zeilen (het)	['zɛjlən]
rali (m)	rally (de)	['rali]
rúgbi (m)	rugby (het)	['ragbi]
snowboard (m)	snowboarden (het)	['snɔw·bɔrdən]
arco-e-flecha (m)	boogschieten (het)	['bōx·'sxitən]

134. Ginásio

barra (f)	lange halter (de)	['laŋə 'haltɛr]
halteres (m pl)	halters	['haltɛrs]
aparelho (m) de musculação	training machine (de)	['trɛjniŋ·ma'ʃinə]

| bicicleta (f) ergométrica | hometrainer (de) | [hɔm·'trɛnər] |
| esteira (f) de corrida | loopband (de) | ['lōp·bant] |

barra (f) fixa	rekstok (de)	['rɛkstɔk]
barras (f pl) paralelas	brug (de) gelijke leggers	[brʉx xə'lɛjkə 'lexərs]
cavalo (m)	paardsprong (de)	['pārt·sprɔŋ]
tapete (m) de ginástica	mat (de)	[mat]

corda (f) de saltar	springtouw (het)	['spriŋ·tau]
aeróbica (f)	aerobics (de)	[ɛj'rɔbiks]
ioga, yoga (f)	yoga (de)	['joxa]

135. Hóquei

hóquei (m)	hockey (het)	['hɔki]
jogador (m) de hóquei	hockeyspeler (de)	['hɔki·'spelər]
jogar hóquei	hockey spelen	['hɔki 'spelən]
gelo (m)	ijs (het)	[ɛjs]

disco (m)	puck (de)	[pʉk]
taco (m) de hóquei	hockeystick (de)	['hɔki·stik]
patins (m pl) de gelo	schaatsen (mv.)	['sxātsən]

| muro (m) | boarding (de) | ['bɔrdiŋ] |
| tiro (m) | schot (het) | [sxɔt] |

goleiro (m)	doelman (de)	['dulman]
gol (m)	goal (de)	[gōl]
marcar um gol	een goal scoren	[en gōl 'skɔrən]

tempo (m)	periode (de)	[peri'ɔdə]
segundo tempo (m)	tweede periode (de)	['twēdə peri'ɔdə]
banco (m) de reservas	reservebank (de)	[re'zɛrvə·bank]

136. Futebol

futebol (m)	voetbal (het)	['vutbal]
jogador (m) de futebol	voetballer (de)	['vutbalər]
jogar futebol	voetbal spelen	['vutbal 'spelən]

Time (m) Principal	eredivisie (de)	['ɛrədi'vizi]
time (m) de futebol	voetbalclub (de)	['vutbal·klʉp]
treinador (m)	trainer (de)	['trɛnər]
proprietário (m)	eigenaar (de)	['ɛjxənār]

equipe (f)	team (het)	[tīm]
capitão (m)	aanvoerder (de)	['ānvurdər]
jogador (m)	speler (de)	['spelər]
jogador (m) reserva	reservespeler (de)	[re'zɛrvə·'spelər]

| atacante (m) | aanvaller (de) | ['ānvalər] |
| centroavante (m) | centrale aanvaller (de) | [sɛn'tralə 'ānvalər] |

marcador (m)	doelpuntmaker (de)	['dulpʉnt·'makər]
defesa (m)	verdediger (de)	[vər'dedixər]
meio-campo (m)	middenvelder (de)	['midən·'vɛldər]
jogo (m), partida (f)	match, wedstrijd (de)	[matʃ], ['wɛtstrɛjt]
encontrar-se (vr)	elkaar ontmoeten	[ɛl'kãr 'ɔntmutən]
final (m)	finale (de)	[fi'nalə]
semifinal (f)	halve finale (de)	['halvə fi'nalə]
campeonato (m)	kampioenschap (het)	[kam'pjunsxap]
tempo (m)	helft (de)	[hɛlft]
primeiro tempo (m)	eerste helft (de)	['ērstə hɛlft]
intervalo (m)	pauze (de)	['pauzə]
goleira (f)	doel (het)	[dul]
goleiro (m)	doelman (de)	['dulman]
trave (f)	doelpaal (de)	['dulpãl]
travessão (m)	lat (de)	[lat]
rede (f)	doelnet (het)	['dulnɛt]
tomar um gol	een goal incasseren	[en gōl inka'sɛrən]
bola (f)	bal (de)	[bal]
passe (m)	pass (de)	[pas]
chute (m)	schot (het), schop (de)	[sxɔt], [sxɔp]
chutar (vt)	schieten	['sxitən]
pontapé (m)	vrije schop (de)	['vrɛjə sxɔp]
escanteio (m)	hoekschop, corner (de)	['huksxɔp], ['kɔrnər]
ataque (m)	aanval (de)	['ãnval]
contra-ataque (m)	tegenaanval (de)	['texən·'ãnval]
combinação (f)	combinatie (de)	[kɔmbi'natsi]
árbitro (m)	scheidsrechter (de)	['sxɛjts·'rɛxtər]
apitar (vi)	fluiten	['flœytən]
apito (m)	fluitsignaal (het)	['flœyt·si'njãl]
falta (f)	overtreding (de)	[ɔvər'tredɪŋ]
cometer a falta	een overtreding maken	[en ɔvər'tredɪŋ 'makən]
expulsar (vt)	uit het veld te sturen	['œyt ət vɛlt 'styrən]
cartão (m) amarelo	gele kaart (de)	['xelə kãrt]
cartão (m) vermelho	rode kaart (de)	['rodə kãrt]
desqualificação (f)	diskwalificatie (de)	[diskwalifi'katsi]
desqualificar (vt)	diskwalificeren	[diskwalifi'serən]
pênalti (m)	strafschop, penalty (de)	['straf·sxɔp], ['pɛnalti]
barreira (f)	muur (de)	[mūr]
marcar (vt)	scoren	['skɔrən]
gol (m)	goal (de), doelpunt (het)	[gōl], ['dulpʉnt]
marcar um gol	een goal scoren	[en gōl 'skɔrən]
substituição (f)	vervanging (de)	[vər'vaŋɪŋ]
substituir (vt)	vervangen	[vər'vaŋən]
regras (f pl)	regels	['rexəls]
tática (f)	tactiek (de)	[tak'tik]
estádio (m)	stadion (het)	[stadi'ɔn]
arquibancadas (f pl)	tribune (de)	[tri'bʉnə]

fã, torcedor (m)	fan, supporter (de)	[fan], [sʉ'pɔrtər]
gritar (vi)	schreeuwen	['sxrēwən]
placar (m)	scorebord (het)	['skɔrə·bɔrt]
resultado (m)	stand (de)	[stant]
derrota (f)	nederlaag (de)	['nedərlāx]
perder (vt)	verliezen	[vər'lizən]
empate (m)	gelijkspel (het)	[xə'lɛjk·spɛl]
empatar (vi)	in gelijk spel eindigen	[in xə'lɛjk spɛl 'ɛjndixən]
vitória (f)	overwinning (de)	[ɔvər'winiŋ]
vencer (vi, vt)	overwinnen	[ɔvər'winən]
campeão (m)	kampioen (de)	[kam'pjun]
melhor (adj)	best	[bɛst]
felicitar (vt)	feliciteren	[felisi'terən]
comentarista (m)	commentator (de)	[kɔmən'tatɔr]
comentar (vt)	becommentariëren	[bəkɔməntari'erən]
transmissão (f)	uitzending (de)	['œʏtsɛndiŋ]

137. Esqui alpino

esqui (m)	ski's	[skis]
esquiar (vi)	skiën	['skiən]
estação (f) de esqui	skigebied (het)	[ski·xəbit]
teleférico (m)	skilift (de)	['ski·lift]
bastões (m pl) de esqui	skistokken	['ski·'stɔkən]
declive (m)	helling (de)	['heliŋ]
slalom (m)	slalom (de)	['slalɔm]

138. Tênis. Golfe

golfe (m)	golf (het)	[gɔlf]
clube (m) de golfe	golfclub (de)	['gɔlf·klʉp]
jogador (m) de golfe	golfer (de)	['gɔlfər]
buraco (m)	hole (de)	['hɔul]
taco (m)	golfclub (de)	['gɔlf·klʉp]
trolley (m)	trolley (de)	['trɔli]
tênis (m)	tennis (het)	['tɛnis]
quadra (f) de tênis	tennisveld (het)	['tɛnis·vɛlt]
saque (m)	opslag (de)	['ɔpslax]
sacar (vi)	serveren, opslaan	[sɛr'verən], ['ɔpslān]
raquete (f)	racket (het)	['rɛkət]
rede (f)	net (het)	[nɛt]
bola (f)	bal (de)	[bal]

139. Xadrez

xadrez (m)	schaak (het)	[sxāk]
peças (f pl) de xadrez	schaakstukken	['sxāk·'stʉkən]
jogador (m) de xadrez	schaker (de)	['sxakər]
tabuleiro (m) de xadrez	schaakbord (het)	['sxāk·bɔrt]
peça (f)	schaakstuk (het)	['sxāk·stʉk]
brancas (f pl)	witte stukken	[witə 'stʉkən]
pretas (f pl)	zwarte stukken	['zwartə 'stʉkən]
peão (m)	pion (de)	[pi'ɔn]
bispo (m)	loper (de)	['lɔpər]
cavalo (m)	paard (het)	[pārt]
torre (f)	toren (de)	['tɔrən]
dama (f)	dame, koningin (de)	['damə], [kɔniŋ'in]
rei (m)	koning (de)	['kɔniŋ]
vez (f)	zet (de)	[zɛt]
mover (vt)	zetten	['zɛtən]
sacrificar (vt)	opofferen	['ɔpɔfərən]
roque (m)	rokade (de)	[rɔ'kadə]
xeque (m)	schaak (het)	[sxāk]
xeque-mate (m)	schaakmat (het)	['sxāk·mat]
torneio (m) de xadrez	schaakwedstrijd (de)	['sxāk·'wɛtstrɛjt]
grão-mestre (m)	grootmeester (de)	['xrōt·mēstər]
combinação (f)	combinatie (de)	[kɔmbi'natsi]
partida (f)	partij (de)	[par'tɛj]
jogo (m) de damas	dammen (de)	['damən]

140. Boxe

boxe (m)	boksen (het)	['bɔksən]
combate (m)	boksgevecht (het)	[bɔks·xə'vɛht]
luta (f) de boxe	bokswedstrijd (de)	[bɔks·'wɛtstrɛjt]
round (m)	ronde (de)	['rɔndə]
ringue (m)	ring (de)	[riŋ]
gongo (m)	gong (de)	[xɔŋ]
murro, soco (m)	stoot (de)	[stōt]
derrubada (f)	knock-down (de)	[nɔk'daun]
nocaute (m)	knock-out (de)	[nɔ'kaut]
nocautear (vt)	knock-out slaan	[nɔ'kaut slān]
luva (f) de boxe	bokshandschoen (de)	[bɔks·'handsxun]
juiz (m)	referee (de)	['rɛfɛrī]
peso-pena (m)	lichtgewicht (het)	['liht·xə'wixt]
peso-médio (m)	middengewicht (het)	['midən·xə'wixt]
peso-pesado (m)	zwaargewicht (het)	['zwār·xə'wixt]

141. Desportos. Diversos

Jogos (m pl) Olímpicos	Olympische Spelen	[ɔ'limpisə 'spelən]
vencedor (m)	winnaar (de)	['winãr]
vencer (vi)	overwinnen	[ɔvər'winən]
vencer (vi, vt)	winnen	['winən]
líder (m)	leider (de)	['lɛjdər]
liderar (vt)	leiden	['lɛjdən]
primeiro lugar (m)	eerste plaats (de)	['ērstə plāts]
segundo lugar (m)	tweede plaats (de)	['twēdə plāts]
terceiro lugar (m)	derde plaats (de)	['dɛrdə plāts]
medalha (f)	medaille (de)	[me'dajə]
troféu (m)	trofee (de)	[trɔ'fē]
taça (f)	beker (de)	['bekər]
prêmio (m)	prijs (de)	[prɛjs]
prêmio (m) principal	hoofdprijs (de)	[hōft·prɛjs]
recorde (m)	record (het)	[re'kɔ̃r]
estabelecer um recorde	een record breken	[ən re'kɔr 'brekən]
final (m)	finale (de)	[fi'nalə]
final (adj)	finale	[fi'nalə]
campeão (m)	kampioen (de)	[kam'pjun]
campeonato (m)	kampioenschap (het)	[kam'pjunsxap]
estádio (m)	stadion (het)	[stadi'ɔn]
arquibancadas (f pl)	tribune (de)	[tri'bʉnə]
fã, torcedor (m)	fan, supporter (de)	[fan], [sʉ'pɔrtər]
adversário (m)	tegenstander (de)	['texən·'standər]
partida (f)	start (de)	[start]
linha (f) de chegada	finish (de)	['finiʃ]
derrota (f)	nederlaag (de)	['nedərlãx]
perder (vt)	verliezen	[vər'lizən]
árbitro, juiz (m)	rechter (de)	['rɛxtər]
júri (m)	jury (de)	['ʒʉri]
resultado (m)	stand (de)	[stant]
empate (m)	gelijkspel (het)	[xə'lɛjk·spɛl]
empatar (vi)	in gelijk spel eindigen	[in xə'lɛjk spɛl 'ɛjndixən]
ponto (m)	punt (het)	[pʉnt]
resultado (m) final	uitslag (de)	['œʏtslax]
tempo (m)	periode (de)	[peri'ɔdə]
intervalo (m)	pauze (de)	['pauzə]
doping (m)	doping (de)	['dɔpiŋ]
penalizar (vt)	straffen	['strafən]
desqualificar (vt)	diskwaliferen	[diskwalifi'serən]
aparelho, aparato (m)	toestel (het)	['tustɛl]
dardo (m)	speer (de)	[spēr]

peso (m)	**kogel (de)**	['kɔxəl]
bola (f)	**bal (de)**	[bal]
alvo, objetivo (m)	**doel (het)**	[dul]
alvo (~ de papel)	**schietkaart (de)**	['sxit·kārt]
disparar, atirar (vi)	**schieten**	['sxitən]
preciso (tiro ~)	**precies**	[prə'sis]
treinador (m)	**trainer, coach (de)**	['trɛnər], [kɔtʃ]
treinar (vt)	**trainen**	['trɛjnən]
treinar-se (vr)	**zich trainen**	[zix 'trɛjnən]
treino (m)	**training (de)**	['trɛjniŋ]
academia (f) de ginástica	**gymnastiekzaal (de)**	[ximnas'tik·zāl]
exercício (m)	**oefening (de)**	['ufəniŋ]
aquecimento (m)	**opwarming (de)**	['ɔpwarmiŋ]

Educação

142. Escola

escola (f)	school (de)	[sxōl]
diretor (m) de escola	schooldirecteur (de)	[sxōl·dirɛk'tør]
aluno (m)	leerling (de)	['lērliŋ]
aluna (f)	leerlinge (de)	['lērliŋə]
estudante (m)	scholier (de)	[sxo'lir]
estudante (f)	scholiere (de)	[sxo'lirə]
ensinar (vt)	leren	['lerən]
aprender (vt)	studeren	[stʉ'derən]
decorar (vt)	van buiten leren	[van 'bœytən 'lerən]
estudar (vi)	leren	['lerən]
estar na escola	in school zijn	[in 'sxōl zɛjn]
ir à escola	naar school gaan	[nār 'sxōl xān]
alfabeto (m)	alfabet (het)	['alfabət]
disciplina (f)	vak (het)	[vak]
sala (f) de aula	klaslokaal (het)	['klas·lokāl]
lição, aula (f)	les (de)	[lɛs]
recreio (m)	pauze (de)	['pauzə]
toque (m)	bel (de)	[bel]
classe (f)	schooltafel (de)	[sxōl·'tafəl]
quadro (m) negro	schoolbord (het)	[sxōl·bɔrt]
nota (f)	cijfer (het)	['sɛjfər]
boa nota (f)	goed cijfer (het)	[xut 'sɛjfər]
nota (f) baixa	slecht cijfer (het)	[slɛxt 'sɛjfər]
dar uma nota	een cijfer geven	[en 'sɛjfər 'xevən]
erro (m)	fout (de)	['faut]
errar (vi)	fouten maken	['fautən 'makən]
corrigir (~ um erro)	corrigeren	[kɔri'dʒɛrən]
cola (f)	spiekbriefje (het)	['spik·brifjə]
dever (m) de casa	huiswerk (het)	['hœys·wɛrk]
exercício (m)	oefening (de)	['ufəniŋ]
estar presente	aanwezig zijn	['ānwezəx zɛjn]
estar ausente	absent zijn	[ap'sɛnt zɛjn]
faltar às aulas	school verzuimen	[sxōl vərzœymən]
punir (vt)	bestraffen	[bə'strafən]
punição (f)	bestraffing (de)	[bə'strafiŋ]
comportamento (m)	gedrag (het)	[xə'drax]

boletim (m) escolar	cijferlijst (de)	['sɛjfər·lɛjst]
lápis (m)	potlood (het)	['pɔtlōt]
borracha (f)	gom (de)	[xɔm]
giz (m)	krijt (het)	[krɛjt]
porta-lápis (m)	pennendoos (de)	['penən·dōs]
mala, pasta, mochila (f)	boekentas (de)	['bukən·tas]
caneta (f)	pen (de)	[pen]
caderno (m)	schrift (de)	[sxrift]
livro (m) didático	leerboek (het)	['lēr·buk]
compasso (m)	passer (de)	['pasɛr]
traçar (vt)	technisch tekenen	['tɛxnis 'tekənən]
desenho (m) técnico	technische tekening (de)	['tɛxnisə 'tekəniŋ]
poesia (f)	gedicht (het)	[xə'diht]
de cor	van buiten	[van 'bœytən]
decorar (vt)	van buiten leren	[van 'bœytən 'lerən]
férias (f pl)	vakantie (de)	[va'kantsi]
estar de férias	met vakantie zijn	[mɛt va'kantsi zɛjn]
passar as férias	vakantie doorbrengen	[va'kantsi 'dōrbreŋən]
teste (m), prova (f)	toets (de)	[tuts]
redação (f)	opstel (het)	['ɔpstəl]
ditado (m)	dictee (het)	[dik'tē]
exame (m), prova (f)	examen (het)	[ɛk'samən]
fazer prova	examen afleggen	[ɛk'samən 'aflexən]
experiência (~ química)	experiment (het)	[ɛksperi'mɛnt]

143. Colégio. Universidade

academia (f)	academie (de)	[aka'demi]
universidade (f)	universiteit (de)	[junivɛrsi'tɛjt]
faculdade (f)	faculteit (de)	[fakʉl'tɛjt]
estudante (m)	student (de)	[stʉ'dɛnt]
estudante (f)	studente (de)	[stʉ'dɛntə]
professor (m)	leraar (de)	['lerār]
auditório (m)	collegezaal (de)	[kɔ'leʒə·zāl]
graduado (m)	afgestudeerde (de)	['afxɛstʉ'dērdə]
diploma (m)	diploma (het)	[di'plɔma]
tese (f)	dissertatie (de)	[disɛr'tatsi]
estudo (obra)	onderzoek (het)	['ɔndərzuk]
laboratório (m)	laboratorium (het)	[labora'tɔrijum]
palestra (f)	college (het)	[kɔ'leʒə]
colega (m) de curso	medestudent (de)	['medə·stʉ'dɛnt]
bolsa (f) de estudos	studiebeurs (de)	['stʉdi'børs]
grau (m) acadêmico	academische graad (de)	[aka'demisə xrāt]

144. Ciências. Disciplinas

matemática (f)	wiskunde (de)	['wiskʉndə]
álgebra (f)	algebra (de)	['alxəbra]
geometria (f)	meetkunde (de)	['mētkʉndə]
astronomia (f)	astronomie (de)	[astrɔnɔ'mi]
biologia (f)	biologie (de)	[biɔlɔ'xi]
geografia (f)	geografie (de)	[xeoxra'fi]
geologia (f)	geologie (de)	[xeolɔ'xi]
história (f)	geschiedenis (de)	[xə'sxidənis]
medicina (f)	geneeskunde (de)	[xə'nēs·kʉndə]
pedagogia (f)	pedagogiek (de)	[peda'xɔxik]
direito (m)	rechten	['rɛxtən]
física (f)	fysica, natuurkunde (de)	['fizika], [na'tūrkʉndə]
química (f)	scheikunde (de)	['sxɛjkʉndə]
filosofia (f)	filosofie (de)	[filɔzɔ'fi]
psicologia (f)	psychologie (de)	[psihɔlɔ'xi]

145. Sistema de escrita. Ortografia

gramática (f)	grammatica (de)	[xra'matika]
vocabulário (m)	vocabulaire (het)	[vɔkabʉ'lɛːr]
fonética (f)	fonetiek (de)	[fɔnɛ'tik]
substantivo (m)	zelfstandig naamwoord (het)	[zɛlf'standix 'nāmwōrt]
adjetivo (m)	bijvoeglijk naamwoord (het)	[bɛj'fuxlək 'nāmwōrt]
verbo (m)	werkwoord (het)	['wɛrk·vɔrt]
advérbio (m)	bijwoord (het)	['bɛj·wōrt]
pronome (m)	voornaamwoord (het)	['vōrnām·wōrt]
interjeição (f)	tussenwerpsel (het)	['tʉsən·'wɛrpsəl]
preposição (f)	voorzetsel (het)	['vōrzɛtsəl]
raiz (f)	stam (de)	[stam]
terminação (f)	achtervoegsel (het)	['axtər·vuxsəl]
prefixo (m)	voorvuxsel (het)	['vōr·vuxsəl]
sílaba (f)	lettergreep (de)	['lɛtər·xrēp]
sufixo (m)	achtervoegsel (het)	['axtər·vuxsəl]
acento (m)	nadruk (de)	['nadrʉk]
apóstrofo (f)	afkappingsteken (het)	['afkapiŋs·'tekən]
ponto (m)	punt (de)	[pʉnt]
vírgula (f)	komma (de/het)	['kɔma]
ponto e vírgula (m)	puntkomma (de)	[pʉnt·'kɔma]
dois pontos (m pl)	dubbelpunt (de)	['dʉbəl·pʉnt]
reticências (f pl)	beletselteken (het)	[bə'lɛtsel·'tekən]
ponto (m) de interrogação	vraagteken (het)	['vrāx·tekən]

ponto (m) de exclamação	uitroepteken (het)	['œytrup·tekən]
aspas (f pl)	aanhalingstekens	['ānhaliŋs·'tekəns]
entre aspas	tussen aanhalingstekens	['tʉsən 'ānhaliŋ's·tekəns]
parênteses (m pl)	haakjes	['hākjəs]
entre parênteses	tussen haakjes	['tʉsən 'hākjəs]
hífen (m)	streepje (het)	['strēpjə]
travessão (m)	gedachtestreepje (het)	[xə'dahtə 'strēpjə]
espaço (m)	spatie (de)	['spatsi]
letra (f)	letter (de)	['lɛtər]
letra (f) maiúscula	hoofdletter (de)	[hōft·'lɛtər]
vogal (f)	klinker (de)	['klinkər]
consoante (f)	medeklinker (de)	['medə·'klinkər]
frase (f)	zin (de)	[zin]
sujeito (m)	onderwerp (het)	['ɔndərwɛrp]
predicado (m)	gezegde (het)	[xə'zɛxdə]
linha (f)	regel (de)	['rexəl]
em uma nova linha	op een nieuwe regel	[ɔp en 'niuə 'rexəl]
parágrafo (m)	alinea (de)	[a'linɛa]
palavra (f)	woord (het)	[wōrt]
grupo (m) de palavras	woordgroep (de)	['wōrt·xrup]
expressão (f)	uitdrukking (de)	['œydrykiŋ]
sinônimo (m)	synoniem (het)	[sinɔ'nim]
antônimo (m)	antoniem (het)	[antɔ'nim]
regra (f)	regel (de)	['rexəl]
exceção (f)	uitzondering (de)	['œytzɔndəriŋ]
correto (adj)	correct	[kɔ'rɛkt]
conjugação (f)	vervoeging, conjugatie (de)	[vər'vuxiŋ], [kɔnju'xatsi]
declinação (f)	verbuiging, declinatie (de)	[vərbœyxiŋ], [dekli'natsi]
caso (m)	naamval (de)	['nāmval]
pergunta (f)	vraag (de)	[vrāx]
sublinhar (vt)	onderstrepen	['ɔndər'strepən]
linha (f) pontilhada	stippellijn (de)	['stipəl·lɛjn]

146. Línguas estrangeiras

língua (f)	taal (de)	[tāl]
estrangeiro (adj)	vreemd	[vrēmt]
língua (f) estrangeira	vreemde taal (de)	['vrēmdə tāl]
estudar (vt)	leren	['lerən]
aprender (vt)	studeren	[stʉ'derən]
ler (vt)	lezen	['lezən]
falar (vi)	spreken	['sprekən]
entender (vt)	begrijpen	[bə'xrɛjpən]
escrever (vt)	schrijven	['sxrɛjvən]
rapidamente	snel	[snɛl]

devagar, lentamente	langzaam	['laŋzām]
fluentemente	vloeiend	['vlujənt]
regras (f pl)	regels	['rexəls]
gramática (f)	grammatica (de)	[xra'matika]
vocabulário (m)	vocabulaire (het)	[vɔkabʉ'lɛːr]
fonética (f)	fonetiek (de)	[fɔnɛ'tik]
livro (m) didático	leerboek (het)	['lēr·buk]
dicionário (m)	woordenboek (het)	['wōrdən·buk]
manual (m) autodidático	leerboek (het) voor zelfstudie	['lērbuk vōr 'zɛlfstʉdi]
guia (m) de conversação	taalgids (de)	['tāl·xits]
fita (f) cassete	cassette (de)	[ka'sɛtə]
videoteipe (m)	videocassette (de)	['vidɛɔ·ka'sɛtə]
CD (m)	CD (de)	[se'de]
DVD (m)	DVD (de)	[deve'de]
alfabeto (m)	alfabet (het)	['alfabət]
soletrar (vt)	spellen	['spɛlən]
pronúncia (f)	uitspraak (de)	['œytsprāk]
sotaque (m)	accent (het)	[ak'sɛnt]
com sotaque	met een accent	[mɛt en ak'sɛnt]
sem sotaque	zonder accent	['zɔndər ak'sɛnt]
palavra (f)	woord (het)	[wōrt]
sentido (m)	betekenis (de)	[bə'tekənis]
curso (m)	cursus (de)	['kʉrzʉs]
inscrever-se (vr)	zich inschrijven	[zix 'insxrɛjvən]
professor (m)	leraar (de)	['lerār]
tradução (processo)	vertaling (de)	[vər'taliŋ]
tradução (texto)	vertaling (de)	[vər'taliŋ]
tradutor (m)	vertaler (de)	[vər'talər]
intérprete (m)	tolk (de)	[tɔlk]
poliglota (m)	polyglot (de)	[pɔli'xlɔt]
memória (f)	geheugen (het)	[xə'høxən]

147. Personagens de contos de fadas

Papai Noel (m)	Sinterklaas (de)	[sintər·'klās]
Cinderela (f)	Assepoester (de)	[asə'pustər]
sereia (f)	zeemeermin (de)	['zē·mērmin]
Netuno (m)	Neptunus (de)	[nep'tʉnʉs]
bruxo, feiticeiro (m)	magiër, tovenaar (de)	['maxjər], [tɔvə'nār]
fada (f)	goede heks (de)	['xudə hɛks]
mágico (adj)	magisch	['maxis]
varinha (f) mágica	toverstokje (het)	['tɔvər·stɔkjə]
conto (m) de fadas	sprookje (het)	['sprōkjə]

milagre (m)	wonder (het)	['wɔndər]
anão (m)	dwerg (de)	[dwɛrx]
transformar-se em ...	veranderen in ...	[və'randərən in]

fantasma (m)	spook (het)	[spōk]
fantasma (m)	geest (de)	[xēst]
monstro (m)	monster (het)	['mɔnstər]
dragão (m)	draak (de)	[drāk]
gigante (m)	reus (de)	['røs]

148. Signos do Zodíaco

Áries (f)	Ram (de)	[ram]
Touro (m)	Stier (de)	[stir]
Gêmeos (m pl)	Tweelingen	['twēliŋən]
Câncer (m)	Kreeft (de)	[krēft]
Leão (m)	Leeuw (de)	[lēw]
Virgem (f)	Maagd (de)	[māxt]

Libra (f)	Weegschaal (de)	['wēxsxāl]
Escorpião (m)	Schorpioen (de)	[sxɔrpi'un]
Sagitário (m)	Boogschutter (de)	['bōx·'sxʉtər]
Capricórnio (m)	Steenbok (de)	['stēnbɔk]
Aquário (m)	Waterman (de)	['watərman]
Peixes (pl)	Vissen	['visən]

caráter (m)	karakter (het)	[ka'raktər]
traços (m pl) do caráter	karaktertrekken	[ka'raktər·'trɛkən]
comportamento (m)	gedrag (het)	[xə'drax]
prever a sorte	waarzeggen	[wār'zexən]
adivinha (f)	waarzegster (de)	[wār'zexstər]
horóscopo (m)	horoscoop (de)	[hɔrɔ'skōp]

Artes

149. Teatro

teatro (m)	theater (het)	[te'atər]
ópera (f)	opera (de)	['ɔpəra]
opereta (f)	operette (de)	[ɔpe'rɛtə]
balé (m)	ballet (het)	[ba'lɛt]
cartaz (m)	affiche (de/het)	[a'fiʃə]
companhia (f) de teatro	theatergezelschap (het)	[te'atər·xəzɛlsxap]
turnê (f)	tournee (de)	[tur'nē]
estar em turnê	op tournee zijn	[ɔp tur'nē zɛjn]
ensaiar (vt)	repeteren	[repɛ'terən]
ensaio (m)	repetitie (de)	[repɛ'titsi]
repertório (m)	repertoire (het)	[repɛrtu'ar]
apresentação (f)	voorstelling (de)	['vōrstɛliŋ]
espetáculo (m)	spektakel (het)	[spɛk'takəl]
peça (f)	toneelstuk (het)	[tɔ'nēl·stʉk]
entrada (m)	biljet (het)	[bi'ljet]
bilheteira (f)	kassa (de)	['kasa]
hall (m)	foyer (de)	[fua'je]
vestiário (m)	garderobe (de)	[xardə'rɔbə]
senha (f) numerada	garderobe nummer (het)	[xardə'rɔbə 'nʉmɛr]
binóculo (m)	verrekijker (de)	['vɛrəkɛjkər]
lanterninha (m)	plaatsaanwijzer (de)	[plāts·'ānwɛjzər]
plateia (f)	parterre (de)	[par'tɛːrə]
balcão (m)	balkon (het)	[bal'kɔn]
primeiro balcão (m)	gouden rang (de)	['xaudən raŋ]
camarote (m)	loge (de)	['lɔʒə]
fila (f)	rij (de)	[rɛj]
assento (m)	plaats (de)	[plāts]
público (m)	publiek (het)	[pʉ'blik]
espectador (m)	kijker (de)	['kɛjkər]
aplaudir (vt)	klappen	['klapən]
aplauso (m)	applaus (het)	[a'plaus]
ovação (f)	ovatie (de)	[ɔ'vatsi]
palco (m)	toneel (het)	[tɔ'nēl]
cortina (f)	gordijn, doek (het)	[xɔr'dɛjn], [duk]
cenário (m)	toneeldecor (het)	[tɔ'nēl·de'kɔr]
bastidores (m pl)	backstage (de)	[bɛk·'stɛjdʒ]
cena (f)	scène (de)	['sɛjnə]
ato (m)	bedrijf (het)	[bə'drɛjf]
intervalo (m)	pauze (de)	['pauzə]

150. Cinema

ator (m)	acteur (de)	[ak'tør]
atriz (f)	actrice (de)	[akt'risə]
cinema (m)	bioscoop (de)	[biɔ'skōp]
filme (m)	speelfilm (de)	['spēl·film]
episódio (m)	aflevering (de)	['afleveriŋ]
filme (m) policial	detectivefilm (de)	[de'tɛktif·film]
filme (m) de ação	actiefilm (de)	['aktsi·film]
filme (m) de aventuras	avonturenfilm (de)	[avɔn'tʉrən·film]
filme (m) de ficção científica	sciencefictionfilm (de)	['sajəns·'fikʃən·film]
filme (m) de horror	griezelfilm (de)	['xrizəl·film]
comédia (f)	komedie (de)	[kɔ'medi]
melodrama (m)	melodrama (het)	[melɔ'drama]
drama (m)	drama (het)	['drama]
filme (m) de ficção	speelfilm (de)	['spēl·film]
documentário (m)	documentaire (de)	[dɔkʉmen'tɛ:r]
desenho (m) animado	tekenfilm (de)	['tekən·film]
cinema (m) mudo	stomme film (de)	['stɔmə film]
papel (m)	rol (de)	[rɔl]
papel (m) principal	hoofdrol (de)	['hōft·rɔl]
representar (vt)	spelen	['spelən]
estrela (f) de cinema	filmster (de)	['film·stɛr]
conhecido (adj)	bekend	[bə'kɛnt]
famoso (adj)	beroemd	[bə'rumt]
popular (adj)	populair	[pɔpʉ'lɛr]
roteiro (m)	scenario (het)	[sɛ'nariɔ]
roteirista (m)	scenarioschrijver (de)	[sɛ'nariɔ·'sxrɛjvər]
diretor (m) de cinema	regisseur (de)	[rexi'sør]
produtor (m)	filmproducent (de)	[film·prɔdʉ'sɛnt]
assistente (m)	assistent (de)	[asi'stɛnt]
diretor (m) de fotografia	cameraman (de)	['kaməraman]
dublê (m)	stuntman (de)	['stʉnt·man]
dublê (m) de corpo	stuntdubbel (de)	['stʉnt·dʉbəl]
filmar (vt)	een film maken	[en film 'makən]
audição (f)	auditie (de)	[au'ditsi]
filmagem (f)	opnamen	['ɔpnamən]
equipe (f) de filmagem	filmploeg (de)	['film·plux]
set (m) de filmagem	filmset (de)	['film·sɛt]
câmera (f)	filmcamera (de)	[film·'kamərə]
cinema (m)	bioscoop (de)	[biɔ'skōp]
tela (f)	scherm (het)	[sxɛrm]
exibir um filme	een film vertonen	[en film vər'tɔnən]
trilha (f) sonora	geluidsspoor (de)	[xə'lœyts·spōr]
efeitos (m pl) especiais	speciale effecten	[speʃi'alə ɛ'fɛktən]

legendas (f pl)	ondertiteling (de)	['ɔndər'titəliŋ]
crédito (m)	voortiteling, aftiteling (de)	[vŏr'titəliŋ], [af'titəliŋ]
tradução (f)	vertaling (de)	[vər'taliŋ]

151. Pintura

arte (f)	kunst (de)	['kʉnst]
belas-artes (f pl)	schone kunsten	['sxɔnə 'kʉnstən]
galeria (f) de arte	kunstgalerie (de)	['kʉnst·galə'ri]
exibição (f) de arte	kunsttentoonstelling (de)	['kʉnst·tɛn'tŏnstɛliŋ]
pintura (f)	schilderkunst (de)	['sxildər·kʉnst]
arte (f) gráfica	grafiek (de)	[xra'fik]
arte (f) abstrata	abstracte kunst (de)	[ap'straktə kʉnst]
impressionismo (m)	impressionisme (het)	[impresiɔ'nismə]
pintura (f), quadro (m)	schilderij (het)	[sxildə'rɛj]
desenho (m)	tekening (de)	['tekəniŋ]
cartaz, pôster (m)	poster (de)	['pɔstər]
ilustração (f)	illustratie (de)	[ilʉ'stratsi]
miniatura (f)	miniatuur (de)	[minia'tūr]
cópia (f)	kopie (de)	[kɔ'pi]
reprodução (f)	reproductie (de)	[reprɔ'dʉksi]
mosaico (m)	mozaïek (het)	[mɔza'ik]
vitral (m)	gebrandschilderd glas (het)	[xə'brant·sxildərt xlas]
afresco (m)	fresco (het)	['frɛskɔ]
gravura (f)	gravure (de)	[xra'vʉrə]
busto (m)	buste (de)	['bʉstə]
escultura (f)	beeldhouwwerk (het)	['bĕlt·hauwɛrk]
estátua (f)	beeld (het)	[bĕlt]
gesso (m)	gips (het)	[xips]
em gesso (adj)	gipsen	['xipsən]
retrato (m)	portret (het)	[pɔrt'rɛt]
autorretrato (m)	zelfportret (het)	['zɛlf·pɔr'trɛt]
paisagem (f)	landschap (het)	['landsxap]
natureza (f) morta	stilleven (het)	[sti'levən]
caricatura (f)	karikatuur (de)	[karika'tūr]
esboço (m)	schets (de)	[sxɛts]
tinta (f)	verf (de)	[vɛrf]
aquarela (f)	aquarel (de)	[akva'rɛl]
tinta (f) a óleo	olieverf (de)	['ɔli·vɛrf]
lápis (m)	potlood (het)	['pɔtlŏt]
tinta (f) nanquim	Oost-Indische inkt (de)	[ŏst·'indisə inkt]
carvão (m)	houtskool (de)	['haut·skŏl]
desenhar (vt)	tekenen	['tekənən]
pintar (vt)	schilderen	['sxildərən]
posar (vi)	poseren	[pɔ'zerən]
modelo (m)	naaktmodel (het)	[nākt·mɔ'dɛl]

Portuguese	Dutch	Pronunciation
modelo (f)	naaktmodel (het)	[nākt·mɔ'dɛl]
pintor (m)	kunstenaar (de)	['kʉnstənār]
obra (f)	kunstwerk (het)	['kʉnst·wɛrk]
obra-prima (f)	meesterwerk (het)	['mēstər·wɛrk]
estúdio (m)	studio, werkruimte (de)	['stydiɔ], [wɛrk·rœymtə]
tela (f)	schildersdoek (het)	['sxildər·duk]
cavalete (m)	schildersezel (de)	['sxildərs·'ezəl]
paleta (f)	palet (het)	[pa'lɛt]
moldura (f)	lijst (de)	[lɛjst]
restauração (f)	restauratie (de)	[rɛstɔ'ratsi]
restaurar (vt)	restaureren	[rɛstɔ'rerən]

152. Literatura & Poesia

literatura (f)	literatuur (de)	[litəra'tūr]
autor (m)	auteur (de)	[au'tør]
pseudônimo (m)	pseudoniem (het)	[psødɔ'nim]
livro (m)	boek (het)	[buk]
volume (m)	boekdeel (het)	['bukdēl]
índice (m)	inhoudsopgave (de)	['inhauts·'ɔpxavə]
página (f)	pagina (de)	['paxina]
protagonista (m)	hoofdpersoon (de)	[hōft·pɛr'sɔn]
autógrafo (m)	handtekening (de)	['hand·'tekəniŋ]
conto (m)	verhaal (het)	[vər'hāl]
novela (f)	novelle (de)	[nɔ'velə]
romance (m)	roman (de)	[rɔ'man]
obra (f)	werk (het)	[wɛrk]
fábula (m)	fabel (de)	['fabəl]
romance (m) policial	detectiveroman (de)	[de'tɛktif·rɔ'man]
verso (m)	gedicht (het)	[xə'diht]
poesia (f)	poëzie (de)	[pɔɛ'zi]
poema (m)	epos (het)	['ɛpɔs]
poeta (m)	dichter (de)	['dixtər]
ficção (f)	fictie (de)	['fiksi]
ficção (f) científica	sciencefiction (de)	['sajəns·'fikʃən]
aventuras (f pl)	avonturenroman (de)	[avɔn'tʉrən·rɔ'man]
literatura (f) didática	opvoedkundige literatuur (de)	['ɔpvud'kundəxə litəra'tūr]
literatura (f) infantil	kinderliteratuur (de)	['kindər·litəra'tūr]

153. Circo

circo (m)	circus (de/het)	['sirkʉs]
circo (m) ambulante	chapiteau circus (de/het)	[ʃʌpi'tɔ 'sirkʉs]
programa (m)	programma (het)	[prɔ'xrama]
apresentação (f)	voorstelling (de)	['vōrstɛliŋ]

| número (m) | nummer (het) | ['nʉmər] |
| picadeiro (f) | arena (de) | [a'rena] |

| pantomima (f) | pantomime (de) | [pantɔ'mim] |
| palhaço (m) | clown (de) | ['klaun] |

acrobata (m)	acrobaat (de)	[akrɔ'bāt]
acrobacia (f)	acrobatiek (de)	[akrɔba'tik]
ginasta (m)	gymnast (de)	[xim'nast]
ginástica (f)	gymnastiek (de)	[ximnas'tik]
salto (m) mortal	salto (de)	['saltɔ]

homem (m) forte	sterke man (de)	['stɛrkə man]
domador (m)	temmer (de)	['tɛmər]
cavaleiro (m) equilibrista	ruiter (de)	['rœytər]
assistente (m)	assistent (de)	[asi'stɛnt]

truque (m)	stunt (de)	[stʉnt]
truque (m) de mágica	goocheltruc (de)	['xōxəl·trʉk]
ilusionista (m)	goochelaar (de)	['xōxəlār]

malabarista (m)	jongleur (de)	[jɔŋ'lør]
fazer malabarismos	jongleren	[jɔŋ'lerən]
adestrador (m)	dierentrainer (de)	['dīrən·trɛjnər]
adestramento (m)	dressuur (de)	[drɛ'sūr]
adestrar (vt)	dresseren	[drɛ'serən]

154. Música. Música popular

música (f)	muziek (de)	[mʉ'zik]
músico (m)	muzikant (de)	[mʉzi'kant]
instrumento (m) musical	muziekinstrument (het)	[mʉ'zik·instrʉ'mɛnt]
tocar ...	... spelen	['spelən]

guitarra (f)	gitaar (de)	[xi'tār]
violino (m)	viool (de)	[vi'jōl]
violoncelo (m)	cello (de)	['ʧɛlɔ]
contrabaixo (m)	contrabas (de)	['kɔntrabas]
harpa (f)	harp (de)	[harp]

piano (m)	piano (de)	[pi'anɔ]
piano (m) de cauda	vleugel (de)	['vløxəl]
órgão (m)	orgel (het)	['ɔrxəl]

instrumentos (m pl) de sopro	blaasinstrumenten	[blāz·instrʉ'mɛntən]
oboé (m)	hobo (de)	[hɔ'bɔ]
saxofone (m)	saxofoon (de)	[saksɔ'fōn]
clarinete (m)	klarinet (de)	[klari'nɛt]
flauta (f)	fluit (de)	['flœʏt]
trompete (m)	trompet (de)	[trɔm'pɛt]

acordeão (m)	accordeon (de/het)	[akɔrdɛ'ɔn]
tambor (m)	trommel (de)	['trɔməl]
dueto (m)	duet (het)	[dʉ'wɛt]

T&P Books. Vocabulário Português Brasileiro-Holandês - 9000 palavras

trio (m)	**trio (het)**	['triɔ]
quarteto (m)	**kwartet (het)**	['kwar'tɛt]
coro (m)	**koor (het)**	[kōr]
orquestra (f)	**orkest (het)**	[ɔr'kɛst]
música (f) pop	**popmuziek (de)**	[pɔp·mʉ'zik]
música (f) rock	**rockmuziek (de)**	[rɔk·mʉ'zik]
grupo (m) de rock	**rockgroep (de)**	['rɔk·xrup]
jazz (m)	**jazz (de)**	[dʒaz]
ídolo (m)	**idool (het)**	[i'dōl]
fã, admirador (m)	**bewonderaar (de)**	[bə'wɔndərār]
concerto (m)	**concert (het)**	[kɔn'sɛrt]
sinfonia (f)	**symfonie (de)**	[simfo'ni]
composição (f)	**compositie (de)**	[kɔmpɔ'zitsi]
compor (vt)	**componeren**	[kɔmpɔ'nerən]
canto (m)	**zang (de)**	[zaŋ]
canção (f)	**lied (het)**	[lit]
melodia (f)	**melodie (de)**	[melɔ'di]
ritmo (m)	**ritme (het)**	['ritmə]
blues (m)	**blues (de)**	[blʉs]
notas (f pl)	**bladmuziek (de)**	['blat·mʉ'zik]
batuta (f)	**dirigeerstok (de)**	[diri'xēr·stɔk]
arco (m)	**strijkstok (de)**	['strɛjk·stɔk]
corda (f)	**snaar (de)**	[snār]
estojo (m)	**koffer (de)**	['kɔfər]

Descanso. Entretenimento. Viagens

155. Viagens

turismo (m)	toerisme (het)	[tu'rismə]
turista (m)	toerist (de)	[tu'rist]
viagem (f)	reis (de)	[rɛjs]
aventura (f)	avontuur (het)	[avɔn'tūr]
percurso (curta viagem)	tocht (de)	[tɔxt]
férias (f pl)	vakantie (de)	[va'kantsi]
estar de férias	met vakantie zijn	[mɛt va'kantsi zɛjn]
descanso (m)	rust (de)	[rʉst]
trem (m)	trein (de)	[trɛjn]
de trem (chegar ~)	met de trein	[mɛt də trɛjn]
avião (m)	vliegtuig (het)	['vlixtœyx]
de avião	met het vliegtuig	[mɛt ət 'vlixtœyx]
de carro	met de auto	[mɛt də 'autɔ]
de navio	per schip	[pər sxip]
bagagem (f)	bagage (de)	[ba'xaʒə]
mala (f)	valies (de)	[va'lis]
carrinho (m)	bagagekarretje (het)	[ba'xaʒə·'karɛtʃə]
passaporte (m)	paspoort (het)	['paspōrt]
visto (m)	visum (het)	['vizʉm]
passagem (f)	kaartje (het)	['kārtʃə]
passagem (f) aérea	vliegticket (het)	['vlix·'tikət]
guia (m) de viagem	reisgids (de)	['rɛjs·xids]
mapa (m)	kaart (de)	[kārt]
área (f)	gebied (het)	[xə'bit]
lugar (m)	plaats (de)	[plāts]
exotismo (m)	exotische bestemming (de)	[ɛ'ksɔtise bɛ'stemiŋ]
exótico (adj)	exotisch	[ɛk'sɔtis]
surpreendente (adj)	verwonderlijk	[vər'wɔndərlək]
grupo (m)	groep (de)	[xrup]
excursão (f)	rondleiding (de)	['rɔntlɛjdiŋ]
guia (m)	gids (de)	[xits]

156. Hotel

hotel (m)	hotel (het)	[hɔ'tɛl]
motel (m)	motel (het)	[mɔ'tɛl]
três estrelas	3-sterren	[dri-'stɛrən]

cinco estrelas	5-sterren	[vɛjf-'stɛrən]
ficar (vi, vt)	overnachten	[ɔvər'naxtən]
quarto (m)	kamer (de)	['kamər]
quarto (m) individual	eenpersoonskamer (de)	[ēnpɛr'sōns·'kamər]
quarto (m) duplo	tweepersoonskamer (de)	[twē·pɛr'sōns·'kamər]
reservar um quarto	een kamer reserveren	[en 'kamər rezər'verən]
meia pensão (f)	halfpension (het)	[half·pɛn'ʃɔn]
pensão (f) completa	volpension (het)	['vɔl·pɛn'ʃɔn]
com banheira	met badkamer	[mɛt 'batkamər]
com chuveiro	met douche	[mɛt 'duʃ]
televisão (m) por satélite	satelliet-tv (de)	[satə'lit-te've]
ar (m) condicionado	airconditioner (de)	[ɛr·kɔn'diʃənər]
toalha (f)	handdoek (de)	['handuk]
chave (f)	sleutel (de)	['sløtəl]
administrador (m)	administrateur (de)	[atministra'tør]
camareira (f)	kamermeisje (het)	['kamər·'mɛjɕə]
bagageiro (m)	piccolo (de)	['pikɔlɔ]
porteiro (m)	portier (de)	[pɔ'rtīr]
restaurante (m)	restaurant (het)	[rɛstɔ'rant]
bar (m)	bar (de)	[bar]
café (m) da manhã	ontbijt (het)	[ɔn'bɛjt]
jantar (m)	avondeten (het)	['avɔntetən]
bufê (m)	buffet (het)	[bʉ'fɛt]
saguão (m)	hal (de)	[hal]
elevador (m)	lift (de)	[lift]
NÃO PERTURBE	NIET STOREN	[nit 'stɔrən]
PROIBIDO FUMAR!	VERBODEN TE ROKEN!	[vər'bodən tə 'rokən]

157. Livros. Leitura

livro (m)	boek (het)	[buk]
autor (m)	auteur (de)	[au'tør]
escritor (m)	schrijver (de)	['sxrɛjvər]
escrever (~ um livro)	schrijven	['sxrɛjvən]
leitor (m)	lezer (de)	['lezər]
ler (vt)	lezen	['lezən]
leitura (f)	lezen (het)	['lezən]
para si	stil	[stil]
em voz alta	hardop	['hartɔp]
publicar (vt)	uitgeven	['œytxevən]
publicação (f)	uitgeven (het)	['œytxevən]
editor (m)	uitgever (de)	['œytxevər]
editora (f)	uitgeverij (de)	[œytxevə'rɛj]
sair (vi)	verschijnen	[vər'sxɛjnən]

lançamento (m)	verschijnen (het)	[vərˈsxɛjnən]
tiragem (f)	oplage (de)	[ˈɔplaxə]
livraria (f)	boekhandel (de)	[ˈbukən·ˈhandəl]
biblioteca (f)	bibliotheek (de)	[bibliɔˈtēk]
novela (f)	novelle (de)	[nɔˈvelə]
conto (m)	verhaal (het)	[vərˈhāl]
romance (m)	roman (de)	[rɔˈman]
romance (m) policial	detectiveroman (de)	[deˈtɛktif·rɔˈman]
memórias (f pl)	memoires	[memuˈarəs]
lenda (f)	legende (de)	[leˈxɛndə]
mito (m)	mythe (de)	[ˈmitə]
poesia (f)	gedichten	[xəˈdihtən]
autobiografia (f)	autobiografie (de)	[ˈautɔ·bioxraˈfi]
obras (f pl) escolhidas	bloemlezing (de)	[blumˈleziŋ]
ficção (f) científica	sciencefiction (de)	[ˈsajəns·ˈfikʃən]
título (m)	naam (de)	[nãm]
introdução (f)	inleiding (de)	[inˈlɛjdiŋ]
folha (f) de rosto	voorblad (het)	[ˈvõr·blat]
capítulo (m)	hoofdstuk (het)	[ˈhõftstʉk]
excerto (m)	fragment (het)	[fraxˈmɛnt]
episódio (m)	episode (de)	[ɛpiˈzɔdə]
enredo (m)	intrige (de)	[inˈtrĩʒə]
conteúdo (m)	inhoud (de)	[ˈinhaut]
índice (m)	inhoudsopgave (de)	[ˈinhauts·ˈɔpxavə]
protagonista (m)	hoofdpersonage (het)	[hõft·pɛrsɔˈnaʒə]
volume (m)	boekdeel (het)	[ˈbukdēl]
capa (f)	omslag (de/het)	[ˈɔmslax]
encadernação (f)	boekband (de)	[ˈbuk·bant]
marcador (m) de página	bladwijzer (de)	[blatˈwɛjzər]
página (f)	pagina (de)	[ˈpaxina]
folhear (vt)	bladeren	[ˈbladerən]
margem (f)	marges	[ˈmarʒəs]
anotação (f)	annotatie (de)	[anɔˈtatsi]
nota (f) de rodapé	opmerking (de)	[ˈɔpmɛrkiŋ]
texto (m)	tekst (de)	[tɛkst]
fonte (f)	lettertype (het)	[ˈlɛtər·tipə]
falha (f) de impressão	drukfout (de)	[ˈdrʉk·faut]
tradução (f)	vertaling (de)	[vərˈtaliŋ]
traduzir (vt)	vertalen	[vərˈtalən]
original (m)	origineel (het)	[ɔriʒiˈnēl]
famoso (adj)	beroemd	[bəˈrumt]
desconhecido (adj)	onbekend	[ɔmbəˈkɛnt]
interessante (adj)	interessant	[interəˈsant]
best-seller (m)	bestseller (de)	[bɛstˈsɛlər]

dicionário (m)	woordenboek (het)	['wōrdən·buk]
livro (m) didático	leerboek (het)	['lēr·buk]
enciclopédia (f)	encyclopedie (de)	[ɛnsiklɔpə'di]

158. Caça. Pesca

caça (f)	jacht (de)	[jaxt]
caçar (vi)	jagen	['jaxən]
caçador (m)	jager (de)	['jaxər]

disparar, atirar (vi)	schieten	['sxitən]
rifle (m)	geweer (het)	[xə'wēr]
cartucho (m)	patroon (de)	[pa'trōn]
chumbo (m) de caça	hagel (de)	['haxəl]

armadilha (f)	val (de)	[val]
armadilha (com corda)	valstrik (de)	['valstrək]
cair na armadilha	in de val trappen	[in də val t'rapən]
pôr a armadilha	een val zetten	[en val 'zetən]

caçador (m) furtivo	stroper (de)	['strɔpər]
caça (animais)	wild (het)	[wilt]
cão (m) de caça	jachthond (de)	['jaxt·hɔnt]
safári (m)	safari (de)	[sa'fari]
animal (m) empalhado	opgezet dier (het)	['ɔpxezət dīr]

pescador (m)	visser (de)	['visər]
pesca (f)	visvangst (de)	['visvaŋst]
pescar (vt)	vissen	['visən]

vara (f) de pesca	hengel (de)	['hɛŋəl]
linha (f) de pesca	vislijn (de)	['vis·lɛjn]
anzol (m)	haak (de)	[hāk]

| boia (f), flutuador (m) | dobber (de) | ['dɔbər] |
| isca (f) | aas (het) | [ās] |

| lançar a linha | de hengel uitwerpen | [də 'hɛŋɛl œyt'wɛrpən] |
| morder (peixe) | bijten | ['bɛjtən] |

| pesca (f) | vangst (de) | ['vaŋst] |
| buraco (m) no gelo | wak (het) | [wak] |

| rede (f) | net (het) | [nɛt] |
| barco (m) | boot (de) | [bōt] |

pescar com rede	vissen met netten	['visən mɛt 'nɛtən]
lançar a rede	het net uitwerpen	[ət nɛt œyt'wɛrpən]
puxar a rede	het net binnenhalen	[də nɛt 'binənhalən]
cair na rede	in het net vallen	[in ət nɛt 'valən]

baleeiro (m)	walvisvangst (de)	['walvis·vaŋst]
baleeira (f)	walvisvaarder (de)	['walvis·'vārdər]
arpão (m)	harpoen (de)	[har'pun]

159. Jogos. Bilhar

bilhar (m)	biljart (het)	[bi'ljart]
sala (f) de bilhar	biljartzaal (de)	[bi'ljart·zāl]
bola (f) de bilhar	biljartbal (de)	[bi'ljart·bal]
embolsar uma bola	een bal in het gat jagen	[en 'bal in het xat 'jaxən]
taco (m)	keu (de)	['kø]
caçapa (f)	gat (het)	[xat]

160. Jogos. Jogar cartas

ouros (m pl)	ruiten	['rœytən]
espadas (f pl)	schoppen	['sxɔpən]
copas (f pl)	klaveren	['klavərən]
paus (m pl)	harten	['hartən]
ás (m)	aas (de)	[ās]
rei (m)	koning (de)	['kɔniŋ]
dama (f), rainha (f)	dame (de)	['damə]
valete (m)	boer (de)	[bur]
carta (f) de jogar	speelkaart (de)	['spēl·kārt]
cartas (f pl)	kaarten	['kārtən]
trunfo (m)	troef (de)	['truf]
baralho (m)	pak (het) kaarten	[pak 'kārtən]
ponto (m)	punt (het)	[pʉnt]
dar, distribuir (vt)	uitdelen	['œytdelən]
embaralhar (vt)	schudden	['sxʉdən]
vez, jogada (f)	beurt (de)	['børt]
trapaceiro (m)	valsspeler (de)	['vals·spelər]

161. Casino. Roleta

cassino (m)	casino (het)	[ka'sinɔ]
roleta (f)	roulette (de)	[ru'letə]
aposta (f)	inzet (de)	['inzɛt]
apostar (vt)	een bod doen	[en 'bɔt dun]
vermelho (m)	rood (de)	[rōt]
preto (m)	zwart (de)	[zwart]
apostar no vermelho	inzetten op rood	['inzɛtən ɔp rōt]
apostar no preto	inzetten op zwart	['inzɛtən ɔp 'zwart]
croupier (m, f)	croupier (de)	[kru'pje]
girar da roleta	de cilinder draaien	[dɛ si'lindər 'drāin]
regras (f pl) do jogo	spelregels	['spɛl·'rexəls]
ficha (f)	fiche (de)	['fiʃə]
ganhar (vi, vt)	winnen	['winən]
ganho (m)	winst (de)	[winst]

| perder (dinheiro) | verliezen | [vər'lizən] |
| perda (f) | verlies (het) | [vər'lis] |

jogador (m)	speler (de)	['spelər]
blackjack, vinte-e-um (m)	blackjack (het)	[blɛk'dʒɛk]
jogo (m) de dados	dobbelspel (het)	['dɔbəl·spɛl]
dados (m pl)	dobbelstenen	['dɔbəl·'stɛnən]
caça-níqueis (m)	speelautomaat (de)	['spēl·autɔ'māt]

162. Descanso. Jogos. Diversos

passear (vi)	wandelen	['wandələn]
passeio (m)	wandeling (de)	['wandəliŋ]
viagem (f) de carro	trip (de)	[trip]
aventura (f)	avontuur (het)	[avɔn'tūr]
piquenique (m)	picknick (de)	['piknik]

jogo (m)	spel (het)	[spɛl]
jogador (m)	speler (de)	['spelər]
partida (f)	partij (de)	[par'tɛj]

colecionador (m)	collectioneur (de)	[kɔlektsjɔ'nør]
colecionar (vt)	collectioneren	[kɔlektsjɔ'nerən]
coleção (f)	collectie (de)	[kɔ'lɛksi]

palavras (f pl) cruzadas	kruiswoordraadsel (het)	['krœyswōrt·'rādsəl]
hipódromo (m)	hippodroom (de)	[hipɔ'drōm]
discoteca (f)	discotheek (de)	[diskɔ'tēk]

| sauna (f) | sauna (de) | ['sauna] |
| loteria (f) | loterij (de) | [lɔtə'rɛj] |

campismo (m)	trektocht (de)	['trɛk·tɔxt]
acampamento (m)	kamp (het)	[kamp]
barraca (f)	tent (de)	[tɛnt]
bússola (f)	kompas (het)	[kɔm'pas]
campista (m)	rugzaktoerist (de)	['rʉxzak·tu'rist]

ver (vt), assistir à ...	bekijken	[bə'kɛjkən]
telespectador (m)	kijker (de)	['kɛjkər]
programa (m) de TV	televisie-uitzending (de)	[telə'vizi-'œytsɛndiŋ]

163. Fotografia

| máquina (f) fotográfica | fotocamera (de) | ['fotɔ·'kaməra] |
| foto, fotografia (f) | foto (de) | ['fotɔ] |

fotógrafo (m)	fotograaf (de)	[fotɔx'rāf]
estúdio (m) fotográfico	fotostudio (de)	[fotɔ·'studiɔ]
álbum (m) de fotografias	fotoalbum (het)	[fotɔ·'album]
lente (f) fotográfica	lens (de), objectief (het)	[lɛns], [ɔbjek'tif]
lente (f) teleobjetiva	telelens (de)	[telə·'lɛns]

filtro (m)	filter (de/het)	['fıltər]
lente (f)	lens (de)	[lɛns]
ótica (f)	optiek (de)	[ɔp'tik]
abertura (f)	diafragma (het)	[dia'fraxma]
exposição (f)	belichtingstijd (de)	[bə'lixtiŋs·tɛjt]
visor (m)	zoeker (de)	['zukər]
câmera (f) digital	digitale camera (de)	[dixi'talə 'kaməra]
tripé (m)	statief (het)	[sta'tif]
flash (m)	flits (de)	[flits]
fotografar (vt)	fotograferen	[fotɔxra'ferən]
tirar fotos	foto's maken	['fotɔs 'makən]
fotografar-se (vr)	zich laten fotograferen	[zih 'latən fotɔxra'ferən]
foco (m)	focus (de)	['fɔkəs]
focar (vt)	scherpstellen	['sxɛrpstɛlən]
nítido (adj)	scherp	[sxɛrp]
nitidez (f)	scherpte (de)	['sxɛrptə]
contraste (m)	contrast (het)	[kɔn'trast]
contrastante (adj)	contrastrijk	[kɔn'trastrɛjk]
retrato (m)	kiekje (het)	['kikjə]
negativo (m)	negatief (het)	[nexa'tif]
filme (m)	filmpje (het)	['filmpjə]
fotograma (m)	beeld (het)	[bēlt]
imprimir (vt)	afdrukken	['afdrʉkən]

164. Praia. Natação

praia (f)	strand (het)	[strant]
areia (f)	zand (het)	[zant]
deserto (adj)	leeg	[lēx]
bronzeado (m)	bruine kleur (de)	['brœynə 'klør]
bronzear-se (vr)	zonnebaden	['zɔnə·badən]
bronzeado (adj)	gebruind	[xə'brœynt]
protetor (m) solar	zonnecrème (de)	['zɔnə·krɛːm]
biquíni (m)	bikini (de)	[bi'kini]
maiô (m)	badpak (het)	['bad·pak]
calção (m) de banho	zwembroek (de)	['zwɛm·bruk]
piscina (f)	zwembad (het)	['zwɛm·bat]
nadar (vi)	zwemmen	['zwɛmən]
chuveiro (m), ducha (f)	douche (de)	[duʃ]
mudar, trocar (vt)	zich omkleden	[zix 'ɔmkledən]
toalha (f)	handdoek (de)	['handuk]
barco (m)	boot (de)	[bōt]
lancha (f)	motorboot (de)	['motɔr·bōt]
esqui (m) aquático	waterski's	['watər·skis]

145

barco (m) de pedais	waterfiets (de)	['watər·fits]
surf, surfe (m)	surfen (het)	['sʉrfən]
surfista (m)	surfer (de)	['sʉrfər]
equipamento (m) de mergulho	scuba, aqualong (de)	['skʉba], [akwa'lɔŋ]
pé (m pl) de pato	zwemvliezen	['zwɛm·vlizən]
máscara (f)	duikmasker (het)	['dœʏk·'maskər]
mergulhador (m)	duiker (de)	['dœʏkər]
mergulhar (vi)	duiken	['dœʏkən]
debaixo d'água	onder water	['ɔndər 'watər]
guarda-sol (m)	parasol (de)	[para'sɔl]
espreguiçadeira (f)	ligstoel (de)	['lix·stul]
óculos (m pl) de sol	zonnebril (de)	[zɔnə·bril]
colchão (m) de ar	luchtmatras (de/het)	['lʉxt·ma'tras]
brincar (vi)	spelen	['spelən]
ir nadar	gaan zwemmen	[xān 'zwɛmən]
bola (f) de praia	bal (de)	[bal]
encher (vt)	opblazen	['ɔpblazən]
inflável (adj)	lucht-, opblaasbare	[lʉxt], [ɔpblās'barə]
onda (f)	golf (de)	[xɔlf]
boia (f)	boei (de)	[buj]
afogar-se (vr)	verdrinken	[vər'drinkən]
salvar (vt)	redden	['rɛdən]
colete (m) salva-vidas	reddingsvest (de)	['rɛdiŋs·vɛst]
observar (vt)	waarnemen	['wārnəmən]
salva-vidas (pessoa)	redder (de)	['rɛdər]

EQUIPAMENTO TÉCNICO. TRANSPORTES

Equipamento técnico. Transportes

165. Computador

computador (m)	computer (de)	[kɔm'pjutər]
computador (m) portátil	laptop (de)	['laptɔp]
ligar (vt)	aanzetten	['ānzɛtən]
desligar (vt)	uitzetten	['œytzɛtən]
teclado (m)	toetsenbord (het)	['tutsən·bɔrt]
tecla (f)	toets (de)	[tuts]
mouse (m)	muis (de)	[mœys]
tapete (m) para mouse	muismat (de)	['mœys·mat]
botão (m)	knopje (het)	['knɔpjə]
cursor (m)	cursor (de)	['kʉrzɔr]
monitor (m)	monitor (de)	['mɔnitɔr]
tela (f)	scherm (het)	[sxɛrm]
disco (m) rígido	harde schijf (de)	['hardə sxɛjf]
capacidade (f) do disco rígido	volume (het) van de harde schijf	[vɔ'lʉmə van də 'hardə sxɛjf]
memória (f)	geheugen (het)	[xə'høxən]
memória RAM (f)	RAM-geheugen (het)	[rɛm-xə'høxən]
arquivo (m)	bestand (het)	[bə'stant]
pasta (f)	folder (de)	['fɔldər]
abrir (vt)	openen	['ɔpənən]
fechar (vt)	sluiten	['slœytən]
salvar (vt)	opslaan	['ɔpslān]
deletar (vt)	verwijderen	[vər'wɛjdərən]
copiar (vt)	kopiëren	[kɔpi'erən]
ordenar (vt)	sorteren	[sɔr'terən]
copiar (vt)	overplaatsen	[ɔvər'platsən]
programa (m)	programma (het)	[prɔ'xrama]
software (m)	software (de)	[sɔft'wɛr]
programador (m)	programmeur (de)	[prɔxra'mør]
programar (vt)	programmeren	[prɔxra'merən]
hacker (m)	hacker (de)	['hakər]
senha (f)	wachtwoord (het)	['waxt·wōrt]
vírus (m)	virus (het)	['virʉs]
detectar (vt)	ontdekken	[ɔn'dɛkən]

byte (m)	byte (de)	[bajt]
megabyte (m)	megabyte (de)	['mɛxabajt]
dados (m pl)	data (de)	['data]
base (f) de dados	databank (de)	['data·bank]
cabo (m)	kabel (de)	['kabəl]
desconectar (vt)	afsluiten	['afslœytən]
conectar (vt)	aansluiten op	['ānslœytən ɔp]

166. Internet. E-mail

internet (f)	internet (het)	['intɛrnɛt]
browser (m)	browser (de)	['brausər]
motor (m) de busca	zoekmachine (de)	['zuk·ma'ʃinə]
provedor (m)	internetprovider (de)	['intɛrnɛt·prɔ'vajdər]
webmaster (m)	webmaster (de)	[wɛb·'mastər]
website (m)	website (de)	[wɛbsajt]
web page (f)	webpagina (de)	[wɛb·'paxina]
endereço (m)	adres (het)	[ad'rɛs]
livro (m) de endereços	adresboek (het)	[ad'rɛs·buk]
caixa (f) de correio	postvak (het)	['pɔst·vak]
correio (m)	post (de)	[pɔst]
cheia (caixa de correio)	vol	[vɔl]
mensagem (f)	bericht (het)	[bə'rixt]
mensagens (f pl) recebidas	binnenkomende berichten	['binənkɔmɛndə bə'rixtən]
mensagens (f pl) enviadas	uitgaande berichten	['œytxāndə bə'rihtən]
remetente (m)	verzender (de)	[vər'zɛndər]
enviar (vt)	verzenden	[vər'zɛndən]
envio (m)	verzending (de)	[vər'zɛndiŋ]
destinatário (m)	ontvanger (de)	[ɔnt'faŋər]
receber (vt)	ontvangen	[ɔnt'faŋən]
correspondência (f)	correspondentie (de)	[kɔrɛspɔn'dɛntsi]
corresponder-se (vr)	corresponderen	[kɔrɛspɔn'derən]
arquivo (m)	bestand (het)	[bə'stant]
fazer download, baixar (vt)	downloaden	[daun'loudən]
criar (vt)	creëren	[kre'jerən]
deletar (vt)	verwijderen	[vər'wɛjdərən]
deletado (adj)	verwijderd	[vər'wɛjdərt]
conexão (f)	verbinding (de)	[vər'bindiŋ]
velocidade (f)	snelheid (de)	['snɛlhɛjt]
modem (m)	modem (de)	['mɔdɛm]
acesso (m)	toegang (de)	['tuxaŋ]
porta (f)	poort (de)	['pōrt]
conexão (f)	aansluiting (de)	['ānslœytiŋ]
conectar (vi)	zich aansluiten	[zix 'ānslœytən]

escolher (vt)	selecteren	[sɛlɛk'terən]
buscar (vt)	zoeken	['zukən]

167. Eletricidade

eletricidade (f)	elektriciteit (de)	[ɛlɛktrisi'tɛjt]
elétrico (adj)	elektrisch	[ɛ'lɛktris]
planta (f) elétrica	elektriciteitscentrale (de)	[ɛlɛktrisi'tɛjt·sən'tralə]
energia (f)	energie (de)	[ɛnɛr'ʒi]
energia (f) elétrica	elektrisch vermogen (het)	[ɛ'lɛktris vər'mɔxən]
lâmpada (f)	lamp (de)	[lamp]
lanterna (f)	zaklamp (de)	['zak·lamp]
poste (m) de iluminação	straatlantaarn (de)	['strāt·lan'tārn]
luz (f)	licht (het)	[lixt]
ligar (vt)	aandoen	['āndun]
desligar (vt)	uitdoen	['œytdun]
apagar a luz	het licht uitdoen	[ət 'lixt 'œytdun]
queimar (vi)	doorbranden	['dōrbrandən]
curto-circuito (m)	kortsluiting (de)	['kɔrt·slœytiŋ]
ruptura (f)	onderbreking (de)	['ɔndər'brekiŋ]
contato (m)	contact (het)	[kɔn'takt]
interruptor (m)	schakelaar (de)	['sxakəlār]
tomada (de parede)	stopcontact (het)	['stɔp·kɔn'takt]
plugue (m)	stekker (de)	['stɛkər]
extensão (f)	verlengsnoer (de)	[vər'lɛŋ·snur]
fusível (m)	zekering (de)	['zekəriŋ]
fio, cabo (m)	kabel (de)	['kabəl]
instalação (f) elétrica	bedrading (de)	[bə'dradiŋ]
ampère (m)	ampère (de)	[am'pɛrə]
amperagem (f)	stroomsterkte (de)	[strōm·'stɛrktə]
volt (m)	volt (de)	[vɔlt]
voltagem (f)	spanning (de)	['spaniŋ]
aparelho (m) elétrico	elektrisch toestel (het)	[ɛ'lɛktris 'tustəl]
indicador (m)	indicator (de)	[indi'katɔr]
eletricista (m)	elektricien (de)	[ɛlɛktri'sjen]
soldar (vt)	solderen	[sɔl'derən]
soldador (m)	soldeerbout (de)	[sɔl'dēr·baut]
corrente (f) elétrica	stroom (de)	[strōm]

168. Ferramentas

ferramenta (f)	werktuig (het)	['wɛrktœyx]
ferramentas (f pl)	gereedschap (het)	[xə'rētsxap]
equipamento (m)	uitrusting (de)	['œytrystiŋ]

martelo (m)	**hamer (de)**	['hamər]
chave (f) de fenda	**schroevendraaier (de)**	['sxruvən·'drājər]
machado (m)	**bijl (de)**	[bɛjl]
serra (f)	**zaag (de)**	[zāx]
serrar (vt)	**zagen**	['zaxən]
plaina (f)	**schaaf (de)**	[sxāf]
aplainar (vt)	**schaven**	['sxavən]
soldador (m)	**soldeerbout (de)**	[sɔl'dēr·baut]
soldar (vt)	**solderen**	[sɔl'derən]
lima (f)	**vijl (de)**	[vɛjl]
tenaz (f)	**nijptang (de)**	['nɛjp·taŋ]
alicate (m)	**combinatietang (de)**	[kɔmbi'natsi·taŋ]
formão (m)	**beitel (de)**	['bɛjtəl]
broca (f)	**boorkop (de)**	['bōrkɔp]
furadeira (f) elétrica	**boormachine (de)**	[bōr·ma'ʃinə]
furar (vt)	**boren**	['bɔrən]
faca (f)	**mes (het)**	[mɛs]
lâmina (f)	**lemmet (het)**	['lemət]
afiado (adj)	**scherp**	[sxɛrp]
cego (adj)	**bot**	[bɔt]
embotar-se (vr)	**bot raken**	[bɔt 'rakən]
afiar, amolar (vt)	**slijpen**	['slɛjpən]
parafuso (m)	**bout (de)**	['baut]
porca (f)	**moer (de)**	[mur]
rosca (f)	**schroefdraad (de)**	['sxruf·drāt]
parafuso (para madeira)	**houtschroef (de)**	['haut·sxruf]
prego (m)	**spijker (de)**	['spɛjkər]
cabeça (f) do prego	**kop (de)**	[kɔp]
régua (f)	**liniaal (de/het)**	[lini'āl]
fita (f) métrica	**rolmeter (de)**	['rɔl·metər]
nível (m)	**waterpas (de/het)**	['watərpas]
lupa (f)	**loep (de)**	[lup]
medidor (m)	**meetinstrument (het)**	['mēt·instrʉ'mɛnt]
medir (vt)	**opmeten**	['ɔpmetən]
escala (f)	**schaal (de)**	[sxāl]
indicação (f), registro (m)	**gegevens**	[xə'xevəns]
compressor (m)	**compressor (de)**	[kɔm'presɔr]
microscópio (m)	**microscoop (de)**	[mikrɔ'skōp]
bomba (f)	**pomp (de)**	[pɔmp]
robô (m)	**robot (de)**	['rɔbɔt]
laser (m)	**laser (de)**	['lezər]
chave (f) de boca	**moersleutel (de)**	['mur·'sløtəl]
fita (f) adesiva	**plakband (de)**	['plak·bant]
cola (f)	**lijm (de)**	[lɛjm]

lixa (f)	schuurpapier (het)	[sxūr·pa'pir]
mola (f)	veer (de)	[vēr]
ímã (m)	magneet (de)	[max'nēt]
luva (f)	handschoenen	['xand 'sxunən]
corda (f)	touw (het)	['tau]
cabo (~ de nylon, etc.)	snoer (het)	[snur]
fio (m)	draad (de)	[drāt]
cabo (~ elétrico)	kabel (de)	['kabəl]
marreta (f)	moker (de)	['mɔkər]
pé de cabra (m)	breekijzer (het)	['brē'kɛjzər]
escada (f) de mão	ladder (de)	['ladər]
escada (m)	trapje (het)	['trapje]
enroscar (vt)	aanschroeven	['ānsxruvən]
desenroscar (vt)	losschroeven	[lɔs'sxruvən]
apertar (vt)	dichtpersen	['dixtpɛrsən]
colar (vt)	vastlijmen	[vast'lɛjmən]
cortar (vt)	snijden	['snɛjdən]
falha (f)	defect (het)	[de'fɛkt]
conserto (m)	reparatie (de)	[repa'ratsi]
consertar, reparar (vt)	repareren	[repa'rerən]
regular, ajustar (vt)	regelen	['rexələn]
verificar (vt)	checken	['tʃɛkən]
verificação (f)	controle (de)	[kɔn'trɔlə]
indicação (f), registro (m)	gegevens	[xə'xevəns]
seguro (adj)	degelijk	['dexələk]
complicado (adj)	ingewikkeld	[inxe'wikəlt]
enferrujar (vi)	roesten	['rustən]
enferrujado (adj)	roestig	['rustəx]
ferrugem (f)	roest (de/het)	[rust]

Transportes

169. Avião

avião (m)	vliegtuig (het)	['vlixtœʏx]
passagem (f) aérea	vliegticket (het)	['vlix·'tikət]
companhia (f) aérea	luchtvaart- maatschappij (de)	['lʉxtvārt mātsxa'pɛj]
aeroporto (m)	luchthaven (de)	['lʉxthavən]
supersônico (adj)	supersonisch	[sʉpər'sɔnis]
comandante (m) do avião	gezagvoerder (de)	[xəzax·'vurdər]
tripulação (f)	bemanning (de)	[bə'maniŋ]
piloto (m)	piloot (de)	[pi'lōt]
aeromoça (f)	stewardess (de)	[stʉwər'dɛs]
copiloto (m)	stuurman (de)	['stūrman]
asas (f pl)	vleugels	['vløxəls]
cauda (f)	staart (de)	[stārt]
cabine (f)	cabine (de)	[ka'binə]
motor (m)	motor (de)	['mɔtɔr]
trem (m) de pouso	landingsgestel (het)	['landiŋs·xə'stɛl]
turbina (f)	turbine (de)	[tʉr'binə]
hélice (f)	propeller (de)	[prɔ'pelər]
caixa-preta (f)	zwarte doos (de)	['zwartə dōs]
coluna (f) de controle	stuur (het)	[stūr]
combustível (m)	brandstof (de)	['brandstɔf]
instruções (f pl) de segurança	veiligheidskaart (de)	['vɛjləxhɛjts·kārt]
máscara (f) de oxigênio	zuurstofmasker (het)	['zūrstɔf·'maskər]
uniforme (m)	uniform (het)	['juniɔrm]
colete (m) salva-vidas	reddingsvest (de)	['rɛdiŋs·vɛst]
paraquedas (m)	parachute (de)	[para'ʃʉtə]
decolagem (f)	opstijgen (het)	['ɔpstɛjxən]
descolar (vi)	opstijgen	['ɔpstɛjxən]
pista (f) de decolagem	startbaan (de)	['start·bān]
visibilidade (f)	zicht (het)	[zixt]
voo (m)	vlucht (de)	[vlʉxt]
altura (f)	hoogte (de)	['hōxtə]
poço (m) de ar	luchtzak (de)	['lʉxt·zak]
assento (m)	plaats (de)	[plāts]
fone (m) de ouvido	koptelefoon (de)	['kɔp·telə'fōn]
mesa (f) retrátil	tafeltje (het)	['tafɛltʃə]
janela (f)	venster (het)	['vɛnstər]
corredor (m)	gangpad (het)	['haŋpat]

170. Comboio

trem (m)	trein (de)	[trɛjn]
trem (m) elétrico	elektrische trein (de)	[ɛ'lɛktrisə trɛjn]
trem (m)	sneltrein (de)	['snɛl·trɛjn]
locomotiva (f) diesel	diesellocomotief (de)	['dizəl·lɔkɔmɔ'tif]
locomotiva (f) a vapor	stoomlocomotief (de)	[stōm·lɔkɔmɔ'tif]
vagão (f) de passageiros	rijtuig (het)	['rɛjtœyx]
vagão-restaurante (m)	restauratierijtuig (het)	[rɛstɔ'ratsi·'rɛjtœyx]
carris (m pl)	rails	['rɛjls]
estrada (f) de ferro	spoorweg (de)	['spōr·wɛx]
travessa (f)	dwarsligger (de)	['dwars·lixə]
plataforma (f)	perron (het)	[pɛ'rɔn]
linha (f)	spoor (het)	[spōr]
semáforo (m)	semafoor (de)	[səma'fōr]
estação (f)	halte (de)	['haltə]
maquinista (m)	machinist (de)	[maʃi'nist]
bagageiro (m)	kruier (de)	['krœyər]
hospedeiro, -a (m, f)	conducteur (de)	[kondʉk'tør]
passageiro (m)	passagier (de)	[pasa'xir]
revisor (m)	controleur (de)	[kɔntrɔ'lør]
corredor (m)	gang (de)	[xaŋ]
freio (m) de emergência	noodrem (de)	['nōd·rɛm]
compartimento (m)	coupé (de)	[ku'pɛ]
cama (f)	bed (het)	[bɛt]
cama (f) de cima	bovenste bed (het)	['bovənstə bɛt]
cama (f) de baixo	onderste bed (het)	['ɔndərstə bɛt]
roupa (f) de cama	beddengoed (het)	['bɛdən·xut]
passagem (f)	kaartje (het)	['kārtʃə]
horário (m)	dienstregeling (de)	[dinst·'rexəliŋ]
painel (m) de informação	informatiebord (het)	[infɔr'matsi·bɔrt]
partir (vt)	vertrekken	[vər'trɛkən]
partida (f)	vertrek (het)	[vər'trɛk]
chegar (vi)	aankomen	['ānkɔmən]
chegada (f)	aankomst (de)	['ānkɔmst]
chegar de trem	aankomen per trein	['ānkɔmən pɛr trɛjn]
pegar o trem	in de trein stappen	[in də 'trɛjn 'stapən]
descer de trem	uit de trein stappen	['œyt də 'trɛjn 'stapən]
acidente (m) ferroviário	treinwrak (het)	['trɛjn·wrak]
descarrilar (vi)	ontspoord zijn	[ɔnt'spōrt zɛjn]
locomotiva (f) a vapor	stoomlocomotief (de)	[stōm·lɔkɔmɔ'tif]
foguista (m)	stoker (de)	['stɔkər]
fornalha (f)	stookplaats (de)	['stōk·plāts]
carvão (m)	steenkool (de)	['stēn·kōl]

171. Barco

navio (m)	schip (het)	[sxip]
embarcação (f)	vaartuig (het)	['vārtœyx]
barco (m) a vapor	stoomboot (de)	['stōm·bōt]
barco (m) fluvial	motorschip (het)	['mɔtɔr·sxip]
transatlântico (m)	lijnschip (het)	['lɛjn·sxip]
cruzeiro (m)	kruiser (de)	['krœysər]
iate (m)	jacht (het)	[jaxt]
rebocador (m)	sleepboot (de)	['slēp·bōt]
barcaça (f)	duwbak (de)	['dʉwbak]
ferry (m)	ferryboot (de)	['fɛri·bōt]
veleiro (m)	zeilboot (de)	['zɛjl·bōt]
bergantim (m)	brigantijn (de)	[brixan'tɛjn]
quebra-gelo (m)	ijsbreker (de)	['ɛjs·brekər]
submarino (m)	duikboot (de)	['dœyk·bōt]
bote, barco (m)	boot (de)	[bōt]
baleeira (bote salva-vidas)	sloep (de)	[slup]
bote (m) salva-vidas	reddingssloep (de)	['rɛdiŋs·slup]
lancha (f)	motorboot (de)	['mɔtɔr·bōt]
capitão (m)	kapitein (de)	[kapi'tɛjn]
marinheiro (m)	zeeman (de)	['zēman]
marujo (m)	matroos (de)	[ma'trōs]
tripulação (f)	bemanning (de)	[bə'maniŋ]
contramestre (m)	bootsman (de)	['bōtsman]
grumete (m)	scheepsjongen (de)	['sxēps·'jɔŋən]
cozinheiro (m) de bordo	kok (de)	[kɔk]
médico (m) de bordo	scheepsarts (de)	['sxēps·arts]
convés (m)	dek (het)	[dɛk]
mastro (m)	mast (de)	[mast]
vela (f)	zeil (het)	[zɛjl]
porão (m)	ruim (het)	[rœym]
proa (f)	voorsteven (de)	['vōrstevən]
popa (f)	achtersteven (de)	['axtər·stevən]
remo (m)	roeispaan (de)	['rujs·pān]
hélice (f)	schroef (de)	[sxruf]
cabine (m)	kajuit (de)	[kajœyt]
sala (f) dos oficiais	officierskamer (de)	[ɔfi'sir·'kamər]
sala (f) das máquinas	machinekamer (de)	[ma'ʃinə·'kamər]
ponte (m) de comando	brug (de)	[brʉx]
sala (f) de comunicações	radiokamer (de)	['radio·'kamər]
onda (f)	radiogolf (de)	['radio·xɔlf]
diário (m) de bordo	logboek (het)	['lɔxbuk]
luneta (f)	verrekijker (de)	['vɛrəkɛjkər]
sino (m)	klok (de)	[klɔk]

bandeira (f)	vlag (de)	[vlax]
cabo (m)	kabel (de)	['kabəl]
nó (m)	knoop (de)	[knōp]

corrimão (m)	leuning (de)	['løniŋ]
prancha (f) de embarque	trap (de)	[trap]

âncora (f)	anker (het)	['ankər]
recolher a âncora	het anker lichten	[ət 'ankər 'lixtən]
jogar a âncora	het anker neerlaten	[ət 'ankər 'nērlatən]
amarra (corrente de âncora)	ankerketting (de)	['ankər·'ketiŋ]

porto (m)	haven (de)	['havən]
cais, amarradouro (m)	kaai (de)	[kāj]
atracar (vi)	aanleggen	['ānlexən]
desatracar (vi)	wegvaren	['wɛxvarən]

viagem (f)	reis (de)	[rɛjs]
cruzeiro (m)	cruise (de)	[krus]
rumo (m)	koers (de)	[kurs]
itinerário (m)	route (de)	['rutə]

canal (m) de navegação	vaarwater (het)	['vār·watər]
banco (m) de areia	zandbank (de)	['zant·bank]
encalhar (vt)	stranden	['strandən]

tempestade (f)	storm (de)	[stɔrm]
sinal (m)	signaal (het)	[si'njāl]
afundar-se (vr)	zinken	['zinkən]
Homem ao mar!	Man overboord!	[man ɔvər'bōrt]
SOS	SOS	[ɛs ɔ ɛs]
boia (f) salva-vidas	reddingsboei (de)	['rɛdiŋs·bui]

172. Aeroporto

aeroporto (m)	luchthaven (de)	['lʉxthavən]
avião (m)	vliegtuig (het)	['vlixtœyx]
companhia (f) aérea	luchtvaart- maatschappij (de)	['lʉxtvārt mātsxa'pɛj]
controlador (m) de tráfego aéreo	luchtverkeersleider (de)	['lʉxt·verkērs·'lɛjdər]

partida (f)	vertrek (het)	[vər'trɛk]
chegada (f)	aankomst (de)	['ānkɔmst]
chegar (vi)	aankomen	['ānkɔmən]

hora (f) de partida	vertrektijd (de)	[vər'trɛk·tɛjt]
hora (f) de chegada	aankomstuur (het)	['ānkɔmst·'ūr]

estar atrasado	vertraagd zijn	[vər'trāxt zɛjn]
atraso (m) de voo	vluchtvertraging (de)	['vlʉxt·vərt'raxiŋ]

painel (m) de informação	informatiebord (het)	[infɔr'matsi·bɔrt]
informação (f)	informatie (de)	[infɔr'matsi]

anunciar (vt)	aankondigen	['ānkɔndəxən]
voo (m)	vlucht (de)	[vlʉxt]
alfândega (f)	douane (de)	[du'anə]
funcionário (m) da alfândega	douanier (de)	[dua'njē]
declaração (f) alfandegária	douaneaangifte (de)	[du'anə·'ānxiftə]
preencher (vt)	invullen	['invʉlən]
preencher a declaração	een douaneaangifte invullen	[en du'anə·'ānxiftə 'invʉlən]
controle (m) de passaporte	paspoortcontrole (de)	['paspōrt·kɔn'trɔlə]
bagagem (f)	bagage (de)	[ba'xaʒə]
bagagem (f) de mão	handbagage (de)	[hant·ba'xaʒə]
carrinho (m)	bagagekarretje (het)	[ba'xaʒə·'karɛtʃə]
pouso (m)	landing (de)	['landiŋ]
pista (f) de pouso	landingsbaan (de)	['landiŋs·bān]
aterrissar (vi)	landen	['landən]
escada (f) de avião	vliegtuigtrap (de)	['vlixtœyx·trap]
check-in (m)	inchecken (het)	['intʃɛkən]
balcão (m) do check-in	incheckbalie (de)	['intʃɛk·'bali]
fazer o check-in	inchecken	['intʃɛkən]
cartão (m) de embarque	instapkaart (de)	['instap·kārt]
portão (m) de embarque	gate (de)	[gejt]
trânsito (m)	transit (de)	['transit]
esperar (vi, vt)	wachten	['waxtən]
sala (f) de espera	wachtzaal (de)	['waxt·zāl]
despedir-se (acompanhar)	begeleiden	[bəxə'lɛjdən]
despedir-se (dizer adeus)	afscheid nemen	['afsxɛjt 'nemən]

173. Bicicleta. Motocicleta

bicicleta (f)	fiets (de)	[fits]
lambreta (f)	bromfiets (de)	['brɔmfits]
moto (f)	motorfiets (de)	['mɔtɔrfits]
ir de bicicleta	met de fiets rijden	[mɛt də fits 'rɛjdən]
guidão (m)	stuur (het)	[stūr]
pedal (m)	pedaal (de/het)	[pe'dāl]
freios (m pl)	remmen	['rɛmən]
banco, selim (m)	fietszadel (de/het)	['fits·zadəl]
bomba (f)	pomp (de)	[pɔmp]
bagageiro (m) de teto	bagagedrager (de)	[ba'xaʒə·'draxər]
lanterna (f)	fietslicht (het)	['fits·lixt]
capacete (m)	helm (de)	[hɛlm]
roda (f)	wiel (het)	[wil]
para-choque (m)	spatbord (het)	['spat·bɔrt]
aro (m)	velg (de)	[vɛlx]
raio (m)	spaak (de)	[spāk]

Carros

174. Tipos de carros

carro, automóvel (m)	auto (de)	['auto]
carro (m) esportivo	sportauto (de)	[spɔrt·'auto]
limusine (f)	limousine (de)	[limu'zinə]
todo o terreno (m)	terreinwagen (de)	[te'rɛjn·'waxən]
conversível (m)	cabriolet (de)	[kabriɔ'let]
minibus (m)	minibus (de)	['minibʉs]
ambulância (f)	ambulance (de)	[ambʉ'lansə]
limpa-neve (m)	sneeuwruimer (de)	['snēw·'rœymər]
caminhão (m)	vrachtwagen (de)	['vraht·'waxən]
caminhão-tanque (m)	tankwagen (de)	['tank·'waxən]
perua, van (f)	bestelwagen (de)	[bə'stɛl·'waxən]
caminhão-trator (m)	trekker (de)	['trɛkər]
reboque (m)	aanhangwagen (de)	['ānhaŋ·'wahən]
confortável (adj)	comfortabel	[kɔmfɔr'tabəl]
usado (adj)	tweedehands	[twēdə'hants]

175. Carros. Carroçaria

capô (m)	motorkap (de)	['mɔtɔr·kap]
para-choque (m)	spatbord (het)	['spat·bɔrt]
teto (m)	dak (het)	[dak]
para-brisa (m)	voorruit (de)	['vōr·rœyt]
retrovisor (m)	achterruit (de)	['axtər·rœyt]
esguicho (m)	ruitensproeier (de)	['rœytən·'sprujər]
limpadores (m) de para-brisas	wisserbladen	['wisər·bladən]
vidro (m) lateral	zijruit (de)	['zɛj·rœyt]
elevador (m) do vidro	raamlift (de)	['rām·lift]
antena (f)	antenne (de)	[an'tɛnə]
teto (m) solar	zonnedak (het)	['zɔnə·dak]
para-choque (m)	bumper (de)	['bʉmpər]
porta-malas (f)	koffer (de)	['kɔfər]
bagageira (f)	imperiaal (de/het)	[imperi'jāl]
porta (f)	portier (het)	[pɔ'rtīr]
maçaneta (f)	handvat (het)	['hand·fat]
fechadura (f)	slot (het)	[slɔt]
placa (f)	nummerplaat (de)	['nʉmər·plāt]
silenciador (m)	knalpot (de)	['knal·pɔt]

tanque (m) de gasolina	benzinetank (de)	[bɛn'zinə·tank]
tubo (m) de exaustão	uitlaatpijp (de)	['œytlãt·pɛjp]
acelerador (m)	gas (het)	[xas]
pedal (m)	pedaal (de/het)	[pe'dãl]
pedal (m) do acelerador	gaspedaal (de/het)	[xas·pe'dãl]
freio (m)	rem (de)	[rɛm]
pedal (m) do freio	rempedaal (de/het)	[rɛm·pə'dãl]
frear (vt)	remmen	['rɛmən]
freio (m) de mão	handrem (de)	['hand·rɛm]
embreagem (f)	koppeling (de)	['kɔpəliŋ]
pedal (m) da embreagem	koppelingspedaal (de/het)	['kɔpəliŋs·pə'dãl]
disco (m) de embreagem	koppelingsschijf (de)	['kɔpəliŋs·sxɛjf]
amortecedor (m)	schokdemper (de)	['sxɔk·dɛmpər]
roda (f)	wiel (het)	[wil]
pneu (m) estepe	reservewiel (het)	[re'zɛrvə·wil]
pneu (m)	band (de)	[bant]
calota (f)	wieldop (de)	['wil·dɔp]
rodas (f pl) motrizes	aandrijfwielen	['ãndrɛjf·'wilən]
de tração dianteira	met voorwielaandrijving	[mɛt 'võr·wilãn·'drɛjviŋ]
de tração traseira	met achterwielaandrijving	[mɛt 'axtər·wilãn·'drɛjviŋ]
de tração às 4 rodas	met vierwielaandrijving	[mɛt 'vir·wilãn·'drɛjviŋ]
caixa (f) de mudanças	versnellingsbak (de)	[vər'sneliŋs·bak]
automático (adj)	automatisch	[auto'matis]
mecânico (adj)	mechanisch	[me'xanis]
alavanca (f) de câmbio	versnellingspook (de)	[vər'sneliŋs·põk]
farol (m)	voorlicht (het)	['võrlixt]
faróis (m pl)	voorlichten	['võrlixtən]
farol (m) baixo	dimlicht (het)	['dim·lixt]
farol (m) alto	grootlicht (het)	[xrõt·'liht]
luzes (f pl) de parada	stoplicht (het)	['stɔp·lixt]
luzes (f pl) de posição	standlichten	['stant·'lixtən]
luzes (f pl) de emergência	noodverlichting (de)	['nõtvər·'lixtiŋ]
faróis (m pl) de neblina	mistlichten	['mist·'lixtən]
pisca-pisca (m)	pinker (de)	['pinkər]
luz (f) de marcha ré	achteruitrijdlicht (het)	['axtərœyt·rɛjt·'lixt]

176. Carros. Habitáculo

interior (do carro)	interieur (het)	[intə'rør]
de couro	leren	['lerən]
de veludo	fluwelen	[flʉ'welən]
estofamento (m)	bekleding (de)	[bə'klediŋ]
indicador (m)	toestel (het)	['tustɛl]
painel (m)	instrumentenbord (het)	[instrʉ'mɛntən·bɔrt]

| velocímetro (m) | snelheidsmeter (de) | ['snɛlhɛjts·'metər] |
| ponteiro (m) | pijltje (het) | ['pɛjltjə] |

hodômetro, odômetro (m)	kilometerteller (de)	[kilɔmetər·'tɛlər]
indicador (m)	sensor (de)	['sɛnsɔr]
nível (m)	niveau (het)	[ni'vo]
luz (f) de aviso	controlelampje (het)	[kɔn'trɔlə·'lampjə]

volante (m)	stuur (het)	[stūr]
buzina (f)	toeter (de)	['tutər]
botão (m)	knopje (het)	['knɔpjə]
interruptor (m)	schakelaar (de)	['sxakəlār]

assento (m)	stoel (de)	[stul]
costas (f pl) do assento	rugleuning (de)	['rʉx·'løniŋ]
cabeceira (f)	hoofdsteun (de)	['hõft'støn]
cinto (m) de segurança	veiligheidsgordel (de)	['vɛjləxhɛjts·'xɔrdəl]
apertar o cinto	de gordel aandoen	[də 'xɔrdəl 'āndun]
ajuste (m)	regeling (de)	['rexəliŋ]

| airbag (m) | airbag (de) | ['ɛjrbax] |
| ar (m) condicionado | airconditioner (de) | [ɛr·kɔn'diʃənər] |

rádio (m)	radio (de)	['radiɔ]
leitor (m) de CD	CD-speler (de)	[se'de-'spelər]
ligar (vt)	aanzetten	['ānzɛtən]
antena (f)	antenne (de)	[an'tɛnə]
porta-luvas (m)	handschoenenkastje (het)	['xand·'sxunən·'kaçə]
cinzeiro (m)	asbak (de)	['asbak]

177. Carros. Motor

motor (m)	motor (de)	['motɔr]
a diesel	diesel-	['dizəl]
a gasolina	benzine-	[bɛn'zinə]

cilindrada (f)	motorinhoud (de)	['motɔr·'inhaut]
potência (f)	vermogen (het)	[vər'mɔxən]
cavalo (m) de potência	paardenkracht (de)	['pārdən·kraxt]
pistão (m)	zuiger (de)	['zœyxər]
cilindro (m)	cilinder (de)	[si'lindər]
válvula (f)	klep (de)	[klɛp]

injetor (m)	injectie (de)	[inj'eksi]
gerador (m)	generator (de)	[xenə'ratɔr]
carburador (m)	carburator (de)	[karbʉ'ratɔr]
óleo (m) de motor	motorolie (de)	['motɔr·ɔli]

radiador (m)	radiator (de)	[radi'atɔr]
líquido (m) de arrefecimento	koelvloeistof (de)	['kul·vlujstɔf]
ventilador (m)	ventilator (de)	[vɛnti'latɔr]

| bateria (f) | accu (de) | ['akʉ] |
| dispositivo (m) de arranque | starter (de) | ['startər] |

ignição (f)	contact (het)	[kɔn'takt]
vela (f) de ignição	bougie (de)	[bu'ʒi]
terminal (m)	pool (de)	[pōl]
terminal (m) positivo	positieve pool (de)	[pɔzi'tivə pōl]
terminal (m) negativo	negatieve pool (de)	[nexa'tivə pōl]
fusível (m)	zekering (de)	['zekəriŋ]
filtro (m) de ar	luchtfilter (de)	['lʉxt·'filtər]
filtro (m) de óleo	oliefilter (de)	['ɔli·'filtər]
filtro (m) de combustível	benzinefilter (de)	[bɛn'zinə·'filtər]

178. Carros. Batidas. Reparação

acidente (m) de carro	auto-ongeval (het)	['autɔ-'ɔŋɛval]
acidente (m) rodoviário	verkeersongeluk (het)	[vər'kērs·'ɔŋəlʉk]
bater (~ num muro)	aanrijden	['ānrɛjdən]
sofrer um acidente	verongelukken	[və'rɔnxəlʉkən]
dano (m)	beschadiging (de)	[bə'sxadəxiŋ]
intato	heelhuids	['hēlhœyts]
pane (f)	pech (de)	[pɛx]
avariar (vi)	kapot gaan	[ka'pɔt xān]
cabo (m) de reboque	sleeptouw (het)	['slēp·tau]
furo (m)	lek (het)	[lɛk]
estar furado	lekke krijgen	['lɛkə 'krɛjxən]
encher (vt)	oppompen	['ɔpɔmpən]
pressão (f)	druk (de)	[drʉk]
verificar (vt)	checken	['tʃɛkən]
reparo (m)	reparatie (de)	[repa'ratsi]
oficina (f) automotiva	garage (de)	[xa'raʒə]
peça (f) de reposição	wisselstuk (het)	['wisəl·stʉk]
peça (f)	onderdeel (het)	['ɔndərdēl]
parafuso (com porca)	bout (de)	['baut]
parafuso (m)	schroef (de)	[sxruf]
porca (f)	moer (de)	[mur]
arruela (f)	sluitring (de)	['slœytriŋ]
rolamento (m)	kogellager (de/het)	['kɔxəllahər]
tubo (m)	pijp (de)	[pɛjp]
junta, gaxeta (f)	pakking (de)	['pakiŋ]
fio, cabo (m)	kabel (de)	['kabəl]
macaco (m)	dommekracht (de)	['dɔməkraxt]
chave (f) de boca	moersleutel (de)	['mur·'sløtəl]
martelo (m)	hamer (de)	['hamər]
bomba (f)	pomp (de)	[pɔmp]
chave (f) de fenda	schroevendraaier (de)	['sxruvən·'drājər]
extintor (m)	brandblusser (de)	['brant·blʉsər]
triângulo (m) de emergência	gevarendriehoek (de)	[xə'varən·'drihuk]

morrer (motor)	afslaan	['afslān]
paragem, "morte" (f)	uitvallen (het)	['œytvalən]
estar quebrado	zijn gebroken	[zɛjn xə'brɔkən]

superaquecer-se (vr)	oververhitten	[ɔvərvər'hitən]
entupir-se (vr)	verstopt raken	[vər'stɔpt 'rakən]
congelar-se (vr)	bevriezen	[bə'vrizən]
rebentar (vi)	barsten	['barstən]

pressão (f)	druk (de)	[drʉk]
nível (m)	niveau (het)	[ni'vɔ]
frouxo (adj)	slap	[slap]

batida (f)	deuk (de)	['døk]
ruído (m)	geklop (het)	[xə'klɔp]
fissura (f)	barst (de)	[barst]
arranhão (m)	kras (de)	[kras]

179. Carros. Estrada

estrada (f)	weg (de)	[wɛx]
autoestrada (f)	snelweg (de)	['snɛlwɛx]
rodovia (f)	autoweg (de)	['autɔwɛx]
direção (f)	richting (de)	['rixtiŋ]
distância (f)	afstand (de)	['afstant]

ponte (f)	brug (de)	[brʉx]
parque (m) de estacionamento	parking (de)	['parkiŋ]
praça (f)	plein (het)	[plɛjn]
nó (m) rodoviário	verkeersknooppunt (het)	[vər'kērs·'knōp·pʉnt]
túnel (m)	tunnel (de)	['tʉnəl]

posto (m) de gasolina	benzinestation (het)	[bɛn'zinə·sta'tsjɔn]
parque (m) de estacionamento	parking (de)	['parkiŋ]
bomba (f) de gasolina	benzinepomp (de)	[bɛn'zinə·pɔmp]
oficina (f) automotiva	garage (de)	[xa'raʒə]
abastecer (vt)	tanken	['tankən]
combustível (m)	brandstof (de)	['brandstɔf]
galão (m) de gasolina	jerrycan (de)	['dʒɛrikən]

asfalto (m)	asfalt (het)	['asfalt]
marcação (f) de estradas	markering (de)	[mar'keriŋ]
meio-fio (m)	trottoirband (de)	[trɔtu'ar·bant]
guard-rail (m)	geleiderail (de)	[xəlɛjdə'rel]
valeta (f)	greppel (de)	['xrepəl]
acostamento (m)	vluchtstrook (de)	['vlʉxt·strok]
poste (m) de luz	lichtmast (de)	['lixt·mast]

dirigir (vt)	besturen	[bə'stʉrən]
virar (~ para a direita)	afslaan	['afslān]
dar retorno	U-bocht maken	[ju-bɔxt 'makən]
ré (f)	achteruit (de)	['axtərœyt]
buzinar (vi)	toeteren	['tutərən]
buzina (f)	toeter (de)	['tutər]

atolar-se (vr)	vastzitten	['vastzitən]
patinar (na lama)	spinnen	['spinən]
desligar (vt)	uitzetten	['œytzɛtən]
velocidade (f)	snelheid (de)	['snɛlhɛjt]
exceder a velocidade	een snelheidsovertreding maken	[en 'snɛlhɛjts·ɔvər'tredɪŋ 'makən]
multar (vt)	bekeuren	[bə'kørən]
semáforo (m)	verkeerslicht (het)	[vər'kērs·lixt]
carteira (f) de motorista	rijbewijs (het)	['rɛj·bɛwɛjs]
passagem (f) de nível	overgang (de)	['ɔvərxaŋ]
cruzamento (m)	kruispunt (het)	['krœys·pynt]
faixa (f)	zebrapad (het)	['zɛbra·pat]
curva (f)	bocht (de)	[bɔxt]
zona (f) de pedestres	voetgangerszone (de)	['vutxaŋərs·'zɔnə]

180. Sinais de trânsito

código (m) de trânsito	verkeersregels	[vər'kērs·'rexəls]
sinal (m) de trânsito	verkeersbord (het)	[vər'kērs·bɔrt]
ultrapassagem (f)	inhalen (het)	['inhalən]
curva (f)	bocht (de)	[bɔxt]
retorno (m)	U-bocht, kering (de)	[ju-bɔxt], ['kɛriŋ]
rotatória (f)	Rotonde (de)	[rɔ'tɔndə]
sentido proibido	Verboden richting	[vər'bodən 'rixtiŋ]
trânsito proibido	Verboden toegang	[vər'bodən 'tuxaŋ]
proibido de ultrapassar	Inhalen verboden	['inhalən vər'bodən]
estacionamento proibido	Parkeerverbod	['parkēr·vər'bɔt]
paragem proibida	Verbod stil te staan	[vər'bɔt 'stil tə stān]
curva (f) perigosa	Gevaarlijke bocht	[xe'vārləkə bɔht]
descida (f) perigosa	Gevaarlijke daling	[xe'vārləkə 'daliŋ]
trânsito de sentido único	Eenrichtingsweg	[ēn'rixtiŋs·wɛx]
faixa (f)	Voetgangers	['vutxaŋərs]
pavimento (m) escorregadio	Slipgevaar	['slipxəvār]
conceder passagem	Voorrang verlenen	['vōrraŋ vər'lenən]

PESSOAS. EVENTOS

Eventos

181. Férias. Evento

festa (f)	feest (het)	[fēst]
feriado (m) nacional	nationale feestdag (de)	[natsjo'nalə 'fēstdax]
feriado (m)	feestdag (de)	['fēst·dax]
festejar (vt)	herdenken	['hɛrdɛŋkən]
evento (festa, etc.)	gebeurtenis (de)	[xə'børtənis]
evento (banquete, etc.)	evenement (het)	[ɛvənə'mɛnt]
banquete (m)	banket (het)	[ban'ket]
recepção (f)	receptie (de)	[re'sɛpsi]
festim (m)	feestmaal (het)	['fēst·māl]
aniversário (m)	verjaardag (de)	[vər'jār·dax]
jubileu (m)	jubileum (het)	[jubi'lejum]
celebrar (vt)	vieren	['virən]
Ano (m) Novo	Nieuwjaar (het)	[niu'jār]
Feliz Ano Novo!	Gelukkig Nieuwjaar!	[xə'lʉkəx niu'jār]
Papai Noel (m)	Sinterklaas (de)	[sintər·'klās]
Natal (m)	Kerstfeest (het)	['kɛrstfēst]
Feliz Natal!	Vrolijk kerstfeest!	['vrɔlək 'kɛrstfēst]
árvore (f) de Natal	kerstboom (de)	['kɛrst·bōm]
fogos (m pl) de artifício	vuurwerk (het)	['vūr·wɛrk]
casamento (m)	bruiloft (de)	['brœylɔft]
noivo (m)	bruidegom (de)	['brœydəxɔm]
noiva (f)	bruid (de)	['brœyd]
convidar (vt)	uitnodigen	['œytnɔdixən]
convite (m)	uitnodigingskaart (de)	[œyt'nɔdixiŋs·kārt]
convidado (m)	gast (de)	[xast]
visitar (vt)	op bezoek gaan	[ɔp bə'zuk xān]
receber os convidados	gasten verwelkomen	['xastən vər'wɛlkɔmən]
presente (m)	geschenk, cadeau (het)	[xə'sxɛnk]
oferecer, dar (vt)	geven	['xevən]
receber presentes	geschenken ontvangen	[xə'sxɛnkən ɔnt'vaŋən]
buquê (m) de flores	boeket (het)	[bu'kɛt]
felicitações (f pl)	felicitaties	[felisi'tatsis]
felicitar (vt)	feliciteren	[felisi'terən]
cartão (m) de parabéns	wenskaart (de)	['wɛns·kārt]

enviar um cartão postal	een kaartje versturen	[ən 'kārtʃe vər'stʉrən]
receber um cartão postal	een kaartje ontvangen	[ən 'kārtʃe ɔnt'vaŋən]
brinde (m)	toast (de)	[tɔst]
oferecer (vt)	aanbieden	[ām'bidən]
champanhe (m)	champagne (de)	[ʃʌm'panjə]
divertir-se (vr)	plezier hebben	[plɛ'zir 'hɛbən]
diversão (f)	plezier (het)	[plɛ'zir]
alegria (f)	vreugde (de)	['vrøhdə]
dança (f)	dans (de)	[dans]
dançar (vi)	dansen	['dansən]
valsa (f)	wals (de)	[wals]
tango (m)	tango (de)	['tangɔ]

182. Funerais. Enterro

cemitério (m)	kerkhof (het)	['kɛrkhɔf]
sepultura (f), túmulo (m)	graf (het)	[xraf]
cruz (f)	kruis (het)	['krœys]
lápide (f)	grafsteen (de)	['xraf·stēn]
cerca (f)	omheining (de)	[ɔm'hɛjniŋ]
capela (f)	kapel (de)	[ka'pɛl]
morte (f)	dood (de)	[dōt]
morrer (vi)	sterven	['stɛrvən]
defunto (m)	overledene (de)	[ɔvər'ledenə]
luto (m)	rouw (de)	['rau]
enterrar, sepultar (vt)	begraven	[bə'xravən]
funerária (f)	begrafenis-onderneming (de)	[bə'xrafənis ɔndər'nemiŋ]
funeral (m)	begrafenis (de)	[bə'xrafənis]
coroa (f) de flores	krans (de)	[krans]
caixão (m)	doodskist (de)	['dōd·skist]
carro (m) funerário	lijkwagen (de)	['lɛjk·waxən]
mortalha (f)	lijkkleed (de)	['lɛjk·klēt]
procissão (f) funerária	begrafenisstoet (de)	[bə'xrafənis·stut]
urna (f) funerária	urn (de)	[jurn]
crematório (m)	crematorium (het)	[krema'tɔrijum]
obituário (m), necrologia (f)	overlijdensbericht (het)	[ɔvər'lɛjdəns·bə'rixt]
chorar (vi)	huilen	['hœylən]
soluçar (vi)	snikken	['snikən]

183. Guerra. Soldados

pelotão (m)	peloton (het)	[pelɔ'tɔn]
companhia (f)	compagnie (de)	[kɔmpa'njı]

regimento (m)	regiment (het)	[rexi'mɛnt]
exército (m)	leger (het)	['lexər]
divisão (f)	divisie (de)	[di'vizi]
esquadrão (m)	sectie (de)	['sɛksi]
hoste (f)	troep (de)	[trup]
soldado (m)	soldaat (de)	[sɔl'dāt]
oficial (m)	officier (de)	[ɔfi'sir]
soldado (m) raso	soldaat (de)	[sɔl'dāt]
sargento (m)	sergeant (de)	[sɛr'ʒant]
tenente (m)	luitenant (de)	[lœʏtə'nant]
capitão (m)	kapitein (de)	[kapi'tɛjn]
major (m)	majoor (de)	[ma'jōr]
coronel (m)	kolonel (de)	[kɔlɔ'nɛl]
general (m)	generaal (de)	[xenə'rāl]
marujo (m)	matroos (de)	[ma'trōs]
capitão (m)	kapitein (de)	[kapi'tɛjn]
contramestre (m)	bootsman (de)	['bōtsman]
artilheiro (m)	artillerist (de)	[artile'rist]
soldado (m) paraquedista	valschermjager (de)	['valsxɛrm·'jaxər]
piloto (m)	piloot (de)	[pi'lōt]
navegador (m)	stuurman (de)	['stūrman]
mecânico (m)	mecanicien (de)	[mekani'sjen]
sapador-mineiro (m)	sappeur (de)	[sa'pør]
paraquedista (m)	parachutist (de)	[paraʃʉ'tist]
explorador (m)	verkenner (de)	[vər'kenər]
atirador (m) de tocaia	scherpschutter (de)	['sxɛrp·sxʉtər]
patrulha (f)	patrouille (de)	[pa'trujə]
patrulhar (vt)	patrouilleren	[patru'jerən]
sentinela (f)	wacht (de)	[waxt]
guerreiro (m)	krijger (de)	['krɛjxə]
patriota (m)	patriot (de)	[patri'ɔt]
herói (m)	held (de)	[hɛlt]
heroína (f)	heldin (de)	[hɛl'din]
traidor (m)	verrader (de)	[və'radər]
trair (vt)	verraden	[və'radən]
desertor (m)	deserteur (de)	[dezɛr'tør]
desertar (vt)	deserteren	[dezɛr'terən]
mercenário (m)	huurling (de)	['hūrliŋ]
recruta (m)	rekruut (de)	[rek'rūt]
voluntário (m)	vrijwilliger (de)	[vrɛj'wiləxər]
morto (m)	gedode (de)	[xə'dodə]
ferido (m)	gewonde (de)	[xə'wondə]
prisioneiro (m) de guerra	krijgsgevangene (de)	['krɛjxs·xə'vaŋənə]

184. Guerra. Ações militares. Parte 1

guerra (f)	oorlog (de)	['ōrlɔx]
guerrear (vt)	oorlog voeren	['ōrlɔx 'vurən]
guerra (f) civil	burgeroorlog (de)	['bʉrxər·'ōrlɔx]
perfidamente	achterbaks	['axtərbaks]
declaração (f) de guerra	oorlogsverklaring (de)	['ōrlɔxs·vər'klariŋ]
declarar guerra	verklaren	[vər'klarən]
agressão (f)	agressie (de)	[ax'rɛsi]
atacar (vt)	aanvallen	['ānvalən]
invadir (vt)	binnenvallen	['binənvalən]
invasor (m)	invaller (de)	['invalə]
conquistador (m)	veroveraar (de)	[və'rɔverār]
defesa (f)	verdediging (de)	[vər'dedəxiŋ]
defender (vt)	verdedigen	[vər'dedixən]
defender-se (vr)	zich verdedigen	[zih vər'dedixən]
inimigo (m)	vijand (de)	['vɛjant]
adversário (m)	tegenstander (de)	['texən·'standər]
inimigo (adj)	vijandelijk	[vɛ'jandələk]
estratégia (f)	strategie (de)	[stratə'xi]
tática (f)	tactiek (de)	[tak'tik]
ordem (f)	order (de)	['ɔrdər]
comando (m)	bevel (het)	[bə'vɛl]
ordenar (vt)	bevelen	[bə'velən]
missão (f)	opdracht (de)	['ɔpdraxt]
secreto (adj)	geheim	[xə'hɛjm]
batalha (f)	slag (de)	[slax]
batalha (f)	veldslag (de)	['vɛlt·slax]
combate (m)	strijd (de)	[strɛjt]
ataque (m)	aanval (de)	['ānval]
assalto (m)	bestorming (de)	[bə'stɔrmiŋ]
assaltar (vt)	bestormen	[bə'stɔrmən]
assédio, sítio (m)	bezetting (de)	[bə'zɛtiŋ]
ofensiva (f)	aanval (de)	['ānval]
tomar à ofensiva	in het offensief te gaan	[in ət ɔfɛn'sif te xān]
retirada (f)	terugtrekking (de)	[te'rʉx·trɛkiŋ]
retirar-se (vr)	zich terugtrekken	[zih tə'rʉxtrɛkən]
cerco (m)	omsingeling (de)	[ɔm'siŋəliŋ]
cercar (vt)	omsingelen	[ɔm'siŋələn]
bombardeio (m)	bombardement (het)	[bɔmbardə'mɛnt]
lançar uma bomba	een bom gooien	[en bɔm 'xōjən]
bombardear (vt)	bombarderen	[bɔmbar'derən]
explosão (f)	ontploffing (de)	[ɔnt'plɔfiŋ]

tiro (m)	schot (het)	[sxɔt]
dar um tiro	een schot lossen	[en sxɔt 'lɔsən]
tiroteio (m)	schieten (het)	['sxitən]
apontar para ...	mikken op	['mikən ɔp]
apontar (vt)	aanleggen	['ānlexən]
acertar (vt)	treffen	['trefən]
afundar (~ um navio, etc.)	zinken	['zinkən]
brecha (f)	kogelgat (het)	['kɔxəlxat]
afundar-se (vr)	zinken	['zinkən]
frente (m)	front (het)	[frɔnt]
evacuação (f)	evacuatie (de)	[ɛvakʉ'atsi]
evacuar (vt)	evacueren	[ɛvakʉ'erən]
trincheira (f)	loopgraaf (de)	['lōpxrāf]
arame (m) enfarpado	prikkeldraad (de)	['prikəl·drāt]
barreira (f) anti-tanque	verdedigingsobstakel (het)	[vər'dedəhiŋ·ɔp'stakəl]
torre (f) de vigia	wachttoren (de)	['waxt·tɔrən]
hospital (m) militar	hospitaal (het)	['hɔspitāl]
ferir (vt)	verwonden	[vər'wɔndən]
ferida (f)	wond (de)	[wɔnt]
ferido (m)	gewonde (de)	[xə'wɔndə]
ficar ferido	gewond raken	[xə'wɔnt 'rakən]
grave (ferida ~)	ernstig	['ɛrnstəx]

185. Guerra. Ações militares. Parte 2

cativeiro (m)	krijgsgevangenschap (de)	['krɛjxs·xə'vaŋənsxap]
capturar (vt)	krijgsgevangen nemen	['krɛjxs·xə'vaŋən 'nemən]
estar em cativeiro	krijgsgevangene zijn	['krɛjxs·xə'vaŋənə zɛjn]
ser aprisionado	krijgsgevangen genomen worden	['krɛjxs·xə'vaŋən xə'nɔmən 'wɔrdən]
campo (m) de concentração	concentratiekamp (het)	[kɔnsən'tratsi·kamp]
prisioneiro (m) de guerra	krijgsgevangene (de)	['krɛjxs·xə'vaŋənə]
escapar (vi)	vluchten	['vlʉxtən]
trair (vt)	verraden	[və'radən]
traidor (m)	verrader (de)	[və'radər]
traição (f)	verraad (het)	[və'rāt]
fuzilar, executar (vt)	fusilleren	[fʉzi'jerən]
fuzilamento (m)	executie (de)	[ɛkse'kʉtsi]
equipamento (m)	uitrusting (de)	['œytrystiŋ]
insígnia (f) de ombro	schouderstuk (het)	['sxaudər·'stʉk]
máscara (f) de gás	gasmasker (het)	[xas·'maskər]
rádio (m)	portofoon (de)	[pɔrtɔ'fōn]
cifra (f), código (m)	geheime code (de)	[xə'hɛjmə 'kɔdə]
conspiração (f)	samenzwering (de)	['samənzweriŋ]

senha (f)	wachtwoord (het)	['waxt·wŏrt]
mina (f)	mijn (de)	[mɛjn]
minar (vt)	ondermijnen	['ɔndər'mɛjnən]
campo (m) minado	mijnenveld (het)	['mɛjnən·vɛlt]
alarme (m) aéreo	luchtalarm (het)	['lʉxt·a'larm]
alarme (m)	alarm (het)	[a'larm]
sinal (m)	signaal (het)	[si'njāl]
sinalizador (m)	vuurpijl (de)	['vūr·pɛjl]
quartel-general (m)	staf (de)	['staf]
reconhecimento (m)	verkenning (de)	[vər'keniŋ]
situação (f)	toestand (de)	['tustant]
relatório (m)	rapport (het)	[ra'pɔrt]
emboscada (f)	hinderlaag (de)	['hindər·lāx]
reforço (m)	versterking (de)	[vər'stɛrkiŋ]
alvo (m)	doel (het)	[dul]
campo (m) de tiro	proefterrein (het)	['pruf·te'rɛjn]
manobras (f pl)	manoeuvres	[ma'nøvrɛs]
pânico (m)	paniek (de)	[pa'nik]
devastação (f)	verwoesting (de)	[vər'wustiŋ]
ruínas (f pl)	verwoestingen	[vər'wustiŋən]
destruir (vt)	verwoesten	[vər'wustən]
sobreviver (vi)	overleven	[ɔvər'levən]
desarmar (vt)	ontwapenen	[ɔnt'wapənən]
manusear (vt)	behandelen	[bə'handələn]
Sentido!	Geeft acht!	[xĕft 'aht]
Descansar!	Op de plaats rust!	[ɔp də plāts 'rʉst]
façanha (f)	heldendaad (de)	['hɛldən·dāt]
juramento (m)	eed (de)	[ĕd]
jurar (vi)	zweren	['zwerən]
condecoração (f)	decoratie (de)	[dekɔ'ratsi]
condecorar (vt)	onderscheiden	['ɔndər'sxɛjdən]
medalha (f)	medaille (de)	[me'dajə]
ordem (f)	orde (de)	['ɔrdə]
vitória (f)	overwinning (de)	[ɔvər'winiŋ]
derrota (f)	verlies (het)	[vər'lis]
armistício (m)	wapenstilstand (de)	['wapən·'stilstant]
bandeira (f)	wimpel (de)	['wimpəl]
glória (f)	roem (de)	[rum]
parada (f)	parade (de)	[pa'radə]
marchar (vi)	marcheren	[mar'ʃerən]

186. Armas

arma (f)	wapens	['wapəns]
arma (f) de fogo	vuurwapens	[vūr·'wapəns]

arma (f) branca	koude wapens	['kaudə 'wapəns]
arma (f) química	chemische wapens	['hemisə 'wapəns]
nuclear (adj)	kern-, nucleair	[kɛrn], [nʉkle'ɛr]
arma (f) nuclear	kernwapens	[kɛrn·'wapəns]
bomba (f)	bom (de)	[bɔm]
bomba (f) atômica	atoombom (de)	[a'tōm·bɔm]
pistola (f)	pistool (het)	[pi'stōl]
rifle (m)	geweer (het)	[xə'wēr]
semi-automática (f)	machinepistool (het)	[ma'ʃinə·pis'tōl]
metralhadora (f)	machinegeweer (het)	[ma'ʃinə·xə'wēr]
boca (f)	loop (de)	[lōp]
cano (m)	loop (de)	[lōp]
calibre (m)	kaliber (het)	[ka'libər]
gatilho (m)	trekker (de)	['trɛkər]
mira (f)	korrel (de)	['kɔrəl]
carregador (m)	magazijn (het)	[maxa'zɛjn]
coronha (f)	geweerkolf (de)	[xə'wēr·kɔlf]
granada (f) de mão	granaat (de)	[xra'nāt]
explosivo (m)	explosieven	[ɛksplɔ'zivən]
bala (f)	kogel (de)	['kɔxəl]
cartucho (m)	patroon (de)	[pa'trōn]
carga (f)	lading (de)	['ladiŋ]
munições (f pl)	ammunitie (de)	[amʉ'nitsi]
bombardeiro (m)	bommenwerper (de)	['bɔmən·'wɛrpər]
avião (m) de caça	straaljager (de)	['strāl·'jaxər]
helicóptero (m)	helikopter (de)	[heli'kɔptər]
canhão (m) antiaéreo	afweergeschut (het)	['afwēr·xəsxʉt]
tanque (m)	tank (de)	[tank]
canhão (de um tanque)	kanon (het)	[ka'nɔn]
artilharia (f)	artillerie (de)	[artile'ri]
canhão (m)	kanon (het)	[ka'nɔn]
fazer a pontaria	aanleggen	['ānlexən]
projétil (m)	projectiel (het)	[prɔjek'til]
granada (f) de morteiro	mortiergranaat (de)	[mɔr'tir·xra'nāt]
morteiro (m)	mortier (de)	[mɔr'tir]
estilhaço (m)	granaatscherf (de)	[xra'nāt·'sxerf]
submarino (m)	duikboot (de)	['dœʏk·bōt]
torpedo (m)	torpedo (de)	[tɔr'pedɔ]
míssil (m)	raket (de)	[ra'kɛt]
carregar (uma arma)	laden	['ladən]
disparar, atirar (vi)	schieten	['sxitən]
apontar para …	richten op	['rixtən ɔp]
baioneta (f)	bajonet (de)	[bajo'nɛt]
espada (f)	degen (de)	['dexən]

Portuguese	Dutch	Pronunciation
sabre (m)	sabel (de)	['sabəl]
lança (f)	speer (de)	[spēr]
arco (m)	boog (de)	[bōx]
flecha (f)	pijl (de)	[pɛjl]
mosquete (m)	musket (de)	[mʉs'kɛt]
besta (f)	kruisboog (de)	['krœys·bōx]

187. Povos da antiguidade

Portuguese	Dutch	Pronunciation
primitivo (adj)	primitief	[primi'tif]
pré-histórico (adj)	voorhistorisch	['vōrhis'tɔris]
antigo (adj)	eeuwenoude	[ēwə'naudə]
Idade (f) da Pedra	Steentijd (de)	['stēn·tɛjt]
Idade (f) do Bronze	Bronstijd (de)	['brɔns·tɛjt]
Era (f) do Gelo	IJstijd (de)	['ɛjs·tɛjt]
tribo (f)	stam (de)	[stam]
canibal (m)	menseneter (de)	['mɛnsən·'ɛtər]
caçador (m)	jager (de)	['jaxər]
caçar (vi)	jagen	['jaxən]
mamute (m)	mammoet (de)	[ma'mut]
caverna (f)	grot (de)	[xrɔt]
fogo (m)	vuur (het)	[vūr]
fogueira (f)	kampvuur (het)	['kampvūr]
pintura (f) rupestre	rotstekening (de)	['rɔts·tekəniŋ]
ferramenta (f)	werkinstrument (het)	['wɛrk·instrʉ'mɛnt]
lança (f)	speer (de)	[spēr]
machado (m) de pedra	stenen bijl (de)	['stenən bɛjl]
guerrear (vt)	oorlog voeren	['ōrlɔx 'vurən]
domesticar (vt)	temmen	['tɛmən]
ídolo (m)	idool (het)	[i'dōl]
adorar, venerar (vt)	aanbidden	[ām'bidən]
superstição (f)	bijgeloof (het)	['bɛjxəlōf]
ritual (m)	ritueel (het)	[ritʉ'ēl]
evolução (f)	evolutie (de)	[ɛvɔ'lʉtsi]
desenvolvimento (m)	ontwikkeling (de)	[ɔnt'wikəliŋ]
extinção (f)	verdwijning (de)	[vərd'wɛjniŋ]
adaptar-se (vr)	zich aanpassen	[zix 'ānpasən]
arqueologia (f)	archeologie (de)	[arheɔlɔ'xi]
arqueólogo (m)	archeoloog (de)	[arheɔ'lōx]
arqueológico (adj)	archeologisch	[arheɔ'lɔxis]
escavação (sítio)	opgravingsplaats (de)	['ɔpxraviŋs·plāts]
escavações (f pl)	opgravingen	['ɔpxraviŋən]
achado (m)	vondst (de)	[vɔntst]
fragmento (m)	fragment (het)	[frax'mɛnt]

188. Idade média

povo (m)	volk (het)	[vɔlk]
povos (m pl)	volkeren	['vɔlkərən]
tribo (f)	stam (de)	[stam]
tribos (f pl)	stammen	['stamən]
bárbaros (pl)	barbaren	[bar'barən]
galeses (pl)	Galliërs	['xaliers]
godos (pl)	Goten	['xɔtən]
eslavos (pl)	Slaven	['slavən]
viquingues (pl)	Vikings	['vikiŋs]
romanos (pl)	Romeinen	[rɔ'mɛjnən]
romano (adj)	Romeins	[rɔ'mɛjns]
bizantinos (pl)	Byzantijnen	[bizan'tɛjnən]
Bizâncio	Byzantium (het)	[bi'zantijum]
bizantino (adj)	Byzantijns	[bizan'tɛjns]
imperador (m)	keizer (de)	['kɛjzər]
líder (m)	opperhoofd (het)	['ɔpərhõft]
poderoso (adj)	machtig	['mahtəx]
rei (m)	koning (de)	['kɔniŋ]
governante (m)	heerser (de)	['hērsər]
cavaleiro (m)	ridder (de)	['ridər]
senhor feudal (m)	feodaal (de)	[feɔ'dāl]
feudal (adj)	feodaal	[feɔ'dāl]
vassalo (m)	vazal (de)	[va'zal]
duque (m)	hertog (de)	['hɛrtɔx]
conde (m)	graaf (de)	[xrāf]
barão (m)	baron (de)	[ba'rɔn]
bispo (m)	bisschop (de)	['bisxɔp]
armadura (f)	harnas (het)	['harnas]
escudo (m)	schild (het)	[sxilt]
espada (f)	zwaard (het)	[zwārt]
viseira (f)	vizier (het)	[vi'zir]
cota (f) de malha	maliënkolder (de)	['malien·'kɔldər]
cruzada (f)	kruistocht (de)	['krœys·tɔxt]
cruzado (m)	kruisvaarder (de)	['krœys·'vārdər]
território (m)	gebied (het)	[xə'bit]
atacar (vt)	aanvallen	['ānvalən]
conquistar (vt)	veroveren	[və'rɔvərən]
ocupar, invadir (vt)	innemen	['innemən]
assédio, sítio (m)	bezetting (de)	[bə'zɛtiŋ]
sitiado (adj)	belegerd	[bə'lexert]
assediar, sitiar (vt)	belegeren	[bə'lexərən]
inquisição (f)	inquisitie (de)	[inkvi'zitsi]
inquisidor (m)	inquisiteur (de)	[inkvizi'tør]

tortura (f)	foltering (de)	['fɔltəriŋ]
cruel (adj)	wreed	[wrēt]
herege (m)	ketter (de)	['kɛtər]
heresia (f)	ketterij (de)	[kɛtə'rɛj]
navegação (f) marítima	zeevaart (de)	['zē·vārt]
pirata (m)	piraat (de)	[pi'rāt]
pirataria (f)	piraterij (de)	[piratə'rɛj]
abordagem (f)	enteren (het)	['ɛntərən]
presa (f), butim (m)	buit (de)	['bœyt]
tesouros (m pl)	schatten	['sxatən]
descobrimento (m)	ontdekking (de)	[ɔn'dɛkiŋ]
descobrir (novas terras)	ontdekken	[ɔn'dɛkən]
expedição (f)	expeditie (de)	[ɛkspe'ditsi]
mosqueteiro (m)	musketier (de)	[mʉskə'tir]
cardeal (m)	kardinaal (de)	[kardi'nāl]
heráldica (f)	heraldiek (de)	[hɛral'dik]
heráldico (adj)	heraldisch	[hɛ'raldis]

189. Líder. Chefe. Autoridades

rei (m)	koning (de)	['kɔniŋ]
rainha (f)	koningin (de)	[kɔniŋ'in]
real (adj)	koninklijk	['kɔninklək]
reino (m)	koninkrijk (het)	['kɔninkrɛjk]
príncipe (m)	prins (de)	[prins]
princesa (f)	prinses (de)	[prin'sɛs]
presidente (m)	president (de)	[prezi'dɛnt]
vice-presidente (m)	vicepresident (de)	['visə·prezi'dɛnt]
senador (m)	senator (de)	[se'natɔr]
monarca (m)	monarch (de)	[mɔ'narx]
governante (m)	heerser (de)	['hērsər]
ditador (m)	dictator (de)	[dik'tatɔr]
tirano (m)	tiran (de)	[ti'ran]
magnata (m)	magnaat (de)	[max'nāt]
diretor (m)	directeur (de)	[dirɛk'tør]
chefe (m)	chef (de)	[ʃɛf]
gerente (m)	beheerder (de)	[bə'hērdər]
patrão (m)	baas (de)	[bās]
dono (m)	eigenaar (de)	['ɛjxənār]
líder (m)	leider (de)	['lɛjdər]
chefe (m)	hoofd (het)	[hōft]
autoridades (f pl)	autoriteiten	[autɔri'tɛjtən]
superiores (m pl)	superieuren	[sʉpə'rørən]
governador (m)	gouverneur (de)	[xuvɛr'nør]
cônsul (m)	consul (de)	['kɔnsʉl]

diplomata (m)	diplomaat (de)	[diplo'māt]
Presidente (m) da Câmara	burgemeester (de)	[bʉrxə·'mēstər]
xerife (m)	sheriff (de)	['ʃerif]

imperador (m)	keizer (de)	['kɛjzər]
czar (m)	tsaar (de)	[tsār]
faraó (m)	farao (de)	['faraɔ]
cã, khan (m)	kan (de)	[kan]

190. Estrada. Caminho. Direções

| estrada (f) | weg (de) | [wɛx] |
| via (f) | route (de) | ['rutə] |

rodovia (f)	autoweg (de)	['autɔwɛx]
autoestrada (f)	snelweg (de)	['snɛlwɛx]
estrada (f) nacional	rijksweg (de)	['rɛjks·wɛx]

| estrada (f) principal | hoofdweg (de) | ['hōft·wɛx] |
| estrada (f) de terra | landweg (de) | ['land·wɛx] |

| trilha (f) | pad (het) | [pat] |
| pequena trilha (f) | paadje (het) | ['pādjə] |

Onde?	Waar?	[wār]
Para onde?	Waarheen?	[wār'hēn]
De onde?	Waarvandaan?	[ʋār·van'dān]

| direção (f) | richting (de) | ['rixtiŋ] |
| indicar (~ o caminho) | aanwijzen | ['ānwɛjzən] |

para a esquerda	naar links	[nār 'links]
para a direita	naar rechts	[nār 'rɛxts]
em frente	rechtdoor	[rɛx'dōr]
para trás	terug	[te'rʉx]

curva (f)	bocht (de)	[bɔxt]
virar (~ para a direita)	afslaan	['afslān]
dar retorno	U-bocht maken	[ju-bɔxt 'makən]

| estar visível | zichtbaar worden | ['zixtbār 'wɔrdən] |
| aparecer (vi) | verschijnen | [vər'sxɛjnən] |

paragem (pausa)	stop (de)	[stɔp]
descansar (vi)	zich verpozen	[zix vər'pozən]
descanso, repouso (m)	rust (de)	[rʉst]

| perder-se (vr) | verdwalen (de weg kwijt zijn) | [vərd'walən] |

conduzir a ... (caminho)	leiden naar ...	['lɛjdən nār]
chegar a ...	bereiken	[bə'rɛjkən]
trecho (m)	deel (het)	[dēl]
asfalto (m)	asfalt (het)	['asfalt]
meio-fio (m)	trottoirband (de)	[trɔtu'ar·bant]

valeta (f)	greppel (de)	['xrepəl]
tampa (f) de esgoto	putdeksel (het)	[pʉt'dɛksəl]
acostamento (m)	vluchtstrook (de)	['vlʉxt·strɔk]
buraco (m)	kuil (de)	['kœʏl]
ir (a pé)	gaan	[xān]
ultrapassar (vt)	inhalen	['inhalən]
passo (m)	stap (de)	[stap]
a pé	te voet	[tə 'vut]
bloquear (vt)	blokkeren (de weg ~)	[blɔ'kerən]
cancela (f)	slagboom (de)	['slaxbōm]
beco (m) sem saída	doodlopende straat (de)	[dōd'lopəndə strāt]

191. Violação da lei. Criminosos. Parte 1

bandido (m)	bandiet (de)	[ban'dit]
crime (m)	misdaad (de)	['misdāt]
criminoso (m)	misdadiger (de)	[mis'dadixər]
ladrão (m)	dief (de)	[dif]
roubar (vt)	stelen	['stelən]
roubo (atividade)	stelen (de)	['stelən]
furto (m)	diefstal (de)	['difstal]
raptar, sequestrar (vt)	kidnappen	[kid'nɛpən]
sequestro (m)	kidnapping (de)	[kid'nɛpiŋ]
sequestrador (m)	kidnapper (de)	[kid'nɛpər]
resgate (m)	losgeld (het)	['lɔshəlt]
pedir resgate	eisen losgeld	['ɛjsən 'lɔshəlt]
roubar (vt)	overvallen	[ɔvər'valən]
assalto, roubo (m)	overval (de)	[ɔvər'val]
assaltante (m)	overvaller (de)	[ɔvər'valər]
extorquir (vt)	afpersen	['afpɛrsən]
extorsionário (m)	afperser (de)	['afpɛrsər]
extorsão (f)	afpersing (de)	['afpɛrsiŋ]
matar, assassinar (vt)	vermoorden	[vər'mōrdən]
homicídio (m)	moord (de)	[mōrt]
homicida, assassino (m)	moordenaar (de)	['mōrdənār]
tiro (m)	schot (het)	[sxɔt]
dar um tiro	een schot lossen	[ən sxɔt 'lɔsen]
matar a tiro	neerschieten	[nēr'sxitən]
disparar, atirar (vi)	schieten	['sxitən]
tiroteio (m)	schieten (het)	['sxitən]
incidente (m)	ongeluk (het)	['ɔnxəlʉk]
briga (~ de rua)	gevecht (het)	[xə'vɛht]
Socorro!	Help!	[hɛlp]

vítima (f)	slachtoffer (het)	['slaxtɔfər]
danificar (vt)	beschadigen	[bə'sxadəxən]
dano (m)	schade (de)	['sxadə]
cadáver (m)	lijk (het)	[lɛjk]
grave (adj)	zwaar	[zwãr]
atacar (vt)	aanvallen	['ãnvalən]
bater (espancar)	slaan	[slãn]
espancar (vt)	in elkaar slaan	[in ɛl'kãr slãn]
tirar, roubar (dinheiro)	ontnemen	[ɔnt'nemən]
esfaquear (vt)	steken	['stekən]
mutilar (vt)	verminken	[vər'minkən]
ferir (vt)	verwonden	[vər'wɔndən]
chantagem (f)	chantage (de)	[ʃʌn'taʒə]
chantagear (vt)	chanteren	[ʃʌn'terən]
chantagista (m)	chanteur (de)	[ʃʌn'tør]
extorsão (f)	afpersing (de)	['afpɛrsiŋ]
extorsionário (m)	afperser (de)	['afpɛrsər]
gângster (m)	gangster (de)	['xɛŋstər]
máfia (f)	maffia (de)	['mafia]
punguista (m)	kruimeldief (de)	['krœymɛldif]
assaltante, ladrão (m)	inbreker (de)	['inbrekər]
contrabando (m)	smokkelen (het)	['smɔkələn]
contrabandista (m)	smokkelaar (de)	['smɔkəlãr]
falsificação (f)	namaak (de)	['namãk]
falsificar (vt)	namaken	['namakən]
falsificado (adj)	vals, namaak-	[vals], ['namãk]

192. Violação da lei. Criminosos. Parte 2

estupro (m)	verkrachting (de)	[vər'kraxtiŋ]
estuprar (vt)	verkrachten	[vər'kraxtən]
estuprador (m)	verkrachter (de)	[vər'kraxtər]
maníaco (m)	maniak (de)	[mani'ak]
prostituta (f)	prostituee (de)	[prɔstitʉ'ē]
prostituição (f)	prostitutie (de)	[prɔsti'tʉtsi]
cafetão (m)	pooier (de)	['põjər]
drogado (m)	drugsverslaafde (de)	['drʉks·vər'slãfdə]
traficante (m)	drugshandelaar (de)	['drʉks·'handəlãr]
explodir (vt)	opblazen	['ɔpblazən]
explosão (f)	explosie (de)	[ɛks'plɔzi]
incendiar (vt)	in brand steken	[in brant 'stekən]
incendiário (m)	brandstichter (de)	['brant·stixtər]
terrorismo (m)	terrorisme (het)	[tɛrɔ'rismə]
terrorista (m)	terrorist (de)	[tɛrɔ'rist]
refém (m)	gijzelaar (de)	['xɛjzəlãr]

enganar (vt)	bedriegen	[bə'drixən]
engano (m)	bedrog (het)	[bə'drɔx]
vigarista (m)	oplichter (de)	['ɔplixtər]

subornar (vt)	omkopen	[ɔmkɔpən]
suborno (atividade)	omkoperij (de)	[ɔmkɔpərɛj]
suborno (dinheiro)	smeergeld (het)	['smēr·xɛlt]

veneno (m)	vergif (het)	[vər'xif]
envenenar (vt)	vergiftigen	[vər'xiftixən]
envenenar-se (vr)	vergif innemen	[vər'xif 'innemən]

suicídio (m)	zelfmoord (de)	['zɛlf·mōrt]
suicida (m)	zelfmoordenaar (de)	['zɛlf·mōrdə'nār]

ameaçar (vt)	bedreigen	[bə'drɛjxən]
ameaça (f)	bedreiging (de)	[bə'drɛjxiŋ]
atentar contra a vida de ...	een aanslag plegen	[en 'ānslax 'plexən]
atentado (m)	aanslag (de)	['ānslax]

roubar (um carro)	stelen	['stelən]
sequestrar (um avião)	kapen	['kapən]

vingança (f)	wraak (de)	[wrāk]
vingar (vt)	wreken	['wrekən]

torturar (vt)	martelen	['martələn]
tortura (f)	foltering (de)	['foltəriŋ]
atormentar (vt)	folteren	['foltərən]

pirata (m)	piraat (de)	[pi'rāt]
desordeiro (m)	straatschender (de)	['strāt·sxəndə]
armado (adj)	gewapend	[xə'wapənt]
violência (f)	geweld (het)	[xə'wɛlt]
ilegal (adj)	onwettig	[ɔn'wɛtəx]

espionagem (f)	spionage (de)	[spijo'naʒə]
espionar (vi)	spioneren	[spijo'nerən]

193. Polícia. Lei. Parte 1

justiça (sistema de ~)	justitie (de)	[jus'titsi]
tribunal (m)	gerechtshof (het)	[xə'rɛhtshɔf]

juiz (m)	rechter (de)	['rɛxtər]
jurados (m pl)	jury (de)	['ʒʉri]
tribunal (m) do júri	juryrechtspraak (de)	['ʒʉri·'rɛxtsprāk]
julgar (vt)	berechten	[bə'rɛxtən]

advogado (m)	advocaat (de)	[atvo'kāt]
réu (m)	beklaagde (de)	[bə'klāxdə]
banco (m) dos réus	beklaagdenbank (de)	[bə'klāxdən·bank]
acusação (f)	beschuldiging (de)	[bə'sxʉldəxiŋ]
acusado (m)	beschuldigde (de)	[bə'sxʉldəxdə]

sentença (f)	vonnis (het)	['vɔnis]
sentenciar (vt)	veroordelen	[vəˈrōrdələn]
culpado (m)	schuldige (de)	[ˈsxʉldixə]
punir (vt)	straffen	[ˈstrafən]
punição (f)	bestraffing (de)	[bəˈstrafiŋ]
multa (f)	boete (de)	[ˈbutə]
prisão (f) perpétua	levenslange opsluiting (de)	[ˈlevənslaŋə ˈɔpslœytiŋ]
pena (f) de morte	doodstraf (de)	[ˈdōd·straf]
cadeira (f) elétrica	elektrische stoel (de)	[ɛˈlɛktrisə stul]
forca (f)	schavot (het)	[sxaˈvɔt]
executar (vt)	executeren	[ɛksekʉˈterən]
execução (f)	executie (de)	[ɛkseˈkʉtsi]
prisão (f)	gevangenis (de)	[xəˈvaŋənis]
cela (f) de prisão	cel (de)	[sɛl]
escolta (f)	konvooi (het)	[kɔnˈvōj]
guarda (m) prisional	gevangenisbewaker (de)	[xəˈvaŋənis·bəˈwakər]
preso, prisioneiro (m)	gedetineerde (de)	[xədetiˈnērdə]
algemas (f pl)	handboeien	[ˈhant·bujən]
algemar (vt)	handboeien omdoen	[ˈhantbujən ˈɔmdun]
fuga, evasão (f)	ontsnapping (de)	[ɔntˈsnapiŋ]
fugir (vi)	ontsnappen	[ɔntˈsnapən]
desaparecer (vi)	verdwijnen	[vərdˈwɛjnən]
soltar, libertar (vt)	vrijlaten	[ˈvrɛjlatən]
anistia (f)	amnestie (de)	[amnɛsˈti]
polícia (instituição)	politie (de)	[pɔˈlitsi]
polícia (m)	politieagent (de)	[pɔˈlitsi·aˈxɛnt]
delegacia (f) de polícia	politiebureau (het)	[pɔˈlitsi·bʉˈrɔ]
cassetete (m)	knuppel (de)	[ˈknʉpəl]
megafone (m)	megafoon (de)	[mexaˈfōn]
carro (m) de patrulha	patrouilleerwagen (de)	[patruˈjēr·ˈwaxən]
sirene (f)	sirene (de)	[siˈrenə]
ligar a sirene	de sirene aansteken	[də siˈrenə ˈānstekən]
toque (m) da sirene	geloei (het) van de sirene	[xəˈlui van də siˈrenə]
cena (f) do crime	plaats delict (de)	[plāts dɛˈlikt]
testemunha (f)	getuige (de)	[xəˈtœyxə]
liberdade (f)	vrijheid (de)	[ˈvrɛjhɛjt]
cúmplice (m)	handlanger (de)	[ˈhantlaŋər]
escapar (vi)	ontvluchten	[ɔntˈflʉxtən]
traço (não deixar ~s)	spoor (het)	[spōr]

194. Polícia. Lei. Parte 2

procura (f)	opsporing (de)	[ˈɔpspɔriŋ]
procurar (vt)	opsporen	[ˈɔpspɔrən]

Portuguese	Dutch	IPA
suspeita (f)	verdenking (de)	[vər'dɛnkiŋ]
suspeito (adj)	verdacht	[vər'daxt]
parar (veículo, etc.)	aanhouden	['ānhaudən]
deter (fazer parar)	tegenhouden	['texən·'haudən]
caso (~ criminal)	strafzaak (de)	['straf·zāk]
investigação (f)	onderzoek (het)	['ɔndərzuk]
detetive (m)	detective (de)	[de'tɛktif]
investigador (m)	onderzoeksrechter (de)	['ɔndərzuks 'rɛxtər]
versão (f)	versie (de)	['vɛrsi]
motivo (m)	motief (het)	[mɔ'tif]
interrogatório (m)	verhoor (het)	[vər'hōr]
interrogar (vt)	ondervragen	['ɔndər'vraxən]
questionar (vt)	ondervragen	['ɔndər'vraxən]
verificação (f)	controle (de)	[kɔn'trɔlə]
batida (f) policial	razzia (de)	['razia]
busca (f)	huiszoeking (de)	['hœys·'zukiŋ]
perseguição (f)	achtervolging (de)	['axtərvɔlxiŋ]
perseguir (vt)	achtervolgen	['axtərvɔlxən]
seguir, rastrear (vt)	opsporen	['ɔpspɔrən]
prisão (f)	arrest (het)	[a'rɛst]
prender (vt)	arresteren	[arɛ'sterən]
pegar, capturar (vt)	vangen, aanhouden	['vaŋən], [ān'haudən]
captura (f)	aanhouding (de)	['ānhaudiŋ]
documento (m)	document (het)	[dɔku'mɛnt]
prova (f)	bewijs (het)	[bə'wɛjs]
provar (vt)	bewijzen	[bə'wɛjzən]
pegada (f)	voetspoor (het)	['vutspōr]
impressões (f pl) digitais	vingerafdrukken	['viŋər·'afdrʉkən]
prova (f)	bewijs (het)	[bə'wɛjs]
álibi (m)	alibi (het)	['alibi]
inocente (adj)	onschuldig	[ɔn'sxʉldəx]
injustiça (f)	onrecht (het)	['ɔnrɛxt]
injusto (adj)	onrechtvaardig	['ɔnrɛxt 'vārdəx]
criminal (adj)	crimineel	[krimi'nēl]
confiscar (vt)	confisqueren	[kɔnfi'skerən]
droga (f)	drug (de)	[drʉx]
arma (f)	wapen (het)	['wapən]
desarmar (vt)	ontwapenen	[ɔnt'wapənən]
ordenar (vt)	bevelen	[bə'velən]
desaparecer (vi)	verdwijnen	[vərd'wɛjnən]
lei (f)	wet (de)	[wɛt]
legal (adj)	wettelijk	['wɛtələk]
ilegal (adj)	onwettelijk	[ɔn'wɛtələk]
responsabilidade (f)	verantwoordelijkheid (de)	[vərant·'wōrdələk 'hɛjt]
responsável (adj)	verantwoordelijk	[vərant·'wōrdələk]

NATUREZA

A Terra. Parte 1

195. Espaço sideral

espaço, cosmo (m)	kosmos (de)	['kɔsmɔs]
espacial, cósmico (adj)	kosmisch	['kɔsmis]
espaço (m) cósmico	kosmische ruimte (de)	['kɔsmisə 'rœymtə]
mundo (m)	wereld (de)	['werəlt]
universo (m)	heelal (het)	[hē'lal]
galáxia (f)	sterrenstelsel (het)	['stɛrən·'stɛlsəl]
estrela (f)	ster (de)	[stɛr]
constelação (f)	sterrenbeeld (het)	['stɛrən·bēlt]
planeta (m)	planeet (de)	[pla'nēt]
satélite (m)	satelliet (de)	[satə'lit]
meteorito (m)	meteoriet (de)	[meteɔ'rit]
cometa (m)	komeet (de)	[kɔ'mēt]
asteroide (m)	asteroïde (de)	[aste'rɔidə]
órbita (f)	baan (de)	[bān]
girar (vi)	draaien	['drājən]
atmosfera (f)	atmosfeer (de)	[atmɔ'sfēr]
Sol (m)	Zon (de)	[zɔn]
Sistema (m) Solar	zonnestelsel (het)	['zɔnə·stɛlsəl]
eclipse (m) solar	zonsverduistering (de)	['zɔns·vər'dœysteriŋ]
Terra (f)	Aarde (de)	['ārdə]
Lua (f)	Maan (de)	[mān]
Marte (m)	Mars (de)	[mars]
Vênus (f)	Venus (de)	['venʉs]
Júpiter (m)	Jupiter (de)	[jupi'tɛr]
Saturno (m)	Saturnus (de)	[sa'tʉrnʉs]
Mercúrio (m)	Mercurius (de)	[mər'kʉrijus]
Urano (m)	Uranus (de)	[u'ranʉs]
Netuno (m)	Neptunus (de)	[nep'tʉnʉs]
Plutão (m)	Pluto (de)	['plʉtɔ]
Via Láctea (f)	Melkweg (de)	['mɛlk·wɛx]
Ursa Maior (f)	Grote Beer (de)	['xrotə bēr]
Estrela Polar (f)	Poolster (de)	['pōlstər]
marciano (m)	marsmannetje (het)	['mars·'manɛtʃə]
extraterrestre (m)	buitenaards wezen (het)	['bœytən·ārts 'wezən]

alienígena (m)	bovenaards (het)	['bɔvən·ārts]
disco (m) voador	vliegende schotel (de)	['vlixəndə 'sxɔtəl]
espaçonave (f)	ruimtevaartuig (het)	['rœymtə·'vārtœyx]
estação (f) orbital	ruimtestation (het)	['rœymtə·sta'tsjɔn]
lançamento (m)	start (de)	[start]
motor (m)	motor (de)	['mɔtɔr]
bocal (m)	straalpijp (de)	['strāl·pɛjp]
combustível (m)	brandstof (de)	['brandstɔf]
cabine (f)	cabine (de)	[ka'binə]
antena (f)	antenne (de)	[an'tɛnə]
vigia (f)	patrijspoort (de)	[pa'trɛjs·pōrt]
bateria (f) solar	zonnebatterij (de)	['zɔnə·batə'rɛj]
traje (m) espacial	ruimtepak (het)	['rœymtə·pak]
imponderabilidade (f)	gewichtloosheid (de)	[xə'wixtlō'shɛjt]
oxigênio (m)	zuurstof (de)	['zūrstɔf]
acoplagem (f)	koppeling (de)	['kɔpəliŋ]
fazer uma acoplagem	koppeling maken	['kɔpəliŋ 'makən]
observatório (m)	observatorium (het)	[ɔbsərva'tɔrijum]
telescópio (m)	telescoop (de)	[telə'skōp]
observar (vt)	waarnemen	['wārnemən]
explorar (vt)	exploreren	[ɛksplɔ'rerən]

196. A Terra

Terra (f)	Aarde (de)	['ārdə]
globo terrestre (Terra)	aardbol (de)	['ārd·bɔl]
planeta (m)	planeet (de)	[pla'nēt]
atmosfera (f)	atmosfeer (de)	[atmɔ'sfēr]
geografia (f)	aardrijkskunde (de)	['ārdrɛjkskʉndə]
natureza (f)	natuur (de)	[na'tūr]
globo (mapa esférico)	wereldbol (de)	['wereld·bɔl]
mapa (m)	kaart (de)	[kārt]
atlas (m)	atlas (de)	['atlas]
Europa (f)	Europa (het)	[ø'rɔpa]
Ásia (f)	Azië (het)	['āzijə]
África (f)	Afrika (het)	['afrika]
Austrália (f)	Australië (het)	[ɔu'straliə]
América (f)	Amerika (het)	[a'merika]
América (f) do Norte	Noord-Amerika (het)	[nōrd-a'merika]
América (f) do Sul	Zuid-Amerika (het)	['zœyd-a'merika]
Antártida (f)	Antarctica (het)	[an'tarktika]
Ártico (m)	Arctis (de)	['arktis]

197. Pontos cardeais

norte (m)	noorden (het)	['nõrdən]
para norte	naar het noorden	[nār ət 'nõrdən]
no norte	in het noorden	[in ət 'nõrdən]
do norte (adj)	noordelijk	['nõrdələk]
sul (m)	zuiden (het)	['zœydən]
para sul	naar het zuiden	[nār ət zœydən]
no sul	in het zuiden	[in ət 'zœydən]
do sul (adj)	zuidelijk	['zœydələk]
oeste, ocidente (m)	westen (het)	['wɛstən]
para oeste	naar het westen	[nār ət 'wɛstən]
no oeste	in het westen	[in ət 'wɛstən]
ocidental (adj)	westelijk	['wɛstələk]
leste, oriente (m)	oosten (het)	['ōstən]
para leste	naar het oosten	[nār ət 'ōstən]
no leste	in het oosten	[in ət 'ōstən]
oriental (adj)	oostelijk	['ōstələk]

198. Mar. Oceano

mar (m)	zee (de)	[zē]
oceano (m)	oceaan (de)	[ɔse'ān]
golfo (m)	golf (de)	[xɔlf]
estreito (m)	straat (de)	[strāt]
terra (f) firme	grond (de)	['xrɔnt]
continente (m)	continent (het)	[kɔnti'nɛnt]
ilha (f)	eiland (het)	['ɛjlant]
península (f)	schiereiland (het)	['sxir·ɛjlant]
arquipélago (m)	archipel (de)	[arxipɛl]
baía (f)	baai, bocht (de)	[bāj], [bɔxt]
porto (m)	haven (de)	['havən]
lagoa (f)	lagune (de)	[la'xʉnə]
cabo (m)	kaap (de)	[kāp]
atol (m)	atol (de)	[a'tɔl]
recife (m)	rif (het)	[rif]
coral (m)	koraal (het)	[kɔ'rāl]
recife (m) de coral	koraalrif (het)	[kɔ'rāl·rif]
profundo (adj)	diep	[dip]
profundidade (f)	diepte (de)	['diptə]
abismo (m)	diepzee (de)	[dip·zē]
fossa (f) oceânica	trog (de)	[trɔx]
corrente (f)	stroming (de)	['strɔmiŋ]
banhar (vt)	omspoelen	['ɔmspulən]
litoral (m)	oever (de)	['uvər]

costa (f)	kust (de)	[kʉst]
maré (f) alta	vloed (de)	['vlut]
refluxo (m)	eb (de)	[ɛb]
restinga (f)	ondiepte (de)	[ɔn'diptə]
fundo (m)	bodem (de)	['bɔdəm]
onda (f)	golf (de)	[xɔlf]
crista (f) da onda	golfkam (de)	['xɔlfkam]
espuma (f)	schuim (het)	['sxœʏm]
tempestade (f)	storm (de)	[stɔrm]
furacão (m)	orkaan (de)	[ɔr'kãn]
tsunami (m)	tsunami (de)	[tsʉ'nami]
calmaria (f)	windstilte (de)	['wind·stiltə]
calmo (adj)	kalm	[kalm]
polo (m)	pool (de)	[pōl]
polar (adj)	polair	[pɔ'lɛr]
latitude (f)	breedtegraad (de)	['brēte·xrãt]
longitude (f)	lengtegraad (de)	['lɛŋtə·xrãt]
paralela (f)	parallel (de)	[para'lɛl]
equador (m)	evenaar (de)	['ɛvənãr]
céu (m)	hemel (de)	['heməl]
horizonte (m)	horizon (de)	['hɔrizɔn]
ar (m)	lucht (de)	[lʉxt]
farol (m)	vuurtoren (de)	['vūr·tɔrən]
mergulhar (vi)	duiken	['dœʏkən]
afundar-se (vr)	zinken	['zinkən]
tesouros (m pl)	schatten	['sxatən]

199. Nomes de Mares e Oceanos

Oceano (m) Atlântico	Atlantische Oceaan (de)	[at'lantisə ɔse'ãn]
Oceano (m) Índico	Indische Oceaan (de)	['indisə ɔse'ãn]
Oceano (m) Pacífico	Stille Oceaan (de)	['stilə ɔse'ãn]
Oceano (m) Ártico	Noordelijke IJszee (de)	['nōrdələkə 'ɛjs·zē]
Mar (m) Negro	Zwarte Zee (de)	['zwartə zē]
Mar (m) Vermelho	Rode Zee (de)	['rɔdə zē]
Mar (m) Amarelo	Gele Zee (de)	['xelə zē]
Mar (m) Branco	Witte Zee (de)	['witə zē]
Mar (m) Cáspio	Kaspische Zee (de)	['kaspisə zē]
Mar (m) Morto	Dode Zee (de)	['dɔdə zē]
Mar (m) Mediterrâneo	Middellandse Zee (de)	['midəlandsə zē]
Mar (m) Egeu	Egeïsche Zee (de)	[ɛ'xejsə zē]
Mar (m) Adriático	Adriatische Zee (de)	[adri'atisə zē]
Mar (m) Arábico	Arabische Zee (de)	[a'rabisə zē]
Mar (m) do Japão	Japanse Zee (de)	[ja'pansə zē]

| Mar (m) de Bering | Beringzee (de) | ['beriŋ·zē] |
| Mar (m) da China Meridional | Zuid-Chinese Zee (de) | ['zœyd-ʃi'nesə zē] |

Mar (m) de Coral	Koraalzee (de)	[kɔ'rāl·zē]
Mar (m) de Tasman	Tasmanzee (de)	['tasman·zē]
Mar (m) do Caribe	Caribische Zee (de)	[ka'ribisə zē]

| Mar (m) de Barents | Barentszzee (de) | ['barənts·zē] |
| Mar (m) de Kara | Karische Zee (de) | ['karisə zē] |

Mar (m) do Norte	Noordzee (de)	['nōrd·zē]
Mar (m) Báltico	Baltische Zee (de)	['baltisə zē]
Mar (m) da Noruega	Noorse Zee (de)	['nōrsə zē]

200. Montanhas

montanha (f)	berg (de)	[bɛrx]
cordilheira (f)	bergketen (de)	['bɛrx·'ketən]
serra (f)	gebergte (het)	[xə'bɛrxtə]

cume (m)	bergtop (de)	['bɛrx·tɔp]
pico (m)	bergpiek (de)	['bɛrx·pik]
pé (m)	voet (de)	[vut]
declive (m)	helling (de)	['heliŋ]

vulcão (m)	vulkaan (de)	[vʉl'kān]
vulcão (m) ativo	actieve vulkaan (de)	[ak'tivə vʉl'kān]
vulcão (m) extinto	uitgedoofde vulkaan (de)	['œytxədōfdə vyl'kān]

erupção (f)	uitbarsting (de)	['œytbarstiŋ]
cratera (f)	krater (de)	['kratər]
magma (m)	magma (het)	['maxma]
lava (f)	lava (de)	['lava]
fundido (lava ~a)	gloeiend	['xlʉjənt]

cânion, desfiladeiro (m)	kloof (de)	[klōf]
garganta (f)	bergkloof (de)	['bɛrx·klōf]
fenda (f)	spleet (de)	[splet]
precipício (m)	afgrond (de)	['afxrɔnt]

passo, colo (m)	bergpas (de)	['bɛrx·pas]
planalto (m)	plateau (het)	[pla'tɔ]
falésia (f)	klip (de)	[klip]
colina (f)	heuvel (de)	['høvəl]

geleira (f)	gletsjer (de)	['xletʃər]
cachoeira (f)	waterval (de)	['watər·val]
gêiser (m)	geiser (de)	['xɛjzər]
lago (m)	meer (het)	[mēr]

planície (f)	vlakte (de)	['vlaktə]
paisagem (f)	landschap (het)	['landsxap]
eco (m)	echo (de)	['ɛxɔ]
alpinista (m)	alpinist (de)	[alpi'nist]

escalador (m)	bergbeklimmer (de)	['bɛrx·bə'klimər]
conquistar (vt)	trotseren	[trɔ'tserən]
subida, escalada (f)	beklimming (de)	[bə'klimiŋ]

201. Nomes de montanhas

Alpes (m pl)	Alpen (de)	['alpən]
Monte Branco (m)	Mont Blanc (de)	[mɔn blan]
Pirineus (m pl)	Pyreneeën (de)	[pirə'nēən]
Cárpatos (m pl)	Karpaten (de)	[kar'patən]
Urais (m pl)	Oeralgebergte (het)	[ural·xə'bɛrxtə]
Cáucaso (m)	Kaukasus (de)	[kau'kazʉs]
Elbrus (m)	Elbroes (de)	[ɛlb'rus]
Altai (m)	Altaj (de)	[al'taj]
Tian Shan (m)	Tiensjan (de)	[ti'envan]
Pamir (m)	Pamir (de)	[pa'mir]
Himalaia (m)	Himalaya (de)	[hima'laja]
monte Everest (m)	Everest (de)	['ɛverɛst]
Cordilheira (f) dos Andes	Andes (de)	['andɛs]
Kilimanjaro (m)	Kilimanjaro (de)	[kiliman'dʒarɔ]

202. Rios

rio (m)	rivier (de)	[ri'vir]
fonte, nascente (f)	bron (de)	[brɔn]
leito (m) de rio	rivierbedding (de)	[ri'vir·'bɛdiŋ]
bacia (f)	rivierbekken (het)	[ri'vir·'bɛkən]
desaguar no ...	uitmonden in ...	['œytmɔndən in]
afluente (m)	zijrivier (de)	[zɛj·ri'vir]
margem (do rio)	oever (de)	['uvər]
corrente (f)	stroming (de)	['strɔmiŋ]
rio abaixo	stroomafwaarts	[strōm·'afwãrts]
rio acima	stroomopwaarts	[strōm·'ɔpwãrts]
inundação (f)	overstroming (de)	[ɔvər'strɔmiŋ]
cheia (f)	overstroming (de)	[ɔvər'strɔmiŋ]
transbordar (vi)	buiten zijn oevers treden	['bœytən zɛjn 'uvərs 'trɛdən]
inundar (vt)	overstromen	[ɔvər'strɔmən]
banco (m) de areia	zandbank (de)	['zant·bank]
corredeira (f)	stroomversnelling (de)	[strōm·vər'sneliŋ]
barragem (f)	dam (de)	[dam]
canal (m)	kanaal (het)	[ka'nāl]
reservatório (m) de água	spaarbekken (het)	['spār·bɛkən]
eclusa (f)	sluis (de)	['slœys]
corpo (m) de água	waterlichaam (het)	['watər·'lixām]

pântano (m)	moeras (het)	[muˈras]
lamaçal (m)	broek (het)	[bruk]
redemoinho (m)	draaikolk (de)	[ˈdrāːjˑkɔlk]
riacho (m)	stroom (de)	[strōm]
potável (adj)	drink-	[drink]
doce (água)	zoet	[zut]
gelo (m)	ijs (het)	[ɛjs]
congelar-se (vr)	bevriezen	[bəˈvrizən]

203. Nomes de rios

rio Sena (m)	Seine (de)	[ˈsɛjnə]
rio Loire (m)	Loire (de)	[luˈarə]
rio Tâmisa (m)	Theems (de)	[ˈtɛjms]
rio Reno (m)	Rijn (de)	[ˈrɛjn]
rio Danúbio (m)	Donau (de)	[ˈdɔnau]
rio Volga (m)	Wolga (de)	[ˈwɔlxa]
rio Don (m)	Don (de)	[dɔn]
rio Lena (m)	Lena (de)	[ˈlena]
rio Amarelo (m)	Gele Rivier (de)	[ˈxelə riˈvir]
rio Yangtzé (m)	Blauwe Rivier (de)	[ˈblauə riˈvir]
rio Mekong (m)	Mekong (de)	[meˈkɔŋ]
rio Ganges (m)	Ganges (de)	[ˈxaŋəs]
rio Nilo (m)	Nijl (de)	[ˈnɛjl]
rio Congo (m)	Kongo (de)	[ˈkɔnxɔ]
rio Cubango (m)	Okavango (de)	[ɔkaˈvanxɔ]
rio Zambeze (m)	Zambezi (de)	[zamˈbezi]
rio Limpopo (m)	Limpopo (de)	[limˈpɔpɔ]
rio Mississippi (m)	Mississippi (de)	[misiˈsipi]

204. Floresta

floresta (f), bosque (m)	bos (het)	[bɔs]
florestal (adj)	bos-	[bɔs]
mata (f) fechada	oerwoud (het)	[ˈurwaut]
arvoredo (m)	bosje (het)	[ˈbɔɕə]
clareira (f)	open plek (de)	[ˈɔpən plek]
matagal (m)	struikgewas (het)	[ˈstrœʏkˑxəˈwas]
mato (m), caatinga (f)	struiken	[ˈstrœʏkən]
pequena trilha (f)	paadje (het)	[ˈpādjə]
ravina (f)	ravijn (het)	[raˈvɛjn]
árvore (f)	boom (de)	[bōm]
folha (f)	blad (het)	[blat]

folhagem (f)	gebladerte (het)	[xə'bladərtə]
queda (f) das folhas	vallende bladeren	['valəndə 'bladerən]
cair (vi)	vallen	['valən]
topo (m)	boomtop (de)	['bōm·tɔp]
ramo (m)	tak (de)	[tak]
galho (m)	ent (de)	[ɛnt]
botão (m)	knop (de)	[knɔp]
agulha (f)	naald (de)	[nāIt]
pinha (f)	dennenappel (de)	['dɛnən·'apəl]
buraco (m) de árvore	boom holte (de)	[bōm 'hɔltə]
ninho (m)	nest (het)	[nɛst]
toca (f)	hol (het)	[hɔl]
tronco (m)	stam (de)	[stam]
raiz (f)	wortel (de)	['wɔrtəl]
casca (f) de árvore	schors (de)	[sxɔrs]
musgo (m)	mos (het)	[mɔs]
arrancar pela raiz	ontwortelen	[ɔnt'wɔrtələn]
cortar (vt)	kappen	['kapən]
desflorestar (vt)	ontbossen	[ɔn'bɔsən]
toco, cepo (m)	stronk (de)	[strɔnk]
fogueira (f)	kampvuur (het)	['kampvūr]
incêndio (m) florestal	bosbrand (de)	['bɔs·brant]
apagar (vt)	blussen	['blʉsən]
guarda-parque (m)	boswachter (de)	[bɔs·'waxtər]
proteção (f)	bescherming (de)	[bə'sxɛrmiŋ]
proteger (a natureza)	beschermen	[bə'sxɛrmən]
caçador (m) furtivo	stroper (de)	['strɔpər]
armadilha (f)	val (de)	[val]
colher (cogumelos, bagas)	plukken	['plʉkən]
perder-se (vr)	verdwalen (de weg kwijt zijn)	[vərd'walən]

205. Recursos naturais

recursos (m pl) naturais	natuurlijke rijkdommen	[na'tūrləkə 'rɛjkdɔmən]
minerais (m pl)	delfstoffen	['dɛlfstɔfən]
depósitos (m pl)	lagen	['laxən]
jazida (f)	veld (het)	[vɛlt]
extrair (vt)	winnen	['winən]
extração (f)	winning (de)	['winiŋ]
minério (m)	erts (het)	[ɛrts]
mina (f)	mijn (de)	[mɛjn]
poço (m) de mina	mijnschacht (de)	['mɛjn·sxaxt]
mineiro (m)	mijnwerker (de)	['mɛjn·wɛrkər]
gás (m)	gas (het)	[xas]
gasoduto (m)	gasleiding (de)	[xas·'lɛjdiŋ]

petróleo (m)	olie (de)	['ɔli]
oleoduto (m)	olieleiding (de)	['ɔli·'lɛjdiŋ]
poço (m) de petróleo	oliebron (de)	['ɔli·brɔn]
torre (f) petrolífera	boortoren (de)	[bōr·'tɔrən]
petroleiro (m)	tanker (de)	['tankər]
areia (f)	zand (het)	[zant]
calcário (m)	kalksteen (de)	['kalkstēn]
cascalho (m)	grind (het)	[xrint]
turfa (f)	veen (het)	[vēn]
argila (f)	klei (de)	[klɛj]
carvão (m)	steenkool (de)	['stēn·kōl]
ferro (m)	ijzer (het)	['ɛjzər]
ouro (m)	goud (het)	['xaut]
prata (f)	zilver (het)	['zilvər]
níquel (m)	nikkel (het)	['nikəl]
cobre (m)	koper (het)	['kɔpər]
zinco (m)	zink (het)	[zink]
manganês (m)	mangaan (het)	[man'xān]
mercúrio (m)	kwik (het)	['kwik]
chumbo (m)	lood (het)	[lōt]
mineral (m)	mineraal (het)	[minə'rāl]
cristal (m)	kristal (het)	[kris'tal]
mármore (m)	marmer (het)	['marmər]
urânio (m)	uraan (het)	[ju'rān]

A Terra. Parte 2

206. Tempo

tempo (m)	weer (het)	[wēr]
previsão (f) do tempo	weersvoorspelling (de)	['wɛrs·vōr'spɛliŋ]
temperatura (f)	temperatuur (de)	[tɛmpəra'tūr]
termômetro (m)	thermometer (de)	['tɛrmɔmetər]
barômetro (m)	barometer (de)	['barɔ'metər]
úmido (adj)	vochtig	['vɔhtəx]
umidade (f)	vochtigheid (de)	['vɔhtixhɛjt]
calor (m)	hitte (de)	['hitə]
tórrido (adj)	heet	[hēt]
está muito calor	het is heet	[ət is hēt]
está calor	het is warm	[ət is warm]
quente (morno)	warm	[warm]
está frio	het is koud	[ət is 'kaut]
frio (adj)	koud	['kaut]
sol (m)	zon (de)	[zɔn]
brilhar (vi)	schijnen	['sxɛjnən]
de sol, ensolarado	zonnig	['zɔnɛx]
nascer (vi)	opgaan	['ɔpxān]
pôr-se (vr)	ondergaan	['ɔndərxān]
nuvem (f)	wolk (de)	[wɔlk]
nublado (adj)	bewolkt	[bə'wɔlkt]
nuvem (f) preta	regenwolk (de)	['rexən·wɔlk]
escuro, cinzento (adj)	somber	['sɔmbər]
chuva (f)	regen (de)	['rexən]
está a chover	het regent	[ət 'rexənt]
chuvoso (adj)	regenachtig	['rexənaxtəx]
chuviscar (vi)	motregenen	['mɔtrexənən]
chuva (f) torrencial	plensbui (de)	['plɛnsbœy]
aguaceiro (m)	stortbui (de)	['stɔrt·bœy]
forte (chuva, etc.)	hard	[hart]
poça (f)	plas (de)	[plas]
molhar-se (vr)	nat worden	[nat 'wɔrdən]
nevoeiro (m)	mist (de)	[mist]
de nevoeiro	mistig	['mistəx]
neve (f)	sneeuw (de)	[snēw]
está nevando	het sneeuwt	[ət 'snēwt]

207. Tempo extremo. Catástrofes naturais

trovoada (f)	noodweer (het)	['nɔtwer]
relâmpago (m)	bliksem (de)	['bliksəm]
relampejar (vi)	flitsen	['flitsən]
trovão (m)	donder (de)	['dɔndər]
trovejar (vi)	donderen	['dɔndərən]
está trovejando	het dondert	[ət 'dɔndərt]
granizo (m)	hagel (de)	['haxəl]
está caindo granizo	het hagelt	[ət 'haxəlt]
inundar (vt)	overstromen	[ɔvər'strɔmən]
inundação (f)	overstroming (de)	[ɔvər'strɔmiŋ]
terremoto (m)	aardbeving (de)	['ārd·beviŋ]
abalo, tremor (m)	aardschok (de)	['ārd·sxɔk]
epicentro (m)	epicentrum (het)	[ɛpi'sɛntrʉm]
erupção (f)	uitbarsting (de)	['œytbarstiŋ]
lava (f)	lava (de)	['lava]
tornado (m)	wervelwind (de)	['wɛrvəl·vint]
tornado (m)	windhoos (de)	['windhōs]
tufão (m)	tyfoon (de)	[taj'fōn]
furacão (m)	orkaan (de)	[ɔr'kān]
tempestade (f)	storm (de)	[stɔrm]
tsunami (m)	tsunami (de)	[tsʉ'nami]
ciclone (m)	cycloon (de)	[si'klōn]
mau tempo (m)	onweer (het)	['ɔnwēr]
incêndio (m)	brand (de)	[brant]
catástrofe (f)	ramp (de)	[ramp]
meteorito (m)	meteoriet (de)	[meteɔ'rit]
avalanche (f)	lawine (de)	[la'winə]
deslizamento (m) de neve	sneeuwverschuiving (de)	['snēw·'fɛrsxœyviŋ]
nevasca (f)	sneeuwjacht (de)	['snēw·jaxt]
tempestade (f) de neve	sneeuwstorm (de)	['snēw·stɔrm]

208. Ruídos. Sons

silêncio (m)	stilte (de)	['stiltə]
som (m)	geluid (het)	[xə'lœyt]
ruído, barulho (m)	lawaai (het)	[la'wai]
fazer barulho	lawaai maken	[la'wai 'makən]
ruidoso, barulhento (adj)	lawaaierig	[la'wājərəx]
alto	luid	['lœyt]
alto (ex. voz ~a)	luid	['lœyt]
constante (ruído, etc.)	aanhoudend	['ānhaudənt]

grito (m)	**schreeuw (de)**	[sxrẽw]
gritar (vi)	**schreeuwen**	['sxrẽwən]
sussurro (m)	**gefluister (het)**	[xə'flœystər]
sussurrar (vi, vt)	**fluisteren**	['flœystərən]
latido (m)	**geblaf (het)**	[xə'blaf]
latir (vi)	**blaffen**	['blafən]
gemido (m)	**gekreun (het)**	[xə'krøn]
gemer (vi)	**kreunen**	['krønən]
tosse (f)	**hoest (de)**	[hust]
tossir (vi)	**hoesten**	['hustən]
assobio (m)	**gefluit (het)**	[xə'flœyt]
assobiar (vi)	**fluiten**	['flœytən]
batida (f)	**geklop (het)**	[xə'klɔp]
bater (à porta)	**kloppen**	['klɔpən]
estalar (vi)	**kraken**	['krakən]
estalido (m)	**gekraak (het)**	[xə'krãk]
sirene (f)	**sirene (de)**	[si'renə]
apito (m)	**fluit (de)**	['flœyt]
apitar (vi)	**fluiten**	['flœytən]
buzina (f)	**toeter (de)**	['tutər]
buzinar (vi)	**toeteren**	['tutərən]

209. Inverno

inverno (m)	**winter (de)**	['wintər]
de inverno	**winter-**	['wintər]
no inverno	**in de winter**	[in də 'wintər]
neve (f)	**sneeuw (de)**	[snẽw]
está nevando	**het sneeuwt**	[ət 'snẽwt]
queda (f) de neve	**sneeuwval (de)**	['snẽw·fal]
amontoado (m) de neve	**sneeuwhoop (de)**	['snẽw·hõp]
floco (m) de neve	**sneeuwvlok (de)**	['snẽw·flɔk]
bola (f) de neve	**sneeuwbal (de)**	['snẽw·bal]
boneco (m) de neve	**sneeuwman (de)**	['snẽw·man]
sincelo (m)	**ijspegel (de)**	['ɛjspexəl]
dezembro (m)	**december (de)**	[de'sɛmbər]
janeiro (m)	**januari (de)**	[janʉ'ari]
fevereiro (m)	**februari (de)**	[febrʉ'ari]
gelo (m)	**vorst (de)**	[vɔrst]
gelado (tempo ~)	**vries-**	[vris]
abaixo de zero	**onder nul**	['ɔndər nʉl]
primeira geada (f)	**eerste vorst (de)**	['ẽrstə vɔrst]
geada (f) branca	**rijp (de)**	[rɛjp]
frio (f)	**koude (de)**	['kaudə]

está frio	het is koud	[ət is 'kaut]
casaco (m) de pele	bontjas (de)	[bɔnt jas]
mitenes (f pl)	wanten	['wantən]

adoecer (vi)	ziek worden	[zik 'wɔrdən]
resfriado (m)	verkoudheid (de)	[vər'kauthɛjt]
ficar resfriado	verkouden raken	[vər'kaudən 'rakən]

gelo (m)	ijs (het)	[ɛjs]
gelo (m) na estrada	ijzel (de)	['ɛjzəl]
congelar-se (vr)	bevriezen	[bə'vrizən]
bloco (m) de gelo	ijsschol (de)	['ɛjs·sxɔl]

esqui (m)	ski's	[skis]
esquiador (m)	skiër (de)	['skiər]
esquiar (vi)	skiën	['skiən]
patinar (vi)	schaatsen	['sxātsən]

Fauna

210. Mamíferos. Predadores

predador (m)	roofdier (het)	['rōf·dīr]
tigre (m)	tijger (de)	['tɛjxər]
leão (m)	leeuw (de)	[lēw]
lobo (m)	wolf (de)	[wɔlf]
raposa (f)	vos (de)	[vɔs]
jaguar (m)	jaguar (de)	['jaguar]
leopardo (m)	luipaard (de)	['lœypārt]
chita (f)	jachtluipaard (de)	['jaxt·lœypārt]
pantera (f)	panter (de)	['pantər]
puma (m)	poema (de)	['puma]
leopardo-das-neves (m)	sneeuwluipaard (de)	['snēw·lœypārt]
lince (m)	lynx (de)	[links]
coiote (m)	coyote (de)	[kɔ'jot]
chacal (m)	jakhals (de)	['jakhals]
hiena (f)	hyena (de)	[hi'ena]

211. Animais selvagens

animal (m)	dier (het)	[dīr]
besta (f)	beest (het)	[bēst]
esquilo (m)	eekhoorn (de)	['ēkhōrn]
ouriço (m)	egel (de)	['exəl]
lebre (f)	haas (de)	[hās]
coelho (m)	konijn (het)	[kɔ'nɛjn]
texugo (m)	das (de)	[das]
guaxinim (m)	wasbeer (de)	['wasbēr]
hamster (m)	hamster (de)	['hamstər]
marmota (f)	marmot (de)	[mar'mɔt]
toupeira (f)	mol (de)	[mɔl]
rato (m)	muis (de)	[mœys]
ratazana (f)	rat (de)	[rat]
morcego (m)	vleermuis (de)	['vlēr·mœys]
arminho (m)	hermelijn (de)	[hɛrmə'lɛjn]
zibelina (f)	sabeldier (het)	['sabəl·dīr]
marta (f)	marter (de)	['martər]
doninha (f)	wezel (de)	['wezəl]
visom (m)	nerts (de)	[nɛrts]

castor (m)	bever (de)	['bɛvər]
lontra (f)	otter (de)	['ɔtər]
cavalo (m)	paard (het)	[pārt]
alce (m)	eland (de)	['ɛlant]
veado (m)	hert (het)	[hɛrt]
camelo (m)	kameel (de)	[ka'mēl]
bisão (m)	bizon (de)	[bi'zɔn]
auroque (m)	wisent (de)	['wĩzɛnt]
búfalo (m)	buffel (de)	['bʉfəl]
zebra (f)	zebra (de)	['zɛbra]
antílope (m)	antilope (de)	[anti'lopə]
corça (f)	ree (de)	[rē]
gamo (m)	damhert (het)	['damhɛrt]
camurça (f)	gems (de)	[xɛms]
javali (m)	everzwijn (het)	['ɛvər·zwɛjn]
baleia (f)	walvis (de)	['walvis]
foca (f)	rob (de)	[rɔb]
morsa (f)	walrus (de)	['walrʉs]
urso-marinho (m)	zeebeer (de)	['zē·bēr]
golfinho (m)	dolfijn (de)	[dɔl'fɛjn]
urso (m)	beer (de)	[bēr]
urso (m) polar	ijsbeer (de)	['ɛjs·bēr]
panda (m)	panda (de)	['panda]
macaco (m)	aap (de)	[āp]
chimpanzé (m)	chimpansee (de)	[ʃimpan'sē]
orangotango (m)	orang-oetan (de)	[ɔ'raŋ-utaŋ]
gorila (m)	gorilla (de)	[xɔ'rila]
macaco (m)	makaak (de)	[ma'kāk]
gibão (m)	gibbon (de)	['xibɔn]
elefante (m)	olifant (de)	['ɔlifant]
rinoceronte (m)	neushoorn (de)	['nøshōrn]
girafa (f)	giraffe (de)	[xi'rafə]
hipopótamo (m)	nijlpaard (het)	['nɛjl·pārt]
canguru (m)	kangoeroe (de)	['kanxəru]
coala (m)	koala (de)	[kɔ'ala]
mangusto (m)	mangoest (de)	[man'xust]
chinchila (f)	chinchilla (de)	[ʃin'ʃila]
cangambá (f)	stinkdier (het)	['stink·dīr]
porco-espinho (m)	stekelvarken (het)	['stekəl·'varkən]

212. Animais domésticos

gata (f)	poes (de)	[pus]
gato (m) macho	kater (de)	['katər]
cão (m)	hond (de)	[hɔnt]

cavalo (m)	paard (het)	[pãrt]
garanhão (m)	hengst (de)	[hɛŋst]
égua (f)	merrie (de)	['mɛri]

vaca (f)	koe (de)	[ku]
touro (m)	bul, stier (de)	[bʉl], [stir]
boi (m)	os (de)	[ɔs]

ovelha (f)	schaap (het)	[sxãp]
carneiro (m)	ram (de)	[ram]
cabra (f)	geit (de)	[xɛjt]
bode (m)	bok (de)	[bɔk]

burro (m)	ezel (de)	['ezəl]
mula (f)	muilezel (de)	[mœʏlezəl]

porco (m)	varken (het)	['varkən]
leitão (m)	biggetje (het)	['bixətʃə]
coelho (m)	konijn (het)	[kɔ'nɛjn]

galinha (f)	kip (de)	[kip]
galo (m)	haan (de)	[hãn]

pata (f), pato (m)	eend (de)	[ẽnt]
pato (m)	woerd (de)	[wurt]
ganso (m)	gans (de)	[xans]

peru (m)	kalkoen haan (de)	[kal'kun hãn]
perua (f)	kalkoen (de)	[kal'kun]

animais (m pl) domésticos	huisdieren	['hœʏs·'dīrən]
domesticado (adj)	tam	[tam]
domesticar (vt)	temmen, tam maken	['tɛmən], [tam 'makən]
criar (vt)	fokken	['fɔkən]

fazenda (f)	boerderij (de)	[burdə'rɛj]
aves (f pl) domésticas	gevogelte (het)	[xə'voxəltə]
gado (m)	rundvee (het)	['rʉntvẽ]
rebanho (m), manada (f)	kudde (de)	['kʉdə]

estábulo (m)	paardenstal (de)	['pãrdən·stal]
chiqueiro (m)	zwijnenstal (de)	['zwɛjnən·stal]
estábulo (m)	koeienstal (de)	['kujen·stal]
coelheira (f)	konijnenhok (het)	[kɔ'nɛjnən·hɔk]
galinheiro (m)	kippenhok (het)	['kipən·hɔk]

213. Cães. Raças de cães

cão (m)	hond (de)	[hɔnt]
cão pastor (m)	herdershond (de)	['hɛrdərs·hɔnt]
pastor-alemão (m)	Duitse herdershond (de)	['dœʏtsə 'herdərs·hɔnt]
poodle (m)	poedel (de)	['pudəl]
linguicinha (m)	teckel (de)	['tekəl]
buldogue (m)	buldog (de)	['bʉldɔx]

boxer (m)	boxer (de)	['bɔksər]
mastim (m)	mastiff (de)	[mas'tif]
rottweiler (m)	rottweiler (de)	[rɔt'wɛjlər]
dóberman (m)	doberman (de)	['dɔberman]
basset (m)	basset (de)	['basɛt]
pastor inglês (m)	bobtail (de)	['bɔbtəjl]
dálmata (m)	dalmatiër (de)	[dal'matʃər]
cocker spaniel (m)	cockerspaniël (de)	['kɔkər·spani'el]
terra-nova (m)	Newfoundlander (de)	[nʉ'faundləndər]
são-bernardo (m)	sint-bernard (de)	[sint-'bɛrnart]
husky (m) siberiano	husky (de)	['haski]
Chow-chow (m)	chowchow (de)	['tʃau·tʃau]
spitz alemão (m)	spits (de)	[spits]
pug (m)	mopshond (de)	['mɔps·hɔnt]

214. Sons produzidos pelos animais

latido (m)	geblaf (het)	[xə'blaf]
latir (vi)	blaffen	['blafən]
miar (vi)	miauwen	[mi'auən]
ronronar (vi)	spinnen	['spinən]
mugir (vaca)	loeien	['lʉjən]
bramir (touro)	brullen	['brʉlən]
rosnar (vi)	grommen	['xrɔmən]
uivo (m)	gehuil (het)	[xe'hœyl]
uivar (vi)	huilen	['hœylən]
ganir (vi)	janken	['jankən]
balir (vi)	mekkeren	['mekərən]
grunhir (vi)	knorren	['knɔrən]
guinchar (vi)	gillen	['xilən]
coaxar (sapo)	kwaken	['kwakən]
zumbir (inseto)	zoemen	['zumən]
ziziar (vi)	tjirpen	['tʃirpən]

215. Animais jovens

cria (f), filhote (m)	jong (het)	[jɔn]
gatinho (m)	poesje (het)	['puɕə]
ratinho (m)	muisje (het)	[mœyɕə]
cachorro (m)	puppy (de)	['pʉpi]
filhote (m) de lebre	jonge haas (de)	[jɔŋə hãs]
coelhinho (m)	konijntje (het)	[kɔ'nɛjntʃə]
lobinho (m)	wolfje (het)	['wɔlfjə]
filhote (m) de raposa	vosje (het)	['vɔɕə]

filhote (m) de urso	beertje (het)	['bērtʃə]
filhote (m) de leão	leeuwenjong (het)	['lēwən joŋ]
filhote (m) de tigre	tijgertje (het)	['tɛjxərtʃə]
filhote (m) de elefante	olifantenjong (het)	['ɔlifantən·joŋ]
leitão (m)	biggetje (het)	['bixətʃə]
bezerro (m)	kalf (het)	[kalf]
cabrito (m)	geitje (het)	['xɛjtʃə]
cordeiro (m)	lam (het)	[lam]
filhote (m) de veado	reekalf (het)	['rēkalf]
cria (f) de camelo	jonge kameel (de)	['joŋə ka'mēl]
filhote (m) de serpente	slangenjong (het)	['slaŋən·joŋ]
filhote (m) de rã	kikkertje (het)	['kikərtʃə]
cria (f) de ave	vogeltje (het)	['vɔxəltʃə]
pinto (m)	kuiken (het)	['kœʏkən]
patinho (m)	eendje (het)	['ēndjə]

216. Pássaros

pássaro (m), ave (f)	vogel (de)	['vɔxəl]
pombo (m)	duif (de)	['dœyf]
pardal (m)	mus (de)	[mʉs]
chapim-real (m)	koolmees (de)	['kōlmēs]
pega-rabuda (f)	ekster (de)	['ɛkstər]
corvo (m)	raaf (de)	[rāf]
gralha-cinzenta (f)	kraai (de)	[krāj]
gralha-de-nuca-cinzenta (f)	kauw (de)	['kau]
gralha-calva (f)	roek (de)	[ruk]
pato (m)	eend (de)	[ēnt]
ganso (m)	gans (de)	[xans]
faisão (m)	fazant (de)	[fa'zant]
águia (f)	arend (de)	['arənt]
açor (m)	havik (de)	['havik]
falcão (m)	valk (de)	[valk]
abutre (m)	gier (de)	[xir]
condor (m)	condor (de)	['kɔndɔr]
cisne (m)	zwaan (de)	[zwān]
grou (m)	kraanvogel (de)	['krān·vɔxəl]
cegonha (f)	ooievaar (de)	['ōjevār]
papagaio (m)	papegaai (de)	[papə'xāj]
beija-flor (m)	kolibrie (de)	[kɔ'libri]
pavão (m)	pauw (de)	['pau]
avestruz (m)	struisvogel (de)	['strœys·vɔxəl]
garça (f)	reiger (de)	['rɛjxər]
flamingo (m)	flamingo (de)	[fla'mingɔ]
pelicano (m)	pelikaan (de)	[peli'kān]

rouxinol (m)	nachtegaal (de)	['nahtəxāl]
andorinha (f)	zwaluw (de)	['zwalʉv]
tordo-zornal (m)	lijster (de)	['lɛjstər]
tordo-músico (m)	zanglijster (de)	[zaŋ·'lɛjstər]
melro-preto (m)	merel (de)	['merəl]
andorinhão (m)	gierzwaluw (de)	[xirz'walʉw]
cotovia (f)	leeuwerik (de)	['lēwərik]
codorna (f)	kwartel (de)	['kwartəl]
pica-pau (m)	specht (de)	[spɛxt]
cuco (m)	koekoek (de)	['kukuk]
coruja (f)	uil (de)	['œyl]
bufo-real (m)	oehoe (de)	['uhu]
tetraz-grande (m)	auerhoen (het)	['auər·hun]
tetraz-lira (m)	korhoen (het)	['kɔrhun]
perdiz-cinzenta (f)	patrijs (de)	[pa'trɛjs]
estorninho (m)	spreeuw (de)	[sprēw]
canário (m)	kanarie (de)	[ka'nari]
galinha-do-mato (f)	hazelhoen (het)	['hazəlhun]
tentilhão (m)	vink (de)	[vink]
dom-fafe (m)	goudvink (de)	['xaudvink]
gaivota (f)	meeuw (de)	[mēw]
albatroz (m)	albatros (de)	[albatrɔs]
pinguim (m)	pinguïn (de)	['piŋgwin]

217. Pássaros. Canto e sons

cantar (vi)	fluiten, zingen	['flœytən], ['ziŋən]
gritar, chamar (vi)	schreeuwen	['sxrēwən]
cantar (o galo)	kraaien	['krājən]
cocorocó (m)	kukeleku	[kʉkelə'kʉ]
cacarejar (vi)	klokken	['klɔkən]
crocitar (vi)	krassen	['krasən]
grasnar (vi)	kwaken	['kwakən]
piar (vi)	piepen	['pipən]
chilrear, gorjear (vi)	tjilpen	['tʃilpən]

218. Peixes. Animais marinhos

brema (f)	brasem (de)	['brasəm]
carpa (f)	karper (de)	['karpər]
perca (f)	baars (de)	[bārs]
siluro (m)	meerval (de)	['mērval]
lúcio (m)	snoek (de)	[snuk]
salmão (m)	zalm (de)	[zalm]
esturjão (m)	steur (de)	['stør]

arenque (m)	haring (de)	['hariŋ]
salmão (m) do Atlântico	atlantische zalm (de)	[at'lantisə zalm]
cavala, sarda (f)	makreel (de)	[ma'krēl]
solha (f), linguado (m)	platvis (de)	['platvis]
lúcio perca (m)	snoekbaars (de)	['snukbārs]
bacalhau (m)	kabeljauw (de)	[kabə'ljau]
atum (m)	tonijn (de)	[tɔ'nɛjn]
truta (f)	forel (de)	[fɔ'rɛl]
enguia (f)	paling (de)	[pa'liŋ]
raia (f) elétrica	sidderrog (de)	['sidər·rɔx]
moreia (f)	murene (de)	[mʉ'rɛnə]
piranha (f)	piranha (de)	[pi'ranja]
tubarão (m)	haai (de)	[hāj]
golfinho (m)	dolfijn (de)	[dɔl'fɛjn]
baleia (f)	walvis (de)	['walvis]
caranguejo (m)	krab (de)	[krab]
água-viva (f)	kwal (de)	['kwal]
polvo (m)	octopus (de)	['ɔktɔpʉs]
estrela-do-mar (f)	zeester (de)	['zē·stər]
ouriço-do-mar (m)	zee-egel (de)	[zē-'exəl]
cavalo-marinho (m)	zeepaardje (het)	['zē·pārtjə]
ostra (f)	oester (de)	['ustər]
camarão (m)	garnaal (de)	[xar'nāl]
lagosta (f)	kreeft (de)	[krēft]
lagosta (f)	langoest (de)	[lan'xust]

219. Anfíbios. Répteis

cobra (f)	slang (de)	[slaŋ]
venenoso (adj)	giftig	['xiftəx]
víbora (f)	adder (de)	['adər]
naja (f)	cobra (de)	['kɔbra]
píton (m)	python (de)	['pitɔn]
jiboia (f)	boa (de)	['bɔa]
cobra-de-água (f)	ringslang (de)	['riŋ·slaŋ]
cascavel (f)	ratelslang (de)	['ratəl·slaŋ]
anaconda (f)	anaconda (de)	[ana'kɔnda]
lagarto (m)	hagedis (de)	['haxədis]
iguana (f)	leguaan (de)	[lexʉ'ān]
varano (m)	varaan (de)	[va'rān]
salamandra (f)	salamander (de)	[sala'mandər]
camaleão (m)	kameleon (de)	[kamele'ɔn]
escorpião (m)	schorpioen (de)	[sxɔrpi'un]
tartaruga (f)	schildpad (de)	['sxildpat]
rã (f)	kikker (de)	['kikər]

sapo (m)	pad (de)	[pat]
crocodilo (m)	krokodil (de)	[krɔkɔ'dil]

220. Insetos

inseto (m)	insect (het)	[in'sɛkt]
borboleta (f)	vlinder (de)	['vlindər]
formiga (f)	mier (de)	[mir]
mosca (f)	vlieg (de)	[vlix]
mosquito (m)	mug (de)	[mʉx]
escaravelho (m)	kever (de)	['kevər]
vespa (f)	wesp (de)	[wɛsp]
abelha (f)	bij (de)	[bɛj]
mamangaba (f)	hommel (de)	['hɔməl]
moscardo (m)	horzel (de)	['hɔrsəl]
aranha (f)	spin (de)	[spin]
teia (f) de aranha	spinnenweb (het)	['spinən·wɛb]
libélula (f)	libel (de)	[li'bɛl]
gafanhoto (m)	sprinkhaan (de)	['sprinkhān]
traça (f)	nachtvlinder (de)	['naxt·'vlindər]
barata (f)	kakkerlak (de)	['kakərlak]
carrapato (m)	teek (de)	[tēk]
pulga (f)	vlo (de)	[vlɔ]
borrachudo (m)	kriebelmug (de)	['kribəl·mʉx]
gafanhoto (m)	treksprinkhaan (de)	['trɛk·sprink'hān]
caracol (m)	slak (de)	[slak]
grilo (m)	krekel (de)	['krekəl]
pirilampo, vaga-lume (m)	glimworm (de)	['xlim·wɔrm]
joaninha (f)	lieveheersbeestje (het)	[livə'hērs·'bestʃə]
besouro (m)	meikever (de)	['mɛjkəvər]
sanguessuga (f)	bloedzuiger (de)	['blud·zœyxər]
lagarta (f)	rups (de)	[rʉps]
minhoca (f)	aardworm (de)	['ārd·wɔrm]
larva (f)	larve (de)	['larvə]

221. Animais. Partes do corpo

bico (m)	snavel (de)	['snavəl]
asas (f pl)	vleugels	['vløxəls]
pata (f)	poot (de)	[pōt]
plumagem (f)	verenkleed (het)	[vərən·'klēt]
pena, pluma (f)	veer (de)	[vēr]
crista (f)	kuifje (het)	['kœyfjə]
brânquias, guelras (f pl)	kieuwen	['kiuən]
ovas (f pl)	kuit, dril (de)	['kœyt], [dril]

larva (f)	larve (de)	['larvə]
barbatana (f)	vin (de)	[vin]
escama (f)	schubben	['sxʉbən]

presa (f)	slagtand (de)	['slax·tant]
pata (f)	poot (de)	[pōt]
focinho (m)	muil (de)	[mœyl]
boca (f)	bek (de)	[bɛk]
cauda (f), rabo (m)	staart (de)	[stārt]
bigodes (m pl)	snorharen	['snɔrharən]

| casco (m) | hoef (de) | [huf] |
| corno (m) | hoorn (de) | [hōrn] |

carapaça (f)	schild (het)	[sxilt]
concha (f)	schelp (de)	[sxɛlp]
casca (f) de ovo	eierschaal (de)	['ɛjer·sxāl]

| pelo (m) | vacht (de) | [vaxt] |
| pele (f), couro (m) | huid (de) | ['hœyt] |

222. Ações dos animais

| voar (vi) | vliegen | ['vlixən] |
| dar voltas | cirkelen | ['sirkələn] |

| voar (para longe) | wegvliegen | ['wɛxvlixən] |
| bater as asas | klapwieken | ['klapwikən] |

| bicar (vi) | pikken | ['pikən] |
| incubar (vt) | broeden | ['brudən] |

| sair do ovo | uitbroeden | ['œytbrudən] |
| fazer o ninho | een nest bouwen | [en nɛst 'bauwən] |

rastejar (vi)	kruipen	['krœypən]
picar (vt)	steken	['stekən]
morder (cachorro, etc.)	bijten	['bɛjtən]

cheirar (vt)	snuffelen	['snʉfelən]
latir (vi)	blaffen	['blafən]
silvar (vi)	sissen	['sisən]

| assustar (vt) | doen schrikken | [dun 'sxrikən] |
| atacar (vt) | aanvallen | ['ānvalən] |

roer (vt)	knagen	['knaxən]
arranhar (vt)	schrammen	['sxramən]
esconder-se (vr)	zich verbergen	[zih vər'bɛrxən]

brincar (vi)	spelen	['spelən]
caçar (vi)	jagen	['jaxən]
hibernar (vi)	winterslapen	['wintər·'slapən]
extinguir-se (vr)	uitsterven	['œytstɛrvən]

223. Animais. Habitats

hábitat (m)	leefgebied (het)	['lēfxəbit]
migração (f)	migratie (de)	[mi'xratsi]
montanha (f)	berg (de)	[bɛrx]
recife (m)	rif (het)	[rif]
falésia (f)	klip (de)	[klip]
floresta (f)	bos (het)	[bɔs]
selva (f)	jungle (de)	[dʒəngl]
savana (f)	savanne (de)	[sa'vanə]
tundra (f)	toendra (de)	['tundra]
estepe (f)	steppe (de)	['stɛpə]
deserto (m)	woestijn (de)	[wus'tɛjn]
oásis (m)	oase (de)	[ɔ'azə]
mar (m)	zee (de)	[zē]
lago (m)	meer (het)	[mēr]
oceano (m)	oceaan (de)	[ɔse'ān]
pântano (m)	moeras (het)	[mu'ras]
de água doce	zoetwater-	[zut·'watər]
lagoa (f)	vijver (de)	['vɛjvər]
rio (m)	rivier (de)	[ri'vir]
toca (f) do urso	berenhol (het)	['berənhɔl]
ninho (m)	nest (het)	[nɛst]
buraco (m) de árvore	boom holte (de)	[bōm 'hɔltə]
toca (f)	hol (het)	[hɔl]
formigueiro (m)	mierenhoop (de)	['mirən·hōp]

224. Cuidados com os animais

jardim (m) zoológico	dierentuin (de)	['dīrən·tœyn]
reserva (f) natural	natuurreservaat (het)	[na'tūr·rezɛr'vāt]
viveiro (m)	fokkerij (de)	[fɔkə'rɛj]
jaula (f) de ar livre	openluchtkooi (de)	['ɔpənlʉxt·'kōj]
jaula, gaiola (f)	kooi (de)	[kōj]
casinha (f) de cachorro	hondenhok (het)	['hɔndən·hɔk]
pombal (m)	duiventil (de)	['dœyvən·'til]
aquário (m)	aquarium (het)	[ak'warijum]
delfinário (m)	dolfinarium (het)	[dɔlfi'narijum]
criar (vt)	fokken	['fɔkən]
cria (f)	nakomelingen	['nakɔməliŋən]
domesticar (vt)	temmen, tam maken	['tɛmən], [tam 'makən]
adestrar (vt)	dresseren	[drɛ'serən]
ração (f)	voeding (de)	['vudiŋ]
alimentar (vt)	voederen	['vudərən]

loja (f) de animais	dierenwinkel (de)	['dīrən·'winkəl]
focinheira (m)	muilkorf (de)	[mœyl·kɔrf]
coleira (f)	halsband (de)	['hals·bant]
nome (do animal)	naam (de)	[nām]
pedigree (m)	stamboom (de)	['stam·bōm]

225. Animais. Diversos

alcateia (f)	meute (de)	['møtə]
bando (pássaros)	zwerm (de)	[zwɛrm]
cardume (peixes)	school (de)	[sxōl]
manada (cavalos)	kudde (de)	['kʉdə]
macho (m)	mannetje (het)	['manɛtʃə]
fêmea (f)	vrouwtje (het)	['vrautʃə]
faminto (adj)	hongerig	['hɔŋərəh]
selvagem (adj)	wild	[wilt]
perigoso (adj)	gevaarlijk	[xe'vārlək]

226. Cavalos

cavalo (m)	paard (het)	[pārt]
raça (f)	ras (het)	[ras]
potro (m)	veulen (het)	['vølən]
égua (f)	merrie (de)	['mɛri]
mustangue (m)	mustang (de)	[mʉstaŋ]
pônei (m)	pony (de)	['pɔni]
cavalo (m) de tiro	koudbloed (de)	['kaut·blut]
crina (f)	manen	['manən]
rabo (m)	staart (de)	[stārt]
casco (m)	hoef (de)	[huf]
ferradura (f)	hoefijzer (het)	[huf·'ɛjzər]
ferrar (vt)	beslaan	[bə'slān]
ferreiro (m)	paardensmid (de)	[pārdən·'smit]
sela (f)	zadel (het)	['zadəl]
estribo (m)	stijgbeugel (de)	['stɛjx'bøxəl]
brida (f)	breidel (de)	['brɛjdəl]
rédeas (f pl)	leidsels	['lɛjdsəls]
chicote (m)	zweep (de)	[zwĕp]
cavaleiro (m)	ruiter (de)	['rœytər]
colocar sela	zadelen	['zadələn]
montar no cavalo	een paard bestijgen	[en pārt bə'stɛjxə]
galope (m)	galop (de)	[xa'lɔp]
galopar (vi)	galopperen	[xalɔ'perən]

trote (m)	draf (de)	[draf]
a trote	in draf	[in draf]
ir a trote	draven	['dravən]
cavalo (m) de corrida	renpaard (het)	[ren'pārt]
corridas (f pl)	paardenrace (de)	['pārdən·rɛjs]
estábulo (m)	paardenstal (de)	['pārdən·stal]
alimentar (vt)	voederen	['vudərən]
feno (m)	hooi (het)	[hōj]
dar água	water geven	['watər 'xevən]
limpar (vt)	wassen	['wasən]
carroça (f)	paardenkar (de)	['pārdən·kar]
pastar (vi)	grazen	['xrazən]
relinchar (vi)	hinniken	['hinikən]
dar um coice	een trap geven	[en trap 'xevən]

Flora

227. Árvores

árvore (f)	boom (de)	[bōm]
decídua (adj)	loof-	[lōf]
conífera (adj)	dennen-	['dɛnən]
perene (adj)	groenblijvend	[xrun 'blɛjvənt]

macieira (f)	appelboom (de)	['apəl·bōm]
pereira (f)	perenboom (de)	['perən·bōm]
cerejeira (f)	zoete kers (de)	['zutə kɛrs]
ginjeira (f)	zure kers (de)	['zʉrə kɛrs]
ameixeira (f)	pruimelaar (de)	[prœymə·lãr]

bétula (f)	berk (de)	[bɛrk]
carvalho (m)	eik (de)	[ɛjk]
tília (f)	linde (de)	['lində]
choupo-tremedor (m)	esp (de)	[ɛsp]
bordo (m)	esdoorn (de)	['ɛsdōrn]
espruce (m)	spar (de)	[spar]
pinheiro (m)	den (de)	[dɛn]
alerce, lariço (m)	lariks (de)	['lariks]
abeto (m)	zilverspar (de)	['zilvər·spar]
cedro (m)	ceder (de)	['sedər]

choupo, álamo (m)	populier (de)	[popʉ'lir]
tramazeira (f)	lijsterbes (de)	['lɛjstərbɛs]
salgueiro (m)	wilg (de)	[wilx]
amieiro (m)	els (de)	[ɛls]
faia (f)	beuk (de)	['bøk]
ulmeiro, olmo (m)	iep (de)	[jep]
freixo (m)	es (de)	[ɛs]
castanheiro (m)	kastanje (de)	[kas'tanjə]

magnólia (f)	magnolia (de)	[mah'nɔlija]
palmeira (f)	palm (de)	[palm]
cipreste (m)	cipres (de)	[sip'rɛs]

mangue (m)	mangrove (de)	[man'xrɔvə]
embondeiro, baobá (m)	baobab (de)	['baɔbap]
eucalipto (m)	eucalyptus (de)	[øka'liptʉs]
sequoia (f)	mammoetboom (de)	[ma'mut·bōm]

228. Arbustos

arbusto (m)	struik (de)	['strœyk]
arbusto (m), moita (f)	heester (de)	['hēstər]

videira (f)	wijnstok (de)	['wɛjn·stɔk]
vinhedo (m)	wijngaard (de)	['wɛjnxãrt]

framboeseira (f)	frambozenstruik (de)	[fram'bɔsən·'strœyk]
groselheira-negra (f)	zwarte bes (de)	['zwartə bɛs]
groselheira-vermelha (f)	rode bessenstruik (de)	['rodə 'bɛsən·strœyk]
groselheira (f) espinhosa	kruisbessenstruik (de)	['krœys·'bɛsənstrœyk]

acácia (f)	acacia (de)	[a'kaɕia]
bérberis (f)	zuurbes (de)	['zūr·bɛs]
jasmim (m)	jasmijn (de)	[jas'mɛjn]

junípero (m)	jeneverbes (de)	[je'nɛvərbɛs]
roseira (f)	rozenstruik (de)	['rɔzən·strœyk]
roseira (f) brava	hondsroos (de)	['hund·rõs]

229. Cogumelos

cogumelo (m)	paddenstoel (de)	['padənstul]
cogumelo (m) comestível	eetbare paddenstoel (de)	['ētbarə 'padənstul]
cogumelo (m) venenoso	giftige paddenstoel (de)	['xiftixə 'padənstul]
chapéu (m)	hoed (de)	[hut]
pé, caule (m)	steel (de)	[stēl]

boleto, porcino (m)	eekhoorntjesbrood (het)	[ē'hɔntʃes·brōt]
boleto (m) alaranjado	rosse populierboleet (de)	['rɔsə popʉ'lir·bolēt]
boleto (m) de bétula	berkenboleet (de)	['bɛrkən·bolēt]
cantarelo (m)	cantharel (de)	[kanta'rɛl]
rússula (f)	russula (de)	[rʉ'sʉla]

morchella (f)	morielje (de)	[mɔ'rilje]
agário-das-moscas (m)	vliegenzwam (de)	['vlixən·zwam]
cicuta (f) verde	groene knolamaniet (de)	['xrunə 'knɔl·ama'nit]

230. Frutos. Bagas

fruta (f)	vrucht (de)	[vrʉxt]
frutas (f pl)	vruchten	['vrʉxtən]
maçã (f)	appel (de)	['apəl]
pera (f)	peer (de)	[pēr]
ameixa (f)	pruim (de)	['prœym]

morango (m)	aardbei (de)	['ārd·bɛj]
ginja (f)	zure kers (de)	['zʉrə kɛrs]
cereja (f)	zoete kers (de)	['zutə kɛrs]
uva (f)	druif (de)	[drœyf]

framboesa (f)	framboos (de)	[fram'bõs]
groselha (f) negra	zwarte bes (de)	['zwartə bɛs]
groselha (f) vermelha	rode bes (de)	['rɔdə bɛs]
groselha (f) espinhosa	kruisbes (de)	['krœysbɛs]
oxicoco (m)	veenbes (de)	['vēnbɛs]

laranja (f)	sinaasappel (de)	['sinãsapəl]
tangerina (f)	mandarijn (de)	[manda'rɛjn]
abacaxi (m)	ananas (de)	['ananas]
banana (f)	banaan (de)	[ba'nãn]
tâmara (f)	dadel (de)	['dadəl]
limão (m)	citroen (de)	[si'trun]
damasco (m)	abrikoos (de)	[abri'kõs]
pêssego (m)	perzik (de)	['pɛrzik]
quiuí (m)	kiwi (de)	['kiwi]
toranja (f)	grapefruit (de)	['grepfrut]
baga (f)	bes (de)	[bɛs]
bagas (f pl)	bessen	['bɛsən]
arando (m) vermelho	vossenbes (de)	['vɔsənbɛs]
morango-silvestre (m)	bosaardbei (de)	[bɔs·ãrdbɛj]
mirtilo (m)	blauwe bosbes (de)	['blauə 'bɔsbɛs]

231. Flores. Plantas

flor (f)	bloem (de)	[blum]
buquê (m) de flores	boeket (het)	[bu'kɛt]
rosa (f)	roos (de)	[rõs]
tulipa (f)	tulp (de)	[tʉlp]
cravo (m)	anjer (de)	['anjer]
gladíolo (m)	gladiool (de)	[xladi'õl]
centáurea (f)	korenbloem (de)	['kɔrənblum]
campainha (f)	klokje (het)	['klɔkjə]
dente-de-leão (m)	paardenbloem (de)	['pãrdən·blum]
camomila (f)	kamille (de)	[ka'milə]
aloé (m)	aloë (de)	[a'lɔe]
cacto (m)	cactus (de)	['kaktʉs]
fícus (m)	ficus (de)	['fikʉs]
lírio (m)	lelie (de)	['leli]
gerânio (m)	geranium (de)	[xə'ranijum]
jacinto (m)	hyacint (de)	[hia'sint]
mimosa (f)	mimosa (de)	[mi'mɔza]
narciso (m)	narcis (de)	[nar'sis]
capuchinha (f)	Oost-Indische kers (de)	[õst·'indisə kɛrs]
orquídea (f)	orchidee (de)	[ɔrxi'dẽ]
peônia (f)	pioenroos (de)	[pi'un·rõs]
violeta (f)	viooltje (het)	[vi'jõltʃə]
amor-perfeito (m)	driekleurig viooltje (het)	[dri'klørəx vi'õltʃə]
não-me-esqueças (m)	vergeet-mij-nietje (het)	[vər'xẽt-mɛj-'nitʃə]
margarida (f)	madeliefje (het)	[madɛ'lifʲə]
papoula (f)	papaver (de)	[pa'pavər]
cânhamo (m)	hennep (de)	['hɛnəp]

hortelã, menta (f)	munt (de)	[mʉnt]
lírio-do-vale (m)	lelietje-van-dalen (het)	['leljetʃe-van-'dalən]
campânula-branca (f)	sneeuwklokje (het)	['snēw·'klɔkjə]
urtiga (f)	brandnetel (de)	['brant·netəl]
azedinha (f)	veldzuring (de)	[vɛlt·'tsʉriŋ]
nenúfar (m)	waterlelie (de)	['watər·leli]
samambaia (f)	varen (de)	['varən]
líquen (m)	korstmos (het)	['kɔrstmɔs]
estufa (f)	oranjerie (de)	[ɔranʒɛ'ri]
gramado (m)	gazon (het)	[xa'zɔn]
canteiro (m) de flores	bloemperk (het)	['blum·pɛrk]
planta (f)	plant (de)	[plant]
grama (f)	gras (het)	[xras]
folha (f) de grama	grasspriet (de)	['xras·sprit]
folha (f)	blad (het)	[blat]
pétala (f)	bloemblad (het)	['blum·blat]
talo (m)	stengel (de)	['stɛŋəl]
tubérculo (m)	knol (de)	[knɔl]
broto, rebento (m)	scheut (de)	[sxøt]
espinho (m)	doorn (de)	[dōrn]
florescer (vi)	bloeien	['blujən]
murchar (vi)	verwelken	[vər'wɛlkən]
cheiro (m)	geur (de)	[xør]
cortar (flores)	snijden	['snɛjdən]
colher (uma flor)	plukken	['plʉkən]

232. Cereais, grãos

grão (m)	graan (het)	[xrān]
cereais (plantas)	graangewassen	['xrān·xɛ'wasən]
espiga (f)	aar (de)	[ār]
trigo (m)	tarwe (de)	['tarwə]
centeio (m)	rogge (de)	['rɔxə]
aveia (f)	haver (de)	['havər]
painço (m)	gierst (de)	[xirst]
cevada (f)	gerst (de)	[xɛrst]
milho (m)	maïs (de)	[majs]
arroz (m)	rijst (de)	[rɛjst]
trigo-sarraceno (m)	boekweit (de)	['bukwɛjt]
ervilha (f)	erwt (de)	[ɛrt]
feijão (m) roxo	nierboon (de)	['nir·bōn]
soja (f)	soja (de)	['sɔja]
lentilha (f)	linze (de)	['linzə]
feijão (m)	bonen	['bɔnən]

233. Vegetais. Verduras

vegetais (m pl)	groenten	['xruntən]
verdura (f)	verse kruiden	['vɛrsə 'krœydən]
tomate (m)	tomaat (de)	[tɔ'māt]
pepino (m)	augurk (de)	[au'xʉrk]
cenoura (f)	wortel (de)	['wɔrtəl]
batata (f)	aardappel (de)	['ārd·apəl]
cebola (f)	ui (de)	['œy]
alho (m)	knoflook (de)	['knōflɔk]
couve (f)	kool (de)	[kōl]
couve-flor (f)	bloemkool (de)	['blum·kōl]
couve-de-bruxelas (f)	spruitkool (de)	['sprœyt·kōl]
brócolis (m pl)	broccoli (de)	['brɔkɔli]
beterraba (f)	rode biet (de)	['rɔdə bit]
berinjela (f)	aubergine (de)	[ɔbɛr'ʒinə]
abobrinha (f)	courgette (de)	[kur'ʒɛt]
abóbora (f)	pompoen (de)	[pɔm'pun]
nabo (m)	knolraap (de)	['knɔlrāp]
salsa (f)	peterselie (de)	[petər'sɛli]
endro, aneto (m)	dille (de)	['dilə]
alface (f)	sla (de)	[sla]
aipo (m)	selderij (de)	['sɛldɛrɛj]
aspargo (m)	asperge (de)	[as'pɛrʒə]
espinafre (m)	spinazie (de)	[spi'nazi]
ervilha (f)	erwt (de)	[ɛrt]
feijão (~ soja, etc.)	bonen	['bɔnən]
milho (m)	maïs (de)	[majs]
feijão (m) roxo	nierboon (de)	['nir·bōn]
pimentão (m)	peper (de)	['pepər]
rabanete (m)	radijs (de)	[ra'dɛjs]
alcachofra (f)	artisjok (de)	[arti'ɕɔk]

GEOGRAFIA REGIONAL

Países. Nacionalidades

234. Europa Ocidental

Europa (f)	Europa (het)	[ø'rɔpa]
União (f) Europeia	Europese Unie (de)	[ørɔ'pezə 'juni]
europeu (m)	Europeaan (de)	[ørɔpe'ãn]
europeu (adj)	Europees	[ørɔ'pēs]
Áustria (f)	Oostenrijk (het)	['ōstənrɛjk]
austríaco (m)	Oostenrijker (de)	['ōstənrɛjkər]
austríaca (f)	Oostenrijkse (de)	['ōstənrɛjksə]
austríaco (adj)	Oostenrijks	['ōstənrɛjks]
Grã-Bretanha (f)	Groot-Brittannië (het)	[xrōt-bri'taniə]
Inglaterra (f)	Engeland (het)	['ɛŋɛlant]
inglês (m)	Engelsman (de)	['ɛŋɛlsman]
inglesa (f)	Engelse (de)	['ɛŋɛlsə]
inglês (adj)	Engels	['ɛŋɛls]
Bélgica (f)	België (het)	['bɛlxiə]
belga (m)	Belg (de)	[bɛlx]
belga (f)	Belgische (de)	['bɛlxisə]
belga (adj)	Belgisch	['bɛlxis]
Alemanha (f)	Duitsland (het)	['dœytslant]
alemão (m)	Duitser (de)	['dœytsər]
alemã (f)	Duitse (de)	['dœytsə]
alemão (adj)	Duits	['dœyts]
Países Baixos (m pl)	Nederland (het)	['nedərlant]
Holanda (f)	Holland (het)	['hɔlant]
holandês (m)	Nederlander (de)	['nedərlandər]
holandesa (f)	Nederlandse (de)	['nedərlandsə]
holandês (adj)	Nederlands	['nedərlands]
Grécia (f)	Griekenland (het)	['xrikənlant]
grego (m)	Griek (de)	[xrik]
grega (f)	Griekse (de)	['xriksə]
grego (adj)	Grieks	[xriks]
Dinamarca (f)	Denemarken (het)	['denəmarkən]
dinamarquês (m)	Deen (de)	[dēn]
dinamarquesa (f)	Deense (de)	['dēnsə]
dinamarquês (adj)	Deens	[dēns]
Irlanda (f)	Ierland (het)	['īrlant]
irlandês (m)	Ier (de)	[īr]

irlandesa (f)	**Ierse (de)**	[ˈirsə]
irlandês (adj)	**Iers**	[irs]
Islândia (f)	**IJsland (het)**	[ˈɛjslant]
islandês (m)	**IJslander (de)**	[ˈɛjslandər]
islandesa (f)	**IJslandse (de)**	[ˈɛjslandsə]
islandês (adj)	**IJslands**	[ˈɛjslandsə]
Espanha (f)	**Spanje (het)**	[ˈspanjə]
espanhol (m)	**Spanjaard (de)**	[ˈspanjārt]
espanhola (f)	**Spaanse (de)**	[ˈspānsə]
espanhol (adj)	**Spaans**	[spāns]
Itália (f)	**Italië (het)**	[iˈtaliə]
italiano (m)	**Italiaan (de)**	[italiˈān]
italiana (f)	**Italiaanse (de)**	[italiˈānsə]
italiano (adj)	**Italiaans**	[italiˈāns]
Chipre (m)	**Cyprus (het)**	[ˈsiprʉs]
cipriota (m)	**Cyprioot (de)**	[sipriˈōt]
cipriota (f)	**Cypriotische (de)**	[sipriˈɔtisə]
cipriota (adj)	**Cypriotisch**	[sipriˈɔtis]
Malta (f)	**Malta (het)**	[ˈmalta]
maltês (m)	**Maltees (de)**	[malˈtēs]
maltesa (f)	**Maltese (de)**	[malˈtezə]
maltês (adj)	**Maltees**	[malˈtēs]
Noruega (f)	**Noorwegen (het)**	[ˈnōrwexən]
norueguês (m)	**Noor (de)**	[nōr]
norueguesa (f)	**Noorse (de)**	[ˈnōrsə]
norueguês (adj)	**Noors**	[nōrs]
Portugal (m)	**Portugal (het)**	[pɔrtʉxal]
português (m)	**Portugees (de)**	[pɔrtʉˈxēs]
portuguesa (f)	**Portugese (de)**	[pɔrtʉˈxesə]
português (adj)	**Portugees**	[pɔrtʉˈxēs]
Finlândia (f)	**Finland (het)**	[ˈfinlant]
finlandês (m)	**Fin (de)**	[fin]
finlandesa (f)	**Finse (de)**	[ˈfinsə]
finlandês (adj)	**Fins**	[fins]
França (f)	**Frankrijk (het)**	[ˈfrankrɛjk]
francês (m)	**Fransman (de)**	[ˈfransman]
francesa (f)	**Française (de)**	[franˈsɛzə]
francês (adj)	**Frans**	[frans]
Suécia (f)	**Zweden (het)**	[ˈzwedən]
sueco (m)	**Zweed (de)**	[zwēt]
sueca (f)	**Zweedse (de)**	[ˈzwētsə]
sueco (adj)	**Zweeds**	[zwēts]
Suíça (f)	**Zwitserland (het)**	[ˈzwitsərlant]
suíço (m)	**Zwitser (de)**	[ˈzwitsər]
suíça (f)	**Zwitserse (de)**	[ˈzwitsərsə]

suíço (adj)	Zwitsers	['zwitsərs]
Escócia (f)	Schotland (het)	['sxɔtlant]
escocês (m)	Schot (de)	[sxɔt]
escocesa (f)	Schotse (de)	['sxɔtsə]
escocês (adj)	Schots	[sxɔts]
Vaticano (m)	Vaticaanstad (de)	[vati'kān·stat]
Liechtenstein (m)	Liechtenstein (het)	['lixtɛnstɛjn]
Luxemburgo (m)	Luxemburg (het)	['lʉksɛmbʉrx]
Mônaco (m)	Monaco (het)	[mɔ'nakɔ]

235. Europa Central e de Leste

Albânia (f)	Albanië (het)	[al'baniə]
albanês (m)	Albanees (de)	[alba'nēs]
albanesa (f)	Albanese (de)	[alba'nesə]
albanês (adj)	Albanees	[alba'nēs]
Bulgária (f)	Bulgarije (het)	[bʉlxa'rɛjə]
búlgaro (m)	Bulgaar (de)	[bʉl'xār]
búlgara (f)	Bulgaarse (de)	[bʉl'xārsə]
búlgaro (adj)	Bulgaars	[bʉl'xārs]
Hungria (f)	Hongarije (het)	[hɔnxa'rɛjə]
húngaro (m)	Hongaar (de)	[hɔn'xār]
húngara (f)	Hongaarse (de)	[hɔn'xārsə]
húngaro (adj)	Hongaars	[hɔn'xārs]
Letônia (f)	Letland (het)	['lɛtlant]
letão (m)	Let (de)	[lɛt]
letã (f)	Letse (de)	['lɛtsə]
letão (adj)	Lets	[lɛts]
Lituânia (f)	Litouwen (het)	[li'tauən]
lituano (m)	Litouwer (de)	[li'tauər]
lituana (f)	Litouwse (de)	[li'tausə]
lituano (adj)	Litouws	[li'taus]
Polônia (f)	Polen (het)	['pɔlən]
polonês (m)	Pool (de)	[pōl]
polonesa (f)	Poolse (de)	['pōlsə]
polonês (adj)	Pools	[pōls]
Romênia (f)	Roemenië (het)	[ru'meniə]
romeno (m)	Roemeen (de)	[ru'mēn]
romena (f)	Roemeense (de)	[ru'mēnsə]
romeno (adj)	Roemeens	[ru'mēns]
Sérvia (f)	Servië (het)	['sɛrviə]
sérvio (m)	Serviër (de)	['sɛrviər]
sérvia (f)	Servische (de)	['sɛrvisə]
sérvio (adj)	Servisch	['sɛrvis]
Eslováquia (f)	Slowakije (het)	[slɔwa'kɛjə]
eslovaco (m)	Slowaak (de)	[slɔ'wāk]

eslovaca (f)	Slowaakse (de)	[slɔ'wāksə]
eslovaco (adj)	Slowaakse	[slɔ'wāksə]
Croácia (f)	Kroatië (het)	[krɔ'asiə]
croata (m)	Kroaat (de)	[krɔ'āt]
croata (f)	Kroatische (de)	[krɔ'atisə]
croata (adj)	Kroatisch	[krɔ'atis]
República (f) Checa	Tsjechië (het)	['tʃɛxiə]
checo (m)	Tsjech (de)	[tʃɛx]
checa (f)	Tsjechische (de)	['tʃɛxisə]
checo (adj)	Tsjechisch	['tʃɛxis]
Estônia (f)	Estland (het)	['ɛstlant]
estônio (m)	Est (de)	[ɛst]
estônia (f)	Estse (de)	['ɛstsə]
estônio (adj)	Ests	['ɛsts]
Bósnia e Herzegovina (f)	Bosnië en Herzegovina (het)	['bɔsniə ən hɛrzə'xovina]
Macedônia (f)	Macedonië (het)	[make'dɔniə]
Eslovênia (f)	Slovenië (het)	[slɔ'vɛniə]
Montenegro (m)	Montenegro (het)	[mɔntə'nɛxrɔ]

236. Países da ex-URSS

Azerbaijão (m)	Azerbeidzjan (het)	[azərbej'dʒan]
azeri (m)	Azerbeidzjaan (de)	[azərbej'dʒān]
azeri (f)	Azerbeidjaanse (de)	[azərbej'dʒānsə]
azeri, azerbaijano (adj)	Azerbeidjaans	[azərbej'dʒāns]
Armênia (f)	Armenië (het)	[ar'meniə]
armênio (m)	Armeen (de)	[ar'mēn]
armênia (f)	Armeense (de)	[ar'mēnsə]
armênio (adj)	Armeens	[ar'mēns]
Belarus	Wit-Rusland (het)	[wit-'rʉslant]
bielorrusso (m)	Wit-Rus (de)	[wit-'rʉs]
bielorrussa (f)	Wit-Russische (de)	[wit-'rʉsisə]
bielorrusso (adj)	Wit-Russisch	[wit-'rʉsis]
Geórgia (f)	Georgië (het)	[xe'ɔrxiə]
georgiano (m)	Georgiër (de)	[xe'ɔrxiər]
georgiana (f)	Georgische (de)	[xe'ɔrxisə]
georgiano (adj)	Georgisch	[xe'ɔrxis]
Cazaquistão (m)	Kazakstan (het)	[kazak'stan]
cazaque (m)	Kazak (de)	[ka'zak]
cazaque (f)	Kazakse (de)	[ka'zaksə]
cazaque (adj)	Kazakse	[ka'zaksə]
Quirguistão (m)	Kirgizië (het)	[kir'xiziə]
quirguiz (m)	Kirgiziër (de)	[kir'xiziər]
quirguiz (f)	Kirgizische (de)	[kir'xizisə]

quirguiz (adj)	Kirgizische	[kir'xizisə]
Moldávia (f)	Moldavië (het)	[mɔl'daviə]
moldavo (m)	Moldaviër (de)	[mɔl'daviər]
moldava (f)	Moldavische (de)	[mɔl'davisə]
moldavo (adj)	Moldavisch	[mɔl'davis]
Rússia (f)	Rusland (het)	['rʉslant]
russo (m)	Rus (de)	[rʉs]
russa (f)	Russin (de)	[rʉ'sin]
russo (adj)	Russisch	['rʉsis]
Tajiquistão (m)	Tadzjikistan (het)	[ta'dʒikistan]
tajique (m)	Tadzjiek (de)	[ta'dʒik]
tajique (f)	Tadzjiekse (de)	[ta'dʒiksə]
tajique (adj)	Tadzjieks	[ta'dʒiks]
Turquemenistão (m)	Turkmenistan (het)	[tʉrk'menistan]
turcomeno (m)	Turkmeen (de)	[tʉrk'mēn]
turcomena (f)	Turkmeense (de)	[tʉrk'mēnsə]
turcomeno (adj)	Turkmeens	[tʉrk'mēns]
Uzbequistão (f)	Oezbekistan (het)	[uz'bekistan]
uzbeque (m)	Oezbeek (de)	[uz'bēk]
uzbeque (f)	Oezbeekse (de)	[uz'bēksə]
uzbeque (adj)	Oezbeeks	[uz'bēks]
Ucrânia (f)	Oekraïne (het)	[ukra'inə]
ucraniano (m)	Oekraïner (de)	[ukra'inər]
ucraniana (f)	Oekraïense (de)	[ukra'insə]
ucraniano (adj)	Oekraïens	[ukra'ins]

237. Asia

Ásia (f)	Azië (het)	['āzijə]
asiático (adj)	Aziatisch	[azi'atis]
Vietnã (m)	Vietnam (het)	[vjet'nam]
vietnamita (m)	Vietnamees (de)	[vjetna'mēs]
vietnamita (f)	Vietnamese (de)	[vjetna'mesə]
vietnamita (adj)	Vietnamees	[vjetna'mēs]
Índia (f)	India (het)	['india]
indiano (m)	Indiër (de)	['indier]
indiana (f)	Indische (de)	['indisə]
indiano (adj)	Indisch	['indis]
Israel (m)	Israël (het)	['israɛl]
israelense (m)	Israëliër (de)	[isra'ɛlier]
israelita (f)	Israëlische (de)	[isra'ɛlisə]
israelense (adj)	Israëlisch	[isra'ɛlis]
judeu (m)	Jood (de)	[jōt]
judia (f)	Jodin (de)	[jo'din]
judeu (adj)	Joods	[jōds]

China (f)	**China (het)**	['ʃina]
chinês (m)	**Chinees (de)**	[ʃi'nēs]
chinesa (f)	**Chinese (de)**	[ʃi'nesə]
chinês (adj)	**Chinees**	[ʃi'nēs]
coreano (m)	**Koreaan (de)**	[kɔre'ān]
coreana (f)	**Koreaanse (de)**	[kɔre'ānsə]
coreano (adj)	**Koreaans**	[kɔre'āns]
Líbano (m)	**Libanon (het)**	['libanɔn]
libanês (m)	**Libanees (de)**	[liba'nēs]
libanesa (f)	**Libanese (de)**	[liba'nesə]
libanês (adj)	**Libanees**	[liba'nēs]
Mongólia (f)	**Mongolië (het)**	[mɔn'xɔliə]
mongol (m)	**Mongool (de)**	[mɔn'xōl]
mongol (f)	**Mongoolse (de)**	[mɔn'xōlsə]
mongol (adj)	**Mongools**	[mɔn'xōls]
Malásia (f)	**Maleisië (het)**	[ma'lɛjziə]
malaio (m)	**Maleisiër (de)**	[ma'lɛjziər]
malaia (f)	**Maleisische (de)**	[ma'lɛjzisə]
malaio (adj)	**Maleisisch**	[ma'lɛjzis]
Paquistão (m)	**Pakistan (het)**	['pakistan]
paquistanês (m)	**Pakistaan (de)**	[paki'stan]
paquistanesa (f)	**Pakistaanse (de)**	[paki'stānsə]
paquistanês (adj)	**Pakistaans**	[paki'stāns]
Arábia (f) Saudita	**Saoedi-Arabië (het)**	[sa'udi-a'rabiə]
árabe (m)	**Arabier (de)**	[ara'bir]
árabe (f)	**Arabische (de)**	[a'rabisə]
árabe (adj)	**Arabisch**	[a'rabis]
Tailândia (f)	**Thailand (het)**	['tailant]
tailandês (m)	**Thai (de)**	['tai]
tailandesa (f)	**Thaise (de)**	['taisə]
tailandês (adj)	**Thai**	['tai]
Taiwan (m)	**Taiwan (het)**	[taj'wan]
taiwanês (m)	**Taiwanees (de)**	[tajwa'nēs]
taiwanesa (f)	**Taiwanese (de)**	[tajwa'nesə]
taiwanês (adj)	**Taiwanees**	[tajwa'nēs]
Turquia (f)	**Turkije (het)**	[tʉr'kɛjə]
turco (m)	**Turk (de)**	[tʉrk]
turca (f)	**Turkse (de)**	['tʉrksə]
turco (adj)	**Turks**	[tʉrks]
Japão (m)	**Japan (het)**	[ja'pan]
japonês (m)	**Japanner (de)**	[ja'panər]
japonesa (f)	**Japanse (de)**	[ja'pansə]
japonês (adj)	**Japans**	[ja'pans]
Afeganistão (m)	**Afghanistan (het)**	[af'xanistan]
Bangladesh (m)	**Bangladesh (het)**	[banhla'dɛʃ]

Indonésia (f)	Indonesië (het)	[indɔ'nɛsiə]
Jordânia (f)	Jordanië (het)	[jor'daniə]
Iraque (m)	Irak (het)	[i'rak]
Irã (m)	Iran (het)	[i'ran]
Camboja (f)	Cambodja (het)	[kam'bɔdja]
Kuwait (m)	Koeweit (het)	[ku'wɛjt]
Laos (m)	Laos (het)	['laɔs]
Birmânia (f)	Myanmar (het)	['mjanmar]
Nepal (m)	Nepal (het)	[ne'pal]
Emirados Árabes Unidos	Verenigde Arabische Emiraten	[və'rɛnixdə a'rabisə ɛmi'ratən]
Síria (f)	Syrië (het)	['siriə]
Palestina (f)	Palestijnse autonomie (de)	[pale'stɛjnsə autɔnɔ'mi]
Coreia (f) do Sul	Zuid-Korea (het)	['zœyd-kɔ'rea]
Coreia (f) do Norte	Noord-Korea (het)	[nōrd-kɔ'rea]

238. América do Norte

Estados Unidos da América	Verenigde Staten van Amerika	[və'rɛnixdə 'statən van a'merika]
americano (m)	Amerikaan (de)	[ameri'kān]
americana (f)	Amerikaanse (de)	[ameri'kānsə]
americano (adj)	Amerikaans	[ameri'kāns]
Canadá (m)	Canada (het)	['kanada]
canadense (m)	Canadees (de)	[kana'dēs]
canadense (f)	Canadese (de)	[kana'desə]
canadense (adj)	Canadees	[kana'dēs]
México (m)	Mexico (het)	['meksikɔ]
mexicano (m)	Mexicaan (de)	[meksi'kān]
mexicana (f)	Mexicaanse (de)	[meksi'kānsə]
mexicano (adj)	Mexicaans	[meksi'kāns]

239. América Central do Sul

Argentina (f)	Argentinië (het)	[arxɛn'tiniə]
argentino (m)	Argentijn (de)	[arxɛn'tɛjn]
argentina (f)	Argentijnse (de)	[arxɛn'tɛjnsə]
argentino (adj)	Argentijns	[arxɛn'tɛjns]
Brasil (m)	Brazilië (het)	[bra'ziliə]
brasileiro (m)	Braziliaan (de)	[brazili'ān]
brasileira (f)	Braziliaanse (de)	[brazili'ānsə]
brasileiro (adj)	Braziliaans	[brazili'āns]
Colômbia (f)	Colombia (het)	[kɔ'lɔmbia]
colombiano (m)	Colombiaan (de)	[kɔlɔmbi'ān]
colombiana (f)	Colombiaanse (de)	[kɔlɔmbi'ānsə]

colombiano (adj)	Colombiaans	[kɔlɔmbi'ãnsə]
Cuba (f)	Cuba (het)	['kʉba]
cubano (m)	Cubaan (de)	[kʉ'bãn]
cubana (f)	Cubaanse (de)	[kʉ'bãnsə]
cubano (adj)	Cubaans	[kʉ'bãns]

Chile (m)	Chili (het)	['ʃili]
chileno (m)	Chileen (de)	[ʃi'lẽn]
chilena (f)	Chileense (de)	[ʃi'lẽnsə]
chileno (adj)	Chileens	[ʃi'lẽns]

Bolívia (f)	Bolivia (het)	[bɔ'livia]
Venezuela (f)	Venezuela (het)	[venəzʉ'ɛla]
Paraguai (m)	Paraguay (het)	['paragvaj]
Peru (m)	Peru (het)	[pe'ru]

Suriname (m)	Suriname (het)	[sʉri'namə]
Uruguai (m)	Uruguay (het)	['urugvaj]
Equador (m)	Ecuador (het)	[ɛkwa'dɔr]

Bahamas (f pl)	Bahama's	[ba'hamas]
Haiti (m)	Haïti (het)	[ha'iti]
República Dominicana	Dominicaanse Republiek (de)	[dɔmini'kãnsə repʉ'blik]
Panamá (m)	Panama (het)	['panama]
Jamaica (f)	Jamaica (het)	[ja'majka]

240. Africa

Egito (m)	Egypte (het)	[ɛ'xiptə]
egípcio (m)	Egyptenaar (de)	[ɛ'xiptənãr]
egípcia (f)	Egyptische (de)	[ɛ'xiptisə]
egípcio (adj)	Egyptisch	[ɛ'xiptis]

Marrocos	Marokko (het)	[ma'rɔkɔ]
marroquino (m)	Marokkaan (de)	[marɔ'kãn]
marroquina (f)	Marokkaanse (de)	[marɔ'kãnsə]
marroquino (adj)	Marokkaans	[marɔ'kãns]

Tunísia (f)	Tunesië (het)	[tʉ'nɛziə]
tunisiano (m)	Tunesiër (de)	[tʉ'nɛziər]
tunisiana (f)	Tunesische (de)	[tʉ'nezisə]
tunisiano (adj)	Tunesisch	[tʉ'nezis]

Gana (f)	Ghana (het)	['xana]
Zanzibar (m)	Zanzibar (het)	['zanzibar]
Quênia (f)	Kenia (het)	['kenia]
Líbia (f)	Libië (het)	['libiə]
Madagascar (m)	Madagaskar (het)	[mada'xaskar]

Namíbia (f)	Namibië (het)	[na'mibiə]
Senegal (m)	Senegal (het)	[senexal]
Tanzânia (f)	Tanzania (het)	[tan'zania]
África (f) do Sul	Zuid-Afrika (het)	['zœyd-'afrika]

africano (m)	Afrikaan (de)	[afri'kān]
africana (f)	Afrikaanse (de)	[afri'kānsə]
africano (adj)	Afrikaans	[afri'kāns]

241. Austrália. Oceania

Austrália (f)	Australië (het)	[ɔu'straliə]
australiano (m)	Australiër (de)	[ɔu'straliər]
australiana (f)	Australische (de)	[au'stralisə]
australiano (adj)	Australisch	[au'stralis]

Nova Zelândia (f)	Nieuw-Zeeland (het)	[niu-'zēlant]
neozelandês (m)	Nieuw-Zeelander (de)	[niu-'zēlandər]
neozelandesa (f)	Nieuw-Zeelandse (de)	[niu-'zēlantsə]
neozelandês (adj)	Nieuw-Zeelands	[niu-'zēlants]

| Tasmânia (f) | Tasmanië (het) | [taz'maniə] |
| Polinésia (f) Francesa | Frans-Polynesië | [frans-poli'nɛziə] |

242. Cidades

Amesterdã, Amsterdã	Amsterdam	[amstɛr'dam]
Ancara	Ankara	[ankara]
Atenas	Athene	[a'tenə]
Bagdade	Bagdad	[bax'dat]
Bancoque	Bangkok	['baŋkɔk]

Barcelona	Barcelona	[barse'lɔna]
Beirute	Beiroet	['bɛjrut]
Berlim	Berlijn	[bɛr'lɛjn]
Bonn	Bonn	[bɔn]
Bordéus	Bordeaux	[bɔr'dɔ]

Bratislava	Bratislava	[brati'slava]
Bruxelas	Brussel	['brʉsɛl]
Bucareste	Boekarest	[buka'rɛst]
Budapeste	Boedapest	[buda'pɛst]
Cairo	Caïro	[ka'irɔ]

Calcutá	Calcutta	[kal'kʉta]
Chicago	Chicago	[ɕi'kagɔ]
Cidade do México	Mexico-Stad	['mɛksikɔ-stat]
Copenhague	Kopenhagen	[kɔpən'haxən]
Dar es Salaam	Dar Es Salaam	[dar ɛs sa'lām]

Deli	Delhi	['dɛlhi]
Dubai	Dubai	[dʉ'bai]
Dublim	Dublin	['dʉblin]
Düsseldorf	Düsseldorf	[dʉsəl'dɔrf]
Estocolmo	Stockholm	[stɔk'hɔlm]
Florença	Florence	[flɔ'rans]
Frankfurt	Frankfort	['frankfʉrt]

Genebra	Genève	[ʒeˈnɛvə]
Haia	Den Haag	[dɛn hāx]
Hamburgo	Hamburg	[ˈhambʉrx]

Hanói	Hanoi	[haˈnɔj]
Havana	Havana	[haˈvana]
Helsinque	Helsinki	[ˈhɛlsinki]
Hiroshima	Hiroshima	[hirɔˈʃima]
Hong Kong	Hongkong	[hɔŋˈkɔŋ]
Istambul	Istanbul	[istanˈbul]

Jerusalém	Jeruzalem	[jeruzaˈlɛm]
Kiev, Quieve	Kiev	[ˈkiev]
Kuala Lumpur	Kuala Lumpur	[kʉˈala ˈlʉmpʉr]
Lion	Lyon	[liˈɔn]
Lisboa	Lissabon	[ˈlisabɔn]

Londres	Londen	[ˈlɔndən]
Los Angeles	Los Angeles	[lɔs ˈandʒələs]
Madrid	Madrid	[madˈrit]
Marselha	Marseille	[marˈsɛjə]
Miami	Miami	[maˈjami]

Montreal	Montreal	[mɔntrɛˈal]
Moscou	Moskou	[ˈmɔskau]
Mumbai	Bombay, Mumbai	[bɔmˈbɛj], [mumbaj]
Munique	München	[ˈmʉnxən]
Nairóbi	Nairobi	[najˈrɔbi]
Nápoles	Napels	[ˈnapɛls]

Nice	Nice	[nis]
Nova York	New York	[nʉ jork]
Oslo	Oslo	[ˈɔslɔ]
Ottawa	Ottawa	[ˈɔtawa]
Paris	Parijs	[paˈrɛjs]

Pequim	Peking	[ˈpekiŋ]
Praga	Praag	[prāx]
Rio de Janeiro	Rio de Janeiro	[riɔ də ʒaˈnɛjrɔ]
Roma	Rome	[ˈrɔmə]

| São Petersburgo | Sint-Petersburg | [sint-ˈpetərsbʉrx] |
| Seul | Seoel | [sɛˈul] |

Singapura	Singapore	[sinxaˈpɔrə]
Sydney	Sydney	[ˈsidnɛj]
Taipé	Taipei	[tajˈpɛj]

| Tóquio | Tokio | [ˈtɔkiɔ] |
| Toronto | Toronto | [tɔˈrɔntɔ] |

Varsóvia	Warschau	[ˈwarʃʌu]
Veneza	Venetië	[veˈnɛtsiə]
Viena	Wenen	[ˈwenən]
Washington	Washington	[ˈwaʃiŋtɔn]
Xangai	Sjanghai	[ɕanˈxaj]

243. Política. Governo. Parte 1

política (f)	politiek (de)	[pɔli'tik]
político (adj)	politiek	[pɔli'tik]
político (m)	politicus (de)	[pɔ'litikʉs]
estado (m)	staat (de)	[stāt]
cidadão (m)	burger (de)	['bʉrxər]
cidadania (f)	staatsburgerschap (het)	['bʉrxərsxap]
brasão (m) de armas	nationaal wapen (het)	[natsjɔ'nāl 'wapən]
hino (m) nacional	volkslied (het)	['vɔlkslit]
governo (m)	regering (de)	[re'xɛriŋ]
Chefe (m) de Estado	staatshoofd (het)	['stāts·hōft]
parlamento (m)	parlement (het)	[parlə'mɛnt]
partido (m)	partij (de)	[par'tɛj]
capitalismo (m)	kapitalisme (het)	[kapita'lismə]
capitalista (adj)	kapitalistisch	[kapita'listis]
socialismo (m)	socialisme (het)	[sɔʃia'lismə]
socialista (adj)	socialistisch	[sɔʃia'listis]
comunismo (m)	communisme (het)	[kɔmʉ'nismə]
comunista (adj)	communistisch	[kɔmʉ'nistis]
comunista (m)	communist (de)	[kɔmʉ'nist]
democracia (f)	democratie (de)	[demɔkra'tsi]
democrata (m)	democraat (de)	[demɔ'krāt]
democrático (adj)	democratisch	[demɔ'kratis]
Partido (m) Democrático	democratische partij (de)	[demɔ'kratisə par'tɛj]
liberal (m)	liberaal (de)	[libə'rāl]
liberal (adj)	liberaal	[libə'rāl]
conservador (m)	conservator (de)	[kɔnsər'vatɔr]
conservador (adj)	conservatief	[kɔnsərva'tif]
república (f)	republiek (de)	[repʉ'blik]
republicano (m)	republikein (de)	[repʉbli'kɛjn]
Partido (m) Republicano	Republikeinse Partij (de)	[repʉbli'kɛjnsə par'tɛj]
eleições (f pl)	verkiezing (de)	[vər'kiziŋ]
eleger (vt)	kiezen	['kizən]
eleitor (m)	kiezer (de)	['kizər]
campanha (f) eleitoral	verkiezingscampagne (de)	[vər'kiziŋs·kam'panjə]
votação (f)	stemming (de)	['stɛmiŋ]
votar (vi)	stemmen	['stɛmən]
sufrágio (m)	stemrecht (het)	['stɛm·rɛxt]
candidato (m)	kandidaat (de)	[kandi'dāt]
candidatar-se (vi)	zich kandideren	[zix kandi'derən]
campanha (f)	campagne (de)	[kam'panjə]

| da oposição | oppositie- | [ɔpɔ'zitsi] |
| oposição (f) | oppositie (de) | [ɔpɔ'zitsi] |

visita (f)	bezoek (het)	[bə'zuk]
visita (f) oficial	officieel bezoek (het)	[ɔfi'ʃēl bə'zuk]
internacional (adj)	internationaal	[intərnatsjɔ'nāl]

| negociações (f pl) | onderhandelingen | ['ɔndər'handeliŋən] |
| negociar (vi) | onderhandelen | ['ɔndər'handələn] |

244. Política. Governo. Parte 2

sociedade (f)	maatschappij (de)	[mātsxa'pɛj]
constituição (f)	grondwet (de)	['xrɔnt·wɛt]
poder (ir para o ~)	macht (de)	[maxt]
corrupção (f)	corruptie (de)	[kɔ'rʉpsi]

| lei (f) | wet (de) | [wɛt] |
| legal (adj) | wettelijk | ['wɛtələk] |

| justeza (f) | rechtvaardigheid (de) | [rɛxt'vārdəxhɛjt] |
| justo (adj) | rechtvaardig | [rɛxt'vārdəx] |

comitê (m)	comité (het)	[kɔmi'tɛ]
projeto-lei (m)	wetsvoorstel (het)	['wɛtsvörstɛl]
orçamento (m)	begroting (de)	[bə'xrɔtiŋ]
política (f)	beleid (het)	[bə'lɛjt]
reforma (f)	hervorming (de)	[hɛr'vɔrmiŋ]
radical (adj)	radicaal	[radi'kāl]

força (f)	macht (de)	[maxt]
poderoso (adj)	machtig	['mahtəx]
partidário (m)	aanhanger (de)	['ānhaŋər]
influência (f)	invloed (de)	['invlut]

regime (m)	regime (het)	[re'ʒim]
conflito (m)	conflict (het)	[kɔn'flikt]
conspiração (f)	samenzwering (de)	['samənzweriŋ]
provocação (f)	provocatie (de)	[prɔvɔ'katsi]

derrubar (vt)	omverwerpen	['ɔmvər'wɛrpən]
derrube (m), queda (f)	omverwerping (de)	['ɔmvər'wɛrpiŋ]
revolução (f)	revolutie (de)	[revɔ'lʉtsi]

| golpe (m) de Estado | staatsgreep (de) | ['stāts·xrɛp] |
| golpe (m) militar | militaire coup (de) | ['militɛrə kup] |

crise (f)	crisis (de)	['krisis]
recessão (f) econômica	economische recessie (de)	[ɛkɔ'nɔmisə rɛ'sɛsi]
manifestante (m)	betoger (de)	[bə'tɔxər]
manifestação (f)	betoging (de)	[bə'tɔxiŋ]
lei (f) marcial	krijgswet (de)	['krɛjxs·wɛt]
base (f) militar	militaire basis (de)	['militɛrə 'bazis]
estabilidade (f)	stabiliteit (de)	[stabili'tɛjt]

estável (adj)	stabiel	[sta'bil]
exploração (f)	uitbuiting (de)	['œʏtbɛjtiŋ]
explorar (vt)	uitbuiten	['œʏtbɛjtən]
racismo (m)	racisme (het)	[ra'sismə]
racista (m)	racist (de)	[ra'sist]
fascismo (m)	fascisme (het)	[fa'ʃismə]
fascista (m)	fascist (de)	[fa'ʃist]

245. Países. Diversos

estrangeiro (m)	vreemdeling (de)	['vrēmdəliŋ]
estrangeiro (adj)	buitenlands	['bœʏtənlants]
no estrangeiro	in het buitenland	[in ət 'bœʏtənlant]
emigrante (m)	emigrant (de)	[ɛmi'xrant]
emigração (f)	emigratie (de)	[ɛmi'xratsi]
emigrar (vi)	emigreren	[ɛmi'xrerən]
Ocidente (m)	Westen (het)	['wɛstən]
Oriente (m)	Oosten (het)	['ōstən]
Extremo Oriente (m)	Verre Oosten (het)	['vɛrə 'ōstən]
civilização (f)	beschaving (de)	[bə'sxaviŋ]
humanidade (f)	mensheid (de)	['mɛnshɛjt]
mundo (m)	wereld (de)	['wərəlt]
paz (f)	vrede (de)	['vredə]
mundial (adj)	wereld-	['wərəlt]
pátria (f)	vaderland (het)	['vadər·lant]
povo (população)	volk (het)	[vɔlk]
população (f)	bevolking (de)	[bə'vɔlkiŋ]
gente (f)	mensen	['mɛnsən]
nação (f)	natie (de)	['natsi]
geração (f)	generatie (de)	[xenə'ratsi]
território (m)	gebied (het)	[xə'bit]
região (f)	regio, streek (de)	['rexiɔ], [strēk]
estado (m)	deelstaat (de)	['dēlstāt]
tradição (f)	traditie (de)	[tra'ditsi]
costume (m)	gewoonte (de)	[xə'wōntə]
ecologia (f)	ecologie (de)	[ɛkɔlɔ'xi]
índio (m)	Indiaan (de)	[indi'ān]
cigano (m)	zigeuner (de)	[zixøner]
cigana (f)	zigeunerin (de)	[zixøne'rin]
cigano (adj)	zigeuner-	[zixøner]
império (m)	rijk (het)	[rɛjk]
colônia (f)	kolonie (de)	[kɔ'lɔni]
escravidão (f)	slavernij (de)	[slavər'nɛj]
invasão (f)	invasie (de)	[in'vazi]
fome (f)	hongersnood (de)	['hɔŋərsnōt]

246. Grupos religiosos mais importantes. Confissões

religião (f)	religie (de)	[re'lixi]
religioso (adj)	religieus	[relixiøs]
crença (f)	geloof (het)	[xə'lōf]
crer (vt)	geloven	[xə'lovən]
crente (m)	gelovige (de)	[xə'lovixə]
ateísmo (m)	atheïsme (het)	[ate'izmə]
ateu (m)	atheïst (de)	[ate'ist]
cristianismo (m)	christendom (het)	['kristəndɔm]
cristão (m)	christen (de)	['kristən]
cristão (adj)	christelijk	['kristələk]
catolicismo (m)	katholicisme (het)	[katɔli'sismə]
católico (m)	katholiek (de)	[katɔ'lik]
católico (adj)	katholiek	[katɔ'lik]
protestantismo (m)	protestantisme (het)	[prɔtɛstan'tismə]
Igreja (f) Protestante	Protestante Kerk (de)	[prɔtɛ'stantə kɛrk]
protestante (m)	protestant (de)	[prɔtɛ'stant]
ortodoxia (f)	orthodoxie (de)	[ɔrtɔdɔk'si]
Igreja (f) Ortodoxa	Orthodoxe Kerk (de)	[ɔrtɔ'dɔksə kɛrk]
ortodoxo (m)	orthodox	[ɔrtɔ'dɔks]
presbiterianismo (m)	presbyterianisme (het)	[prɛsbitəria'nismə]
Igreja (f) Presbiteriana	Presbyteriaanse Kerk (de)	[prɛsbitəri'ānsə kɛrk]
presbiteriano (m)	presbyteriaan (de)	[prɛsbitəri'ān]
luteranismo (m)	lutheranisme (het)	[lʉtɛra'nismə]
luterano (m)	lutheraan (de)	[lʉtɛ'rān]
Igreja (f) Batista	baptisme (het)	[bap'tismə]
batista (m)	baptist (de)	[bap'tist]
Igreja (f) Anglicana	Anglicaanse kerk (de)	[anhli'kānsə kɛrk]
anglicano (m)	anglicaan (de)	[anhli'kān]
mormonismo (m)	mormonisme (het)	[mɔrmɔ'nismə]
mórmon (m)	mormoon (de)	[mɔr'mōn]
Judaísmo (m)	Jodendom (het)	['jodəndɔm]
judeu (m)	jood (de)	[jōt]
budismo (m)	boeddhisme (het)	[bu'dismə]
budista (m)	boeddhist (de)	[bu'dist]
hinduísmo (m)	hindoeïsme (het)	[hindu'ismə]
hindu (m)	hindoe (de)	['hindu]
Islã (m)	islam (de)	[is'lam]
muçulmano (m)	islamiet (de)	[isla'mit]

muçulmano (adj)	islamitisch	[isla'mitis]
xiismo (m)	sjiisme (het)	[ɕi'ismə]
xiita (m)	sjiiet (de)	[ɕi'it]
sunismo (m)	soennisme (het)	[su'nismə]
sunita (m)	soenniet (de)	[su'nit]

247. Religiões. Padres

padre (m)	priester (de)	['pristər]
Papa (m)	paus (de)	['paus]
monge (m)	monnik (de)	['mɔnək]
freira (f)	non (de)	[nɔn]
pastor (m)	pastoor (de)	['pastõr]
abade (m)	abt (de)	[apt]
vigário (m)	vicaris (de)	[vi'karis]
bispo (m)	bisschop (de)	['bisxɔp]
cardeal (m)	kardinaal (de)	[kardi'nãl]
pregador (m)	predikant (de)	[prədi'kant]
sermão (m)	preek (de)	[prẽk]
paroquianos (pl)	kerkgangers	[kɛrk·'xaŋərs]
crente (m)	gelovige (de)	[xə'lɔvixə]
ateu (m)	atheïst (de)	[ate'ist]

248. Fé. Cristianismo. Islão

Adão	Adam	['adam]
Eva	Eva	['ɛva]
Deus (m)	God (de)	[xɔt]
Senhor (m)	Heer (de)	[hẽr]
Todo Poderoso (m)	Almachtige (de)	[al'mahtixə]
pecado (m)	zonde (de)	['zɔndə]
pecar (vi)	zondigen	['zɔndixən]
pecador (m)	zondaar (de)	['zɔndãr]
pecadora (f)	zondares (de)	[zɔnda'rɛs]
inferno (m)	hel (de)	[hɛl]
paraíso (m)	paradijs (het)	[para'dajs]
Jesus	Jezus	['jezʉs]
Jesus Cristo	Jezus Christus	['jezʉs 'kristʉs]
Espírito (m) Santo	Heilige Geest (de)	['hɛjlixə xẽst]
Salvador (m)	Verlosser (de)	[vər'lɔsə]
Virgem Maria (f)	Maagd Maria (de)	[mãxt ma'ria]
Diabo (m)	duivel (de)	['dœyvəl]

diabólico (adj)	duivels	['dœyvəls]
Satanás (m)	Satan	['satan]
satânico (adj)	satanisch	[sa'tanis]
anjo (m)	engel (de)	['εŋəl]
anjo (m) da guarda	beschermengel (de)	[bə'sxεrm·'εŋəl]
angelical	engelachtig	['εŋəlaxtəx]
apóstolo (m)	apostel (de)	[a'pɔstəl]
arcanjo (m)	aartsengel (de)	[ārts'εŋəl]
anticristo (m)	antichrist (de)	[anti'krist]
Igreja (f)	Kerk (de)	[kεrk]
Bíblia (f)	bijbel (de)	['bεjbəl]
bíblico (adj)	bijbels	['bεjbəls]
Velho Testamento (m)	Oude Testament (het)	['audə tεsta'mεnt]
Novo Testamento (m)	Nieuwe Testament (het)	['niuə tεsta'mεnt]
Evangelho (m)	evangelie (het)	[εvaŋ'heli]
Sagradas Escrituras (f pl)	Heilige Schrift (de)	['hεjlixə sxrift]
Céu (sete céus)	Hemel, Hemelrijk (de)	['heməl], ['hemətrεjk]
mandamento (m)	gebod (het)	[hə'bɔt]
profeta (m)	profeet (de)	[prɔ'fēt]
profecia (f)	profetie (de)	[prɔ'fetsi]
Alá (m)	Allah	['ala]
Maomé (m)	Mohammed	[mɔ'hamət]
Alcorão (m)	Koran (de)	[kɔ'ran]
mesquita (f)	moskee (de)	[mɔs'kē]
mulá (m)	moellah (de)	[mula]
oração (f)	gebed (het)	[xə'bεt]
rezar, orar (vi)	bidden	['bidən]
peregrinação (f)	pelgrimstocht (de)	['pεlxrims·tɔxt]
peregrino (m)	pelgrim (de)	['pεlxrim]
Meca (f)	Mekka	['mεka]
igreja (f)	kerk (de)	[kεrk]
templo (m)	tempel (de)	['tεmpəl]
catedral (f)	kathedraal (de)	[kate'drāl]
gótico (adj)	gotisch	['xɔtis]
sinagoga (f)	synagoge (de)	[sina'xɔxə]
mesquita (f)	moskee (de)	[mɔs'kē]
capela (f)	kapel (de)	[ka'pεl]
abadia (f)	abdij (de)	[ab'dεj]
convento (m)	nonnenklooster (het)	['nɔnən·'klōstər]
monastério (m)	mannenklooster (het)	['manən·'klōstər]
convento, monastério (m)	klooster (het)	['klōstər]
sino (m)	klok (de)	[klɔk]
campanário (m)	klokkentoren (de)	['klɔkən·'tɔrən]
repicar (vi)	luiden	['lœydən]
cruz (f)	kruis (het)	['krœys]

cúpula (f)	koepel (de)	['kupəl]
ícone (m)	icoon (de)	[i'kōn]
alma (f)	ziel (de)	[zil]
destino (m)	lot, noodlot (het)	[lɔt], ['nōtlɔt]
mal (m)	kwaad (het)	['kwāt]
bem (m)	goed (het)	[xut]
vampiro (m)	vampier (de)	[vam'pir]
bruxa (f)	heks (de)	[hɛks]
demônio (m)	demoon (de)	[de'mōn]
espírito (m)	geest (de)	[xēst]
redenção (f)	verzoeningsleer (de)	[vər'zunəŋslēr]
redimir (vt)	vrijkopen	[vrɛj'kɔpən]
missa (f)	mis (de)	[mis]
celebrar a missa	de mis opdragen	[də mis 'ɔpdraxən]
confissão (f)	biecht (de)	[bixt]
confessar-se (vr)	biechten	['bixtən]
santo (m)	heilige (de)	['hɛjlihə]
sagrado (adj)	heilig	['hɛjləx]
água (f) benta	wijwater (het)	['wɛj·watər]
ritual (m)	ritueel (het)	[ritʉ'ēl]
ritual (adj)	ritueel	[ritʉ'ēl]
sacrifício (m)	offerande (de)	[ɔfɛ'randə]
superstição (f)	bijgeloof (het)	['bɛjxəlōf]
supersticioso (adj)	bijgelovig	['bɛjxəlɔvəx]
vida (f) após a morte	hiernamaals (het)	[hir'na·māls]
vida (f) eterna	eeuwige leven (het)	['ēwəxə 'levən]

TEMAS DIVERSOS

249. Várias palavras úteis

ajuda (f)	hulp (de)	[hʉlp]
barreira (f)	hindernis (de)	['hindərnis]
base (f)	basis (de)	['bazis]
categoria (f)	categorie (de)	[katexɔ'ri]
causa (f)	reden (de)	['redən]
coincidência (f)	samenvallen (het)	['samənvalən]
coisa (f)	ding (het)	[diŋ]
começo, início (m)	begin (het)	[bə'xin]
cômodo (ex. poltrona ~a)	comfortabel	[kɔmfɔr'tabəl]
comparação (f)	vergelijking (de)	[vɛrxə'lɛjkiŋ]
compensação (f)	compensatie (de)	[kɔmpən'satsi]
crescimento (m)	groei (de)	[x'rui]
desenvolvimento (m)	ontwikkeling (de)	[ɔnt'wikəliŋ]
diferença (f)	onderscheid (het)	['ɔndərsxɛjt]
efeito (m)	effect (het)	[ɛ'fɛkt]
elemento (m)	element (het)	[ɛle'mɛnt]
equilíbrio (m)	balans (de)	[ba'lans]
erro (m)	fout (de)	['faut]
esforço (m)	inspanning (de)	['inspaniŋ]
estilo (m)	stijl (de)	[stɛjl]
exemplo (m)	voorbeeld (het)	['vōrbēlt]
fato (m)	feit (het)	[fɛjt]
fim (m)	einde (het)	['ɛjndə]
forma (f)	vorm (de)	[vɔrm]
frequente (adj)	veelvuldig	[vēl'vʉldəx]
fundo (ex. ~ verde)	achtergrond (de)	['ahtər·xrɔnt]
gênero (tipo)	soort (de/het)	[sōrt]
grau (m)	graad (de)	[xrāt]
ideal (m)	ideaal (het)	[ide'āl]
labirinto (m)	labyrint (het)	[labi'rint]
modo (m)	manier (de)	[ma'nir]
momento (m)	moment (het)	[mɔ'mɛnt]
objeto (m)	voorwerp (het)	['vōrwərp]
obstáculo (m)	hinderpaal (de)	['hindərpāl]
original (m)	origineel (het)	[ɔriʒi'nēl]
padrão (adj)	standaard	['standārt]
padrão (m)	standaard (de)	['standārt]
paragem (pausa)	stop (de)	[stɔp]
parte (f)	deel (het)	[dēl]

partícula (f)	deeltje (het)	['dēltʃə]
pausa (f)	pauze (de)	['pauzə]
posição (f)	positie (de)	[pɔ'zitsi]
princípio (m)	principe (het)	[prin'sipə]

problema (m)	probleem (het)	[prɔ'blēm]
processo (m)	proces (het)	[prɔ'sɛs]
progresso (m)	voortgang (de)	['vōrtxaŋ]
propriedade (qualidade)	eigenschap (de)	['ɛjxənsxap]

reação (f)	reactie (de)	[re'aksi]
risco (m)	risico (het)	['rizikɔ]
ritmo (m)	tempo (het)	['tɛmpɔ]
segredo (m)	geheim (het)	[xə'hɛjm]
série (f)	serie (de)	['seri]

sistema (m)	systeem (het)	[si'stēm]
situação (f)	situatie (de)	[sitʉ'atsi]
solução (f)	oplossing (de)	['ɔplɔsiŋ]
tabela (f)	tabel (de)	[ta'bɛl]
termo (ex. ~ técnico)	term (de)	[tɛrm]

tipo (m)	type (het)	['tipə]
urgente (adj)	dringend	['driŋənt]
urgentemente	dringend	['driŋənt]
utilidade (f)	nut (het)	[nʉt]

variante (f)	variant (de)	[vari'ant]
variedade (f)	keuze (de)	['køzə]
verdade (f)	waarheid (de)	['wārhɛjt]
vez (f)	beurt (de)	['børt]
zona (f)	zone (de)	['zɔnə]

250. Modificadores. Adjetivos. Parte 1

aberto (adj)	open	['ɔpən]
afetuoso (adj)	teder	['tedər]
afiado (adj)	scherp	[sxɛrp]
agradável (adj)	prettig	['pretəx]
agradecido (adj)	dankbaar	['dankbār]

alegre (adj)	vrolijk	['vrɔlək]
alto (ex. voz ~a)	luid	['lœyt]
amargo (adj)	bitter	['bitər]
amplo (adj)	ruim	[rœym]
antigo (adj)	eeuwenoude	[ēwə'naudə]

apertado (sapatos ~s)	strak	[strak]
apropriado (adj)	passend	['pasənt]
arriscado (adj)	riskant	[ris'kant]
artificial (adj)	kunstmatig	[kʉnst'matəx]

| azedo (adj) | zuur | [zūr] |
| baixo (voz ~a) | zacht | [zaxt] |

Português	Holandês	Pronúncia
barato (adj)	goedkoop	[xut'kōp]
belo (adj)	prachtig	['prahtəx]
bom (adj)	goed	[xut]
bondoso (adj)	vriendelijk	['vrindələk]
bonito (adj)	mooi	[mōj]
bronzeado (adj)	gebruind	[xə'brœynt]
burro, estúpido (adj)	dom	[dɔm]
calmo (adj)	kalm	[kalm]
cansado (adj)	moe	[mu]
cansativo (adj)	vermoeiend	[vər'mujənt]
carinhoso (adj)	zorgzaam	['zɔrxzām]
caro (adj)	duur	[dūr]
cego (adj)	blind	[blint]
central (adj)	centraal	[sɛn'trāl]
cerrado (ex. nevoeiro ~)	dicht	[dixt]
cheio (xícara ~a)	vol	[vɔl]
civil (adj)	burgerlijk	['bʉrxərlək]
clandestino (adj)	ondergronds	['ɔndər'xrɔnts]
claro (explicação ~a)	begrijpelijk	[bə'xrɛjpələk]
claro (pálido)	licht	[lixt]
compatível (adj)	verenigbaar	[və'rɛnixbār]
comum, normal (adj)	gewoon	[xə'wōn]
congelado (adj)	diepvries	['dip·vris]
conjunto (adj)	gezamenlijk	[xə'zamənlək]
considerável (adj)	betekenisvol	[bə'tekənisvɔl]
contente (adj)	tevreden	[təv'redən]
contínuo (adj)	langdurig	[laŋ'dʉrəx]
contrário (ex. o efeito ~)	tegenovergesteld	['texən·'ɔvərxəstɛlt]
correto (resposta ~a)	juist, correct	[jœyst], [kɔ'rɛkt]
cru (não cozinhado)	rauw	['rau]
curto (adj)	kort	[kɔrt]
de curta duração	kort	[kɔrt]
de sol, ensolarado	zonnig	['zɔnɛx]
de trás	achter-	['axtər]
denso (fumaça ~a)	dicht	[dixt]
desanuviado (adj)	onbewolkt	[ɔmbə'wɔlkt]
descuidado (adj)	nalatig	[na'latəx]
diferente (adj)	anders	['andərs]
difícil (decisão)	moeilijk	['mujlək]
difícil, complexo (adj)	lastig	['lastəx]
direito (lado ~)	rechter	['rɛxtər]
distante (adj)	ver	[vɛr]
diverso (adj)	verschillende	[vər'sxiləndə]
doce (açucarado)	zoet	[zut]
doce (água)	zoet	[zut]
doente (adj)	ziek	[zik]
duro (material ~)	hard	[hart]

educado (adj)	beleefd	[bə'lēft]
encantador (agradável)	vriendelijk	['vrindələk]
enigmático (adj)	mysterieus	[mistɛ'røs]
enorme (adj)	enorm	[ɛ'nɔrm]
escuro (quarto ~)	donker	['dɔnkər]
especial (adj)	speciaal	[speʃi'āl]
esquerdo (lado ~)	linker	['linkər]
estrangeiro (adj)	buitenlands	['bœytənlants]
estreito (adj)	smal	[smal]
exato (montante ~)	precies	[prə'sis]
excelente (adj)	uitstekend	['œytstekənt]
excessivo (adj)	overdreven	[ɔvər'drevən]
externo (adj)	buiten-	['bœytən]
fácil (adj)	eenvoudig	[ēn'vaudəx]
faminto (adj)	hongerig	['hɔŋərəh]
fechado (adj)	gesloten	[xə'slɔtən]
feliz (adj)	gelukkig	[xə'lʉkəx]
fértil (terreno ~)	vruchtbaar	['vrʉxtbār]
forte (pessoa ~)	sterk	[stɛrk]
fraco (luz ~a)	dof	[dɔf]
frágil (adj)	breekbaar	['brēkbār]
fresco (pão ~)	vers	[vɛrs]
fresco (tempo ~)	koel	[kul]
frio (adj)	koud	['kaut]
gordo (alimentos ~s)	vettig	['vetəx]
gostoso, saboroso (adj)	lekker	['lɛkər]
grande (adj)	groot	[xrōt]
gratuito, grátis (adj)	gratis	['xratis]
grosso (camada ~a)	dik	[dik]
hostil (adj)	vijandig	[vɛ'jandəx]

251. Modificadores. Adjetivos. Parte 2

igual (adj)	eender	['ēndər]
imóvel (adj)	onbeweeglijk	[ɔnbə'wēxlək]
importante (adj)	belangrijk	[bə'lanxrɛjk]
impossível (adj)	onmogelijk	[ɔn'mɔxələk]
incompreensível (adj)	onbegrijpelijk	[ɔnbə'xrejpələk]
indigente (muito pobre)	straatarm	['strātarm]
indispensável (adj)	onontbeerlijk	[ɔnɔnt'bērlək]
inexperiente (adj)	onervaren	[ɔnər'varən]
infantil (adj)	kinder-	['kindər]
ininterrupto (adj)	onophoudelijk	[ɔnɔp'haudələk]
insignificante (adj)	onbelangrijk	[ɔmbə'laŋrɛjk]
inteiro (completo)	heel	[hēl]
inteligente (adj)	slim	[slim]

Portuguese	Dutch	IPA
interno (adj)	**binnen-**	['binən]
jovem (adj)	**jong**	[jɔŋ]
largo (caminho ~)	**breed**	[brẽt]
legal (adj)	**wettelijk**	['wɛtələk]
leve (adj)	**licht**	[lixt]
limitado (adj)	**beperkt**	[bə'pɛrkt]
limpo (adj)	**schoon**	[sxõn]
líquido (adj)	**vloeibaar**	['vlujbãr]
liso (adj)	**glad**	[xlat]
liso (superfície ~a)	**glad**	[xlat]
livre (adj)	**vrij**	[vrɛj]
longo (ex. cabelo ~)	**lang**	[laŋ]
maduro (ex. fruto ~)	**rijp**	[rɛjp]
magro (adj)	**dun**	[dʉn]
mais próximo (adj)	**dichtstbijzijnd**	['dixtstbɛj'zɛjnt]
mais recente (adj)	**vorig**	['vɔrəx]
mate (adj)	**mat**	[mat]
mau (adj)	**slecht**	[slɛxt]
meticuloso (adj)	**accuraat**	[akʉ'rãt]
míope (adj)	**bijziend**	[bɛj'zint]
mole (adj)	**zacht**	[zaxt]
molhado (adj)	**nat**	[nat]
moreno (adj)	**getaand**	[xə'tãnt]
morto (adj)	**dood**	[dõt]
muito magro (adj)	**mager**	['maxər]
não difícil (adj)	**niet moeilijk**	[nit 'mujlək]
não é clara (adj)	**onduidelijk**	[ɔn'dœydələk]
não muito grande (adj)	**niet groot**	[nit xrõt]
natal (país ~)	**geboorte-**	[xə'bõrtə]
necessário (adj)	**nodig**	['nɔdəx]
negativo (resposta ~a)	**ontkennend**	[ɔnt'kɛnənt]
nervoso (adj)	**nerveus**	[nɛr'vøs]
normal (adj)	**normaal**	[nɔr'mãl]
novo (adj)	**nieuw**	[niu]
o mais importante (adj)	**belangrijkst**	[bə'lanxrɛjkst]
obrigatório (adj)	**verplicht**	[vər'plixt]
original (incomum)	**origineel**	[ɔriʒi'nẽl]
passado (adj)	**vorig**	['vɔrəx]
pequeno (adj)	**klein**	[klɛjn]
perigoso (adj)	**gevaarlijk**	[xe'vãrlək]
permanente (adj)	**permanent**	[perma'nɛnt]
perto (adj)	**dicht**	[dixt]
pesado (adj)	**zwaar**	[zwãr]
pessoal (adj)	**persoonlijk**	[pɛr'sõnlək]
plano (ex. ecrã ~ a)	**plat**	[plat]
pobre (adj)	**arm**	[arm]
pontual (adj)	**punctueel**	[pʉnktʉ'ẽl]

Português	Holandês	Pronúncia
possível (adj)	mogelijk	['mɔxələk]
pouco fundo (adj)	ondiep	[ɔn'dip]
presente (ex. momento ~)	huidig	['hœydəx]
prévio (adj)	vorig	['vɔrəx]
primeiro (principal)	voornaamste	[vōr'nāmstə]
principal (adj)	hoofd-	[hōft]
privado (adj)	privé	[pri've]
provável (adj)	waarschijnlijk	[wār'sxɛjnlək]
próximo (adj)	dicht	[dixt]
público (adj)	openbaar	[ɔpən'bār]
quente (cálido)	heet	[hēt]
quente (morno)	warm	[warm]
rápido (adj)	snel	[snɛl]
raro (adj)	zeldzaam	['zɛldzām]
remoto, longínquo (adj)	verst	[vɛrst]
reto (linha ~a)	recht	[rɛxt]
salgado (adj)	zout	['zaut]
satisfeito (adj)	tevreden	[təv'redən]
seco (roupa ~a)	droog	[drōx]
seguinte (adj)	volgend	['vɔlxənt]
seguro (não perigoso)	veilig	['vɛjləx]
similar (adj)	gelijkend	[xə'lɛjkənt]
simples (fácil)	eenvoudig	[ēn'vaudəx]
soberbo, perfeito (adj)	uitstekend	['œytstekənt]
sólido (parede ~a)	stevig	['stevəx]
sombrio (adj)	somber	['sɔmbər]
sujo (adj)	vuil	[vœyl]
superior (adj)	hoogste	['hōxstə]
suplementar (adj)	additioneel	[aditsjo'nēl]
tranquilo (adj)	rustig	['rʉstəx]
transparente (adj)	doorzichtig	[dōr'zihtəx]
triste (pessoa)	treurig	['trørəx]
triste (um ar ~)	droevig	['druvəx]
último (adj)	laatst	[lātst]
úmido (adj)	vochtig	['vɔhtəx]
único (adj)	uniek	[ju'nik]
usado (adj)	tweedehands	[twēdə'hants]
vazio (meio ~)	leeg	[lēx]
velho (adj)	oud	['aut]
vizinho (adj)	naburig	[na'bʉrəx]

500 VERBOS PRINCIPAIS

252. Verbos A-B

abraçar (vt)	omhelzen	[ɔm'hɛlzən]
abrir (vt)	openen	['ɔpənən]
acalmar (vt)	kalmeren	[kal'merən]
acariciar (vt)	aaien	['ājən]
acenar (com a mão)	zwaaien	['zwājən]
acender (~ uma fogueira)	aansteken	['ānstekən]
achar (vt)	vinden	['vindən]
acompanhar (vt)	begeleiden	[bəxə'lɛjdən]
aconselhar (vt)	adviseren	[atvi'zirən]
acordar, despertar (vt)	wekken	['wɛkən]
acrescentar (vt)	bijvoegen	[bɛj'fuxən]
acusar (vt)	beschuldigen	[bə'sxʉldəxən]
adestrar (vt)	dresseren	[drɛ'serən]
adivinhar (vt)	goed raden	[xut 'radən]
admirar (vt)	bewonderen	[bə'wondərən]
adorar (~ fazer)	houden van	['haudən van]
advertir (vt)	waarschuwen	['wārsxjuvən]
afirmar (vt)	verklaren	[vər'klarən]
afogar-se (vr)	verdrinken	[vər'drinkən]
afugentar (vt)	wegjagen	['wɛx jaxən]
agir (vi)	optreden	['ɔptredən]
agitar, sacudir (vt)	schudden	['sxʉdən]
agradecer (vt)	danken	['dankən]
ajudar (vt)	helpen	['hɛlpən]
alcançar (objetivos)	bereiken	[bə'rɛjkən]
alimentar (dar comida)	voederen	['vudərən]
almoçar (vi)	lunchen	['lʉnʃən]
alugar (~ o barco, etc.)	huren	['hʉrən]
alugar (~ um apartamento)	huren	['hʉrən]
amar (pessoa)	liefhebben	['lifhɛbən]
amarrar (vt)	binden	['bindən]
ameaçar (vt)	bedreigen	[bə'drɛjxən]
amputar (vt)	amputeren	[ampʉ'terən]
anotar (escrever)	noteren	[nɔ'tɛrən]
anotar (escrever)	opschrijven	['ɔpsxrɛjvən]
anular, cancelar (vt)	afzeggen	['afzɛxən]
apagar (com apagador, etc.)	uitwissen	['œytwisən]
apagar (um incêndio)	blussen	['blʉsən]

apaixonar-se ...	verliefd worden	[vər'lift 'wɔrdən]
aparecer (vi)	verschijnen	[vər'sxɛjnən]
aplaudir (vi)	applaudisseren	[aplaudi'serən]
apoiar (vt)	steunen	['stønən]
apontar para ...	mikken op	['mikən ɔp]
apresentar (alguém a alguém)	voorstellen	['vōrstɛlən]
apresentar (Gostaria de ~)	voorstellen	['vōrstɛlən]
apressar (vt)	haasten	['hāstən]
apressar-se (vr)	zich haasten	[zix 'hāstən]
aproximar-se (vr)	naderen	['naderən]
aquecer (vt)	verwarmen	[vər'warmən]
arrancar (vt)	afrukken	['afrʉkən]
arranhar (vt)	schrammen	['sxramən]
arrepender-se (vr)	betreuren	[bə'trørən]
arriscar (vt)	riskeren	[ris'kerən]
arrumar, limpar (vt)	schoonmaken	['sxōn·makən]
aspirar a ...	aspireren	[aspi'rɛrən]
assinar (vt)	ondertekenen	['ɔndər'tekənən]
assistir (vt)	assisteren	[asi'sterən]
atacar (vt)	aanvallen	['ānvalən]
atar (vt)	vastbinden aan ...	['vastbindən ān]
atracar (vi)	aanleggen	['ānlexən]
aumentar (vi)	toenemen	['tunemən]
aumentar (vt)	vergroten	[vər'xrɔtən]
avançar (vi)	vorderen	['vɔrdərən]
avistar (vt)	opmerken	['ɔpmɛrkən]
baixar (guindaste, etc.)	neerlaten	['nērlatən]
barbear-se (vr)	zich scheren	[zix 'sxerən]
basear-se (vr)	zich baseerd op	[zix ba'zērt ɔp]
bastar (vi)	genoeg zijn	[xə'nux zɛjn]
bater (à porta)	kloppen	['klɔpən]
bater (espancar)	slaan	[slān]
bater-se (vr)	vechten	['vɛxtən]
beber, tomar (vt)	drinken	['drinkən]
brilhar (vi)	glimmen	['xlimən]
brincar, jogar (vi, vt)	spelen	['spelən]
buscar (vt)	zoeken	['zukən]

253. Verbos C-D

caçar (vi)	jagen	['jaxən]
calar-se (parar de falar)	verstommen	[vər'stɔmən]
calcular (vt)	tellen	['tɛlən]
carregar (o caminhão, etc.)	laden	['ladən]
carregar (uma arma)	laden	['ladən]
casar-se (vr)	trouwen	['trauən]

causar (vt)	**veroorzaken ...**	[vəˈrōrzakən]
cavar (vt)	**graven**	[ˈxravən]
ceder (não resistir)	**toegeven**	[ˈtuxevən]
cegar, ofuscar (vt)	**verblinden**	[vərˈblindən]
censurar (vt)	**verwijten**	[vərˈwɛjtən]
chamar (~ por socorro)	**roepen**	[ˈrupən]
chamar (alguém para ...)	**roepen**	[ˈrupən]
chegar (a algum lugar)	**bereiken**	[bəˈrɛjkən]
chegar (vi)	**aankomen**	[ˈānkɔmən]
cheirar (~ uma flor)	**ruiken**	[rœykən]
cheirar (tem o cheiro)	**ruiken**	[rœykən]
chorar (vi)	**huilen**	[ˈhœylən]
citar (vt)	**citeren**	[siˈterən]
colher (flores)	**plukken**	[ˈpl*k*ən]
colocar (vt)	**plaatsen**	[ˈplātsən]
combater (vi, vt)	**strijden**	[ˈstrɛjdən]
começar (vt)	**beginnen**	[bəˈxinən]
comer (vt)	**eten**	[ˈetən]
comparar (vt)	**vergelijken**	[vɛrxəˈlɛjkən]
compensar (vt)	**compenseren**	[kɔmpənˈzerən]
competir (vi)	**concurreren**	[kɔnkjuˈrerən]
complicar (vt)	**compliceren**	[kɔmpliˈserən]
compor (~ música)	**componeren**	[kɔmpɔˈnerən]
comportar-se (vr)	**zich gedragen**	[zih xəˈdraxən]
comprar (vt)	**kopen**	[ˈkopən]
comprometer (vt)	**compromitteren**	[kɔmprɔmiˈterən]
concentrar-se (vr)	**zich concentreren**	[zix kɔnsənˈtrerən]
concordar (dizer "sim")	**instemmen**	[ˈinstɛmən]
condecorar (dar medalha)	**onderscheiden**	[ˈɔndərˈsxɛjdən]
confessar-se (vr)	**bekennen**	[bəˈkenən]
confiar (vt)	**vertrouwen**	[vərˈtrauwən]
confundir (equivocar-se)	**verwarren**	[vərˈwarən]
conhecer (vt)	**kennen**	[ˈkɛnən]
conhecer-se (vr)	**kennismaken**	[ˈkɛnis·makən]
consertar (vt)	**op orde brengen**	[ɔp ˈɔrdə ˈbrɛŋən]
consultar ...	**raadplegen**	[ˈrātplexən]
contagiar-se com ...	**besmet worden met ...**	[bəˈsmɛt ˈwɔrdən mɛt]
contar (vt)	**vertellen**	[vərˈtɛlən]
contar com ...	**rekenen op ...**	[ˈrekənən ɔp]
continuar (vt)	**vervolgen**	[vərˈvɔlxən]
contratar (vt)	**huren**	[ˈh*u*rən]
controlar (vt)	**controleren**	[kɔntrɔˈlerən]
convencer (vt)	**overtuigen**	[ɔvərˈtœyxən]
convidar (vt)	**uitnodigen**	[ˈœytnɔdixən]
cooperar (vi)	**coöpereren**	[koopeˈrerən]
coordenar (vt)	**coördineren**	[koordiˈnerən]

Portuguese	Dutch	IPA
corar (vi)	blozen	['blozən]
correr (vi)	rennen	['renən]
corrigir (~ um erro)	corrigeren	[kɔri'dʒɛrən]
cortar (com um machado)	afhakken	['afhakən]
cortar (com uma faca)	afsnijden	['afsnɛjdən]
cozinhar (vt)	klaarmaken	['klār·makən]
crer (pensar)	geloven	[xə'lovən]
criar (vt)	creëren	[kre'jerən]
cultivar (~ plantas)	kweken	['kwekən]
cuspir (vi)	spuwen	['spʉwən]
custar (vt)	kosten	['kɔstən]
dar (vt)	geven	['xevən]
dar banho, lavar (vt)	een bad geven	[en bat 'xevən]
datar (vi)	gedateerd zijn	[xeda'tērt zɛjn]
decidir (vt)	beslissen	[bə'slisən]
decorar (enfeitar)	versieren, decoreren	[vər'sirən], [dekɔ'rɛrən]
dedicar (vt)	toewijden	['tuwɛjdən]
defender (vt)	verdedigen	[vər'dedixən]
defender-se (vr)	zich verdedigen	[zih vər'dedixən]
deixar (~ a mulher)	verlaten	[vər'latən]
deixar (esquecer)	vergeten	[vər'xetən]
deixar (permitir)	toestaan	['tustān]
deixar cair (vt)	laten vallen	['latən 'valən]
denominar (vt)	noemen	['numən]
denunciar (vt)	verklikken	[vər'likən]
depender de ...	afhangen van ...	['afhaŋən van]
derramar (~ líquido)	morsen	['mɔrsən]
derramar-se (vr)	zich verspreiden	[zix vər'ʃprɛjdən]
desaparecer (vi)	verdwijnen	[vərd'wɛjnən]
desatar (vt)	losbinden	[lɔs'bindən]
desatracar (vi)	wegvaren	['wɛxvarən]
descansar (um pouco)	rusten	['rustən]
descer (para baixo)	afdalen	['afdalən]
descobrir (novas terras)	ontdekken	[ɔn'dɛkən]
descolar (avião)	opstijgen	['ɔpstɛjxən]
desculpar (vt)	excuseren	[ɛkskʉ'zerən]
desculpar-se (vr)	zich verontschuldigen	[zih vərɔnt'sxʉldəxən]
desejar (vt)	wensen	['wɛnsən]
desempenhar (papel)	spelen	['spelən]
desligar (vt)	uitdoen	['œytdun]
desprezar (vt)	minachten	['minaxtən]
destruir (documentos, etc.)	vernietigen	[vər'nitixən]
dever (vi)	moeten	['mutən]
devolver (vt)	terugsturen	[te'rʉx·stʉrən]
direcionar (vt)	de weg wijzen	[də wɛx 'vɛjzən]
dirigir (~ um carro)	een auto besturen	[en 'auto bə'stʉrən]

Português	Holandês	Pronúncia
dirigir (~ uma empresa)	beheren	[bə'herən]
dirigir-se (a um auditório, etc.)	toespreken	['tusprekən]
discutir (notícias, etc.)	bespreken	[bə'sprekən]
disparar, atirar (vi)	schieten	['sxitən]
distribuir (folhetos, etc.)	verspreiden	[vər'sprɛjdən]
distribuir (vt)	uitdelen	['œytdelən]
divertir (vt)	amuseren	[amʉ'zerən]
divertir-se (vr)	plezier hebben	[plɛ'zir 'hɛbən]
dividir (mat.)	delen	['delən]
dizer (vt)	zeggen	['zexən]
dobrar (vt)	verdubbelen	[vər'dʉbələn]
duvidar (vt)	twijfelen	['twɛjfelən]

254. Verbos E-J

Português	Holandês	Pronúncia
elaborar (uma lista)	samenstellen, maken	['samənstelən], ['makən]
elevar-se acima de ...	uittorenen	['œyttɔrənən]
eliminar (um obstáculo)	verwijderen	[vər'wɛjdərən]
embrulhar (com papel)	inpakken	[in'pakən]
emergir (submarino)	opduiken	['ɔpdœykən]
emitir (~ cheiro)	verspreiden	[vər'sprɛjdən]
empreender (vt)	ondernemen	['ɔndər'nemən]
empurrar (vt)	duwen	['dʉwən]
encabeçar (vt)	aanvoeren	['ānvurən]
encher (~ a garrafa, etc.)	vullen	['vʉlən]
encontrar (achar)	vinden	['vindən]
enganar (vt)	bedriegen	[bə'drixən]
ensinar (vt)	leren	['lerən]
entediar-se (vr)	zich vervelen	[zix vər'velən]
entender (vt)	begrijpen	[bə'xrɛjpən]
entrar (na sala, etc.)	binnengaan	['binənxān]
enviar (uma carta)	sturen	['stʉrən]
equipar (vt)	uitrusten	['œytrystən]
errar (enganar-se)	zich vergissen	[zih vər'xisən]
escolher (vt)	kiezen	['kizən]
esconder (vt)	verbergen	[vər'bɛrxən]
escrever (vt)	schrijven	['sxrɛjvən]
escutar (vt)	luisteren	['lœystərən]
escutar atrás da porta	afluisteren	['aflœystərən]
esmagar (um inseto, etc.)	verpletteren	[vər'pletərən]
esperar (aguardar)	wachten	['waxtən]
esperar (contar com)	verwachten	[vər'waxtən]
esperar (ter esperança)	hopen	['hɔpən]
espreitar (vi)	gluren	['xlʉrən]
esquecer (vt)	vergeten	[vər'xetən]

estar	liggen	['lixən]
estar convencido	overtuigd worden	[ɔvər'tœyxt 'wɔrdən]
estar deitado	liggen	['lixən]
estar perplexo	verbouwereerd zijn	[vərbau'wɛrērt zɛjn]
estar preocupado	bezorgd zijn	[bə'zɔrxt zɛjn]
estar sentado	zitten	['zitən]
estremecer (vi)	huiveren	['hœyvərən]
estudar (vt)	studeren	[stʉ'derən]
evitar (~ o perigo)	ontlopen	[ɔnt'lɔpən]
examinar (~ uma proposta)	onderzoeken	['ɔndər'zukən]
exigir (vt)	eisen	['ɛjsən]
existir (vi)	existeren	[ɛksis'tɛrən]
explicar (vt)	verklaren	[vər'klarən]
expressar (vt)	uitdrukken	['œydrykən]
expulsar (~ da escola, etc.)	uitsluiten	['œytslœytən]
facilitar (vt)	verlichten	[vər'lixtən]
falar com ...	spreken met ...	['sprekən mɛt]
faltar (a la escuela, etc.)	verzuimen	[vər'zœymən]
fascinar (vt)	charmeren	[ʃʌr'mɛrən]
fatigar (vt)	vermoeien	[vər'mujən]
fazer (vt)	doen	[dun]
fazer lembrar	herinneren aan ...	[hɛ'rinərən ān]
fazer piadas	grappen maken	['xrapən 'makən]
fazer publicidade	adverteren	[advɛr'tɛrən]
fazer uma tentativa	proberen	[prɔ'berən]
fechar (vt)	sluiten	['slœytən]
felicitar (vt)	feliciteren	[felisi'terən]
ficar cansado	vermoeid raken	[vər'mujt 'rakən]
ficar em silêncio	zwijgen	['zwɛjxən]
ficar pensativo	peinzen	['pɛjnzən]
forçar (vt)	verplichten	[vər'plixtən]
formar (vt)	vormen	['vɔrmən]
gabar-se (vr)	opscheppen	['ɔpsxepən]
garantir (vt)	garanderen	[xaran'derən]
gostar (apreciar)	bevallen	[bə'valən]
gritar (vi)	schreeuwen	['sxrẽwən]
guardar (fotos, etc.)	bewaren	[bə'warən]
guardar (no armário, etc.)	opbergen	['ɔpbɛrxən]
guerrear (vt)	oorlog voeren	['ōrlɔx 'vurən]
herdar (vt)	erven	['ɛrvən]
iluminar (vt)	verlichten	[vər'lixtən]
imaginar (vt)	zich indenken	[zix 'indənkən]
imitar (vt)	imiteren	[imi'terən]
implorar (vt)	smeken	['smekən]
importar (vt)	importeren	[impɔr'terən]
indicar (~ o caminho)	aanwijzen	['ānwɛjzən]

indignar-se (vr)	verontwaardigd zijn	[vərɔnt'wārdixt zɛjn]
infetar, contagiar (vt)	besmetten	[bə'smetən]
influenciar (vt)	beïnvloeden	[bə'invludən]
informar (~ a policia)	melden	['meldən]
informar (vt)	informeren	[infɔr'merən]
informar-se (~ sobre)	informeren naar ...	[infɔr'merən nār]
inscrever (na lista)	opschrijven	['ɔpsxrɛjvən]
inserir (vt)	inlassen	[in'lasən]
insinuar (vt)	zinspelen	['zinspelən]
insistir (vi)	aandringen	['āndriŋən]
inspirar (vt)	inspireren	[inspi'rerən]
instruir (ensinar)	onderwijzen	['ɔndər'vɛjzən]
insultar (vt)	beledigen	[bə'ledəxən]
interessar (vt)	interesseren	[interə'serən]
interessar-se (vr)	zich interesseren voor ...	[zix interə'serən vōr]
intervir (vi)	tussenbeide komen	[tʉsən'bɛjdə 'kɔmən]
invejar (vt)	afgunstig zijn	['afxʉnstəx zɛjn]
inventar (vt)	uitvinden	['œʏtvindən]
ir (a pé)	gaan	[xān]
ir (de carro, etc.)	rijden	['rɛjdən]
ir nadar	gaan zwemmen	[xān 'zwɛmən]
ir para a cama	gaan slapen	[xān 'slapən]
irritar (vt)	irriteren	[iri'terən]
irritar-se (vr)	zich ergeren	[zih 'ɛrxərən]
isolar (vt)	isoleren	[izɔ'lerən]
jantar (vi)	souperen	[su'perən]
jogar, atirar (vt)	gooien	['xōjən]
juntar, unir (vt)	verenigen	[və'rɛnixən]
juntar-se a ...	lid worden	[lid 'wɔrdən]

255. Verbos L-P

lançar (novo projeto, etc.)	opstarten	['ɔpstartən]
lavar (vt)	wassen	['wasən]
lavar a roupa	de was doen	[də was dun]
lavar-se (vr)	een bad nemen	[en bat 'nemən]
lembrar (vt)	herinneren	[hɛ'rinərən]
ler (vt)	lezen	['lezən]
levantar-se (vr)	opstaan	['ɔpstān]
levar (ex. leva isso daqui)	wegdragen	['wɛxdraxən]
libertar (cidade, etc.)	bevrijden	[bə'vrɛjdən]
ligar (~ o radio, etc.)	aanzetten	['ānzɛtən]
limitar (vt)	beperken	[bə'pɛrkən]
limpar (eliminar sujeira)	schoonmaken	['sxōn·makən]
limpar (tirar o calcário, etc.)	reinigen	['rɛjnixən]
lisonjear (vt)	vleien	['vlɛjən]

livrar-se de ...	zich bevrijden van ...	[zix bəv'rɛjdən van]
lutar (combater)	strijden	['strɛjdən]
lutar (esporte)	worstelen	['wɔrstələn]

marcar (com lápis, etc.)	markeren	[mar'kerən]
matar (vt)	doden	['dɔdən]
memorizar (vt)	memoriseren	[memɔri'zɛrən]
mencionar (vt)	vermelden	[vər'mɛldən]

mentir (vi)	liegen	['lixən]
merecer (vt)	verdienen	[vər'dinən]
mergulhar (vi)	duiken	['dœʏkən]
misturar (vt)	mengen	['mɛŋən]

morar (vt)	leven	['levən]
mostrar (vt)	tonen	['tɔnən]
mover (vt)	verplaatsen	[vər'plãtsən]
mudar (modificar)	veranderen	[və'randərən]

multiplicar (mat.)	vermenigvuldigen	[vər'menix·'vʉldixən]
nadar (vi)	zwemmen	['zwɛmən]
negar (vt)	ontkennen	[ɔnt'kɛnən]
negociar (vi)	onderhandelen	['ɔndər'handələn]

nomear (função)	aanstellen	['ãnstɛlən]
obedecer (vt)	gehoorzamen	[xə'hõrzamən]
objetar (vt)	weerspreken	[wẽr'sprekən]
observar (vt)	waarnemen	['wãrnemən]

ofender (vt)	beledigen	[bə'ledəxən]
olhar (vt)	kijken	['kɛjkən]
omitir (vt)	weglaten	['wɛxlatən]
ordenar (mil.)	bevelen	[bə'velən]

organizar (evento, etc.)	organiseren	[ɔrxani'zerən]
ousar (vt)	durven	['dʉrvən]
ouvir (vt)	horen	['hɔrən]
pagar (vt)	betalen	[bə'talən]

parar (para descansar)	stoppen	['stɔpən]
parar, cessar (vt)	ophouden	['ɔphaudən]
parecer-se (vr)	gelijken	[xə'lɛjkən]
participar (vi)	deelnemen	['dẽlnemən]
partir (~ para o estrangeiro)	vertrekken	[vər'trɛkən]

passar (vt)	passeren	[pa'serən]
passar a ferro	strijken	['strɛjkən]
pecar (vi)	zondigen	['zɔndixən]
pedir (comida)	bestellen	[bə'stɛlən]

pedir (um favor, etc.)	verzoeken	[vər'zukən]
pegar (tomar com a mão)	vangen	['vaŋən]
pegar (tomar)	nemen	['nemən]
pendurar (cortinas, etc.)	ophangen	['ɔphaŋən]
penetrar (vt)	penetreren	[pene'trɛrən]
pensar (vi, vt)	denken	['dɛnkən]

pentear-se (vr)	het haar kammen	[ət hār 'kamən]
perceber (ver)	opmerken	['ɔpmɛrkən]
perder (o guarda-chuva, etc.)	verliezen	[vər'lizən]
perdoar (vt)	vergeven	[vər'xevən]
permitir (vt)	toestaan	['tustān]
pertencer a ...	toebehoren aan ...	['tubəhɔrən ān]
perturbar (vt)	storen	['stɔrən]
pesar (ter o peso)	wegen	['wexən]
pescar (vt)	vissen	['visən]
planejar (vt)	plannen	['planən]
poder (~ fazer algo)	kunnen	['kʉnən]
pôr (posicionar)	plaatsen	['plātsən]
possuir (uma casa, etc.)	bezitten	[bə'zitən]
predominar (vi, vt)	overheersen	[ɔvər'hērsən]
preferir (vt)	prefereren	[prəfe'rerən]
preocupar (vt)	bezorgd maken	[bə'zɔrxt 'makən]
preocupar-se (vr)	bezorgd zijn	[bə'zɔrxt zɛjn]
preparar (vt)	klaarmaken	['klār·makən]
preservar (ex. ~ a paz)	bewaren	[bə'warən]
prever (vt)	voorzien	[vōr'zin]
privar (vt)	ontnemen	[ɔnt'nemən]
proibir (vt)	verbieden	[vər'bidən]
projetar, criar (vt)	ontwerpen	[ɔnt'wɛrpən]
prometer (vt)	beloven	[bə'lɔvən]
pronunciar (vt)	uitspreken	['œytsprekən]
propor (vt)	voorstellen	['vōrstɛlən]
proteger (a natureza)	beschermen	[bə'sxɛrmən]
protestar (vi)	protesteren	[prɔtɛ'sterən]
provar (~ a teoria, etc.)	bewijzen	[bə'wɛjzən]
provocar (vt)	provoceren	[prɔvɔ'ʃɛrən]
punir, castigar (vt)	bestraffen	[bə'strafən]
puxar (vt)	trekken	['trɛkən]

256. Verbos Q-Z

quebrar (vt)	breken	['brekən]
queimar (vt)	verbranden	[vər'brandən]
queixar-se (vr)	klagen	['klaxən]
querer (desejar)	willen	['wilən]
rachar-se (vr)	barsten	['barstən]
ralhar, repreender (vt)	uitvaren tegen	['œytvarən 'texən]
realizar (vt)	verwezenlijken	[vər'wezənləkən]
recomendar (vt)	aanbevelen	['āmbəvelən]
reconhecer (identificar)	herkennen	[hɛr'kɛnən]
reconhecer (o erro)	erkennen	[ɛr'kɛnən]

recordar, lembrar (vt)	zich herinneren	[zix hɛ'rinərən]
recuperar-se (vr)	zich herstellen	[zix hɛr'ʃtɛlən]
recusar (~ alguém)	weigeren	['wɛjxərən]
reduzir (vt)	verminderen	[vɛr'mindərən]
refazer (vt)	overdoen	['ɔvərdun]
reforçar (vt)	versterken	[vər'stɛrkən]
refrear (vt)	bedwingen	[bə'dwiŋən]
regar (plantas)	begieten	[bə'xitən]
remover (~ uma mancha)	verwijderen	[vər'wɛjdərən]
reparar (vt)	herstellen	[hɛr'stɛlən]
repetir (dizer outra vez)	herhalen	[hɛr'halən]
reportar (vt)	rapporteren	[rapɔr'terən]
reservar (~ um quarto)	reserveren	[rezɛr'verən]
resolver (o conflito)	regelen	['rexələn]
resolver (um problema)	oplossen	['ɔplɔsən]
respirar (vi)	ademen	['adəmən]
responder (vt)	antwoorden	['antwõrdən]
rezar, orar (vi)	bidden	['bidən]
rir (vi)	lachen	['laxən]
romper-se (corda, etc.)	breken	['brekən]
roubar (vt)	stelen	['stelən]
saber (vt)	weten	['wetən]
sair (~ de casa)	uitgaan	['œytxãn]
sair (ser publicado)	verschijnen	[vər'sxɛjnən]
salvar (resgatar)	redden	['rɛdən]
satisfazer (vt)	bevredigen	[bə'vredixən]
saudar (vt)	verwelkomen	[vər'wɛlkɔmən]
secar (vt)	drogen	['drɔxən]
seguir (~ alguém)	volgen	['vɔlxən]
selecionar (vt)	selecteren	[selɛk'terən]
semear (vt)	zaaien	['zājən]
sentar-se (vr)	gaan zitten	[xãn 'zitən]
sentenciar (vt)	veroordelen	[və'rõrdələn]
sentir (vt)	aanvoelen	['ãnvulən]
ser diferente	verschillen	[vər'sxilən]
ser indispensável	onmisbaar zijn	[ɔn'misbār zɛjn]
ser necessário	nodig zijn	['nɔdəx zɛjn]
ser preservado	geconserveerd zijn	[xəkɔnsər'vẽrt zɛjn]
ser, estar	zijn	[zɛjn]
servir (restaurant, etc.)	bedienen	[bə'dinən]
servir (roupa, caber)	passen	['pasən]
significar (palavra, etc.)	betekenen	[bə'tekənən]
significar (vt)	beduiden	[bə'dœydən]
simplificar (vt)	simplificeren	[simplifi'sɛrən]
sofrer (vt)	lijden	['lɛjdən]
sonhar (~ com)	dromen	['drɔmən]

sonhar (ver sonhos)	dromen	['drɔmən]
soprar (vi)	blazen	['blazən]
sorrir (vi)	glimlachen	['xlimlahən]
subestimar (vt)	onderschatten	['ɔndər'sxatən]
sublinhar (vt)	onderstrepen	['ɔndər'strepən]
sujar-se (vr)	vies worden	[vis 'wɔrdən]
superestimar (vt)	overschatten	[ɔvər'sxatən]
supor (vt)	veronderstellen	[vərɔndər'stɛlən]
suportar (as dores)	verdragen	[vər'draxən]
surpreender (vt)	verbazen	[vər'bazən]
surpreender-se (vr)	verbaasd zijn	[vər'bãst zɛjn]
suspeitar (vt)	verdenken	[vər'dɛnkən]
suspirar (vi)	zuchten	['zʉxtən]
tentar (~ fazer)	proberen	[prɔ'berən]
ter (vt)	hebben	['hɛbən]
ter medo	bang zijn	['baŋ zɛjn]
terminar (vt)	beëindigen	[be'ɛjndəxən]
tirar (vt)	afnemen	['afnemən]
tirar cópias	kopieën maken	[kɔ'piɛn makən]
tirar fotos, fotografar	foto's maken	['fotɔs 'makən]
tirar uma conclusão	een conclusie trekken	[en kɔnk'lʉzi 'trɛkən]
tocar (com as mãos)	aanraken	['ãnrakən]
tomar café da manhã	ontbijten	[ɔn'bɛjtən]
tomar emprestado	lenen	['lenən]
tornar-se (ex. ~ conhecido)	worden	['wɔrdən]
trabalhar (vi)	werken	['wɛrkən]
traduzir (vt)	vertalen	[vər'talən]
transformar (vt)	transformeren	[transfɔr'merən]
tratar (a doença)	behandelen	[bə'handələn]
trazer (vt)	brengen	['brɛŋən]
treinar (vt)	trainen	['trɛjnən]
treinar-se (vr)	zich trainen	[zix 'trɛjnən]
tremer (de frio)	rillen	['rilən]
trocar (vt)	wisselen	['wisələn]
trocar, mudar (vt)	verwisselen	[vər'wisələn]
usar (uma palavra, etc.)	gebruiken	[xə'brœʏkən]
utilizar (vt)	gebruiken	[xə'brœʏkən]
vacinar (vt)	inenten	['inɛntən]
vender (vt)	verkopen	[vɛr'kɔpən]
verter (encher)	gieten	['xitən]
vingar (vt)	wreken	['wrekən]
virar (~ para a direita)	afslaan	['afslãn]
virar (pedra, etc.)	omkeren	['ɔmkerən]
virar as costas	wegdraaien	['wɛxdrãjən]
viver (vi)	bestaan	[bə'stãn]
voar (vi)	vliegen	['vlixən]

voltar (vi)	**terugkeren**	[te'rʉx·kerən]
votar (vi)	**stemmen**	['stɛmən]
zangar (vt)	**boos maken**	[bōs 'makən]
zangar-se com ...	**boos zijn**	[bōs zɛjn]
zombar (vt)	**uitlachen**	['œʏtlaxən]